职业院校经管类校企合作立体化教材

公共关系与商务礼仪

主 编 王文华
副主编 陈小君 马 丽 刘长军

企业管理出版社
ENTERPRISE MANAGEMENT PUBLISHING HOUSE

图书在版编目（CIP）数据

公共关系与商务礼仪 / 王文华主编. —北京：企业管理出版社，2021.1
职业院校经管类校企合作立体化教材
ISBN 978-7-5164-2269-4

Ⅰ. ①公… Ⅱ. ①王… Ⅲ. ①公共关系学 – 高等职业教育 – 教材 ②商务 – 礼仪 – 高等职业教育 – 教材 Ⅳ. ① C912.31 ② F718

中国版本图书馆 CIP 数据核字（2020）第 200208 号

书　　名	公共关系与商务礼仪
作　　者	王文华
责任编辑	寇俊玲　于湘怡
书　　号	ISBN 978-7-5164-2269-4
出版发行	企业管理出版社
地　　址	北京市海淀区紫竹院南路 17 号　　邮编：100048
网　　址	http://www.emph.cn
电　　话	编辑部（010）68701638　发行部（010）68701816
电子信箱	qyglcbs@emph.cn
印　　刷	北京虎彩文化传播有限公司
经　　销	新华书店
规　　格	787 毫米 ×1092 毫米　16 开本　13.5 印张　337 千字
版　　次	2021 年 1 月第 1 版　2021 年 1 月第 1 次印刷
定　　价	49.00 元

版权所有　翻印必究　·　印装有误　负责调换

前 言

为了进一步落实"基于工作过程的课程改革"及"行动导向教学"的高等职业教育思想，高等职业教育市场营销专业也在做人才培养模式、课程体系、教学内容和教学方法的改革，而这一切的改革离不开教材改革。《公共关系及商务礼仪》就是基于这样的背景开发的，在吸收国际国内先进理论成果的同时结合教学实际，突出新的特色，创新教学体系、方法，将规范与实际需要相结合，面向学生、面向市场，重点强调实际训练与操作，着力打造定位准确、高度严谨、特色鲜明的市场营销专业的品牌教材。

《公共关系与商务礼仪》在编写上有很多的创新和亮点，全书共分为十一个模块。"培养公共关系意识"是让学生对公共关系的概念、原则、产生及发展、作用与职能、主体、客体、传播沟通方式等基本理论知识有所掌握；接下来让学生掌握"开展公共关系调查""进行公共关系策划""实施公共关系活动""预防与处理公共关系危机""塑造社会组织形象""评估公共关系效果"一系列知识；最后让学生"认识商务礼仪"，并培养"个人基本礼仪""商务社交礼仪""商务办公礼仪"等商务人员的常用礼仪。

本教材的编写工作安排如下：山东交通职业学院的王文华负责整体构思、大纲的编写及第二、九、十模块的编写；潍坊市公积金管理中心的陈小君负责第四、八模块的编写；恒天海龙（潍坊）新材料有限责任公司刘长军负责第六、十一模块的编写；济南幼师专科学校马丽负责第五、七模块的编写；广西百色职业学院周建斌负责第三模块的编写；广州市市政职业学校黎嘉负责第一模块的编写。这些编写者有多年从事公共关系及商务礼仪教学与研究工作，并躬身公共关系及商务礼仪实践的高职院校老师，也有多年从事实践指导的领导、企业负责人。因此，本书是集体智慧的结晶，更是理论与实践的极佳结合，这都有力地保证了本书的理论深度、实用性和可操作性。

本书每一模块又分为若干个任务，各任务包括"学习任务""案例导入""知识体系（其中又插入小贴士及小案例）""任务实训""综合练习"等版块，深入浅出地阐述了"是什么""做什么""怎么做"及"如何做好"等最基本也是最重要的公共关系及商务礼仪知识。本书内容简洁平实、重点突出，既适用于课堂教学，也适用于社会培训。

　　本书还配备了电子教学资料包，包括电子教室、教学指南、练习题答案等，能够为老师授课和学生学习提供诸多便利，可通过以下方式获取。

　　电话：（010）68701661　企业管理出版社编辑部

　　邮箱：qyglcbs@yeah.net

王文华
2020 年 9 月

目 录 CONTENTS

模块一　培养公共关系意识　001
　　任务一　掌握公共关系的概念与原则　001
　　任务二　了解公共关系的产生与发展　004
　　任务三　了解公共关系的作用与职能　011
　　任务四　认识公共关系的主体　014
　　任务五　认识公共关系的客体　020
　　任务六　理解公共关系的传播沟通方式　023

模块二　开展公共关系调查　027
　　任务一　制订公共关系调查计划　028
　　任务二　实施公共关系调查　030
　　任务三　分析公共关系调查资料　033
　　任务四　撰写公共关系调查报告　038

模块三　进行公共关系策划　042
　　任务一　公共关系策划的基本概念与原则　042
　　任务二　掌握公共关系策划的程序与方法　045
　　任务三　撰写公共关系策划书　049

模块四　实施公共关系活动　056
　　任务一　开业典礼　057
　　任务二　召开新闻发布会　059
　　任务三　展览　061
　　任务四　联谊活动　062
　　任务五　赞助活动　063
　　任务六　参观活动　065
　　任务七　网络公关　066
　　任务八　公关广告　069
　　任务九　内部公关　070

模块五　预防与处理公共关系危机　076
　　任务一　公共关系危机的含义及类型　076
　　任务二　预防公共关系危机　078
　　任务三　处理公共关系危机　080

模块六　塑造社会组织形象　087

　　任务一　树立组织形象意识　088
　　任务二　实施 CIS 战略　093

模块七　评估公共关系效果　109

　　任务一　评估公共关系效果的意义及内容　110
　　任务二　评估公共关系效果的标准　112
　　任务三　评估公共关系效果的步骤　113
　　任务四　评估公共关系效果的依据　115
　　任务五　评估公共关系效果的方法　116
　　任务六　发展公共关系评估的途径　118

模块八　认识商务礼仪　122

　　任务一　了解商务礼仪的基本概念　122
　　任务二　理解商务礼仪的特征与原则　125
　　任务三　熟悉礼仪的构成要素　126
　　任务四　掌握商务礼仪的学习方法　127

模块九　培养个人基本礼仪　131

　　任务一　培养仪容仪表礼仪　131
　　任务二　培养服饰礼仪　137
　　任务三　培养仪态礼仪　141

模块十　培养商务社交礼仪　154

　　任务一　培养商务接待礼仪　155
　　任务二　培养商务拜访礼仪　169
　　任务三　培养商务洽谈礼仪　173
　　任务四　培养商务宴请礼仪　180

模块十一　培养商务办公礼仪　193

　　任务一　培养电话礼仪　193
　　任务二　培养公文礼仪　195
　　任务三　培养会议礼仪　199
　　任务四　培养办公礼仪　203
　　任务五　培养网络礼仪　205

参考文献　210

模块一 培养公共关系意识

学习任务

1. 理解公共关系的概念与原则；
2. 了解公共关系的产生与发展；
3. 理解公共关系的作用与职能；
4. 了解社会组织的含义与分类；
5. 理解对公共关系人员的素质要求；
6. 理解公众的含义、特征，熟悉公众的分类，学会分析目标公众；
7. 熟悉公共关系传播的媒介与方式。

任务一 掌握公共关系的概念与原则

一、公共关系的概念

（一）公共关系的定义

公共关系又称公众关系，简称公关，英文 Public Relations，缩写为 P.R.。自从公共关系诞生以来，人们给其下一个准确定义的努力就没有停止过。由于认识角度不同，对公共关系内涵的理解也各异，于是就形成了不同定义。综合各家所长，可以得出公共关系的基本含义至少包含以下几层意思。

（1）公共关系是社会组织与公众之间的相互关系，其中社会组织是主体，公众是客体。

（2）主体与客体之间联系的纽带是传播活动，这种传播活动具有一定的行为规范，以保证其正常有效地开展。

（3）公共关系运行的主要方法和途径是主体与客体之间的双向信息交流，主体发布信息给客体，并不断地从客体那里得到信息反馈。

（4）公共关系的目标是塑造社会组织的良好形象，赢得公众的支持与合作。

（5）公共关系的实质是一种经营管理艺术。

明确了公共关系的基本含义，综合国内外学者关于公共关系定义的多种表述，我们认为：公共关系是社会组织借助双向信息传播，促进组织与目标公众之间的相互了解、信任和合作，树立良好组织形象的经营管理行为和过程。

(二) 公共关系含义的层次

公共关系到底有几层含义，目前还未有公认的看法。人们普遍认为公共关系既可以是一种状态，又可以是一种活动，还可以是一种学说，更可以是一种观念或职业。

1. 公共关系状态

指一个组织所处的社会关系和社会舆论的状态，即这个组织在公众心目中的现实形象。任何组织都处在一定的公共关系状态之中，这是一种客观存在的形态。

2. 公共关系活动

指一个组织为创造良好的社会环境，争取公众舆论支持而采取的政策、行动和活动，主要包括协调、传播、沟通等手段，是以创造良好的公共关系状态为目的的一种信息沟通活动。

3. 公共关系观念

指人们在公共关系实践中形成的影响人们思想和行为倾向的深层的思想意识，是人们对公共关系活动的一种自觉的认识和理解。公共关系观念主要包括形象观念、公众观念、传播观念、协调观念、互惠观念。此外还有团队观念、创新观念、服务观念、社会观念等。

4. 公共关系学

指以公共关系的客观状态和活动规律为研究对象的一门综合性的应用学科，是研究组织与公众之间传播与沟通的行为、规律和方法的一门学科。公共关系史、公共关系原理和公共关系实务共同构成公共关系学的理论体系。

公共关系学是一门应用性很强的边缘性学科，在理论上是综合性、交叉性的学科，涉及的学科有社会学、哲学、政治学、经济学、传播学、管理学、营销学、心理学、伦理学等，公共关系学是以传播学和管理学为基础建立起来的新兴学科。

5. 公共关系职业

指专门提供公共关系方面的服务获取报酬的职业，其任务是协调社会组织与公众的关系，塑造组织良好的社会形象，以促进组织不断发展和完善。

二、公共关系的基本特征

公共关系是社会关系的一种表现形态，有其独特的性质。公共关系的基本特征概括起来有6个方面。

1. 以公众为对象

公共关系指一定的社会组织与相关的社会公众之间的相互关系，公共关系发展如何、良好与否，直接影响社会组织的生存和发展。公共关系活动的策划者和实施者必须始终将公众作为自己的首要考虑对象。

2. 以美誉为目标

在公众之中树立组织的美誉，即美好形象是公共关系活动的根本目的。塑造形象是公共关系的核心问题。

3. 以互惠为原则

公共关系是以一定的利益关系为基础的，一个社会组织在发展过程中必须得到相关组织和公众的支持。既要实现本组织目标，又要让公众得益，才能赢得公众的长久合作，所以必须奉行互惠的原则。

4. 以长远为方针

社会组织与公众建立起良好的关系、获得美好的声誉、让公众获益，绝非一日之功，必须经过长期艰苦的努力。

5. 以真诚为信条

公共关系活动需要奉行真诚的信条。传播活动中也必须贯彻真诚的精神，任何虚假的信息传播，都会损伤组织形象。唯有真诚，才能赢得合作。

6. 以沟通为手段

公共关系的信息只有通过传播沟通才能实现其价值。将公共关系目标和计划付诸实施离不开沟通。

以上6个方面综合地、系统地、多角度地构成了公共关系的基本特征，对这些基本特征了解与把握，有助于深化对公共关系含义的认识。

三、公共关系的原则

在具体工作中必须遵循公共关系的原则才能真正发挥公共关系塑造形象、沟通协调的作用。

（一）求真务实的原则

西方公共关系学界曾经提出过一个命题：先有事实，后有公共关系。这和我们提倡的实事求是的精神是相吻合的。求真务实原则内容非常丰富，主要包括以下几方面。

（1）向公众说真话。

（2）用行动来证明。

（3）公关活动应当从事实出发。

（二）真诚互惠的原则

公共关系的本质是组织与公众之间的一种利益关系，互利互惠是搞好公共关系工作的根本原则之一，具体包括两个方面。

（1）真诚地对待公众。包括诚实无欺、对外开放和对社会负责。

（2）给公众实际的利益。组织必须给公众实实在在的利益，这样才能使公众对组织产生信赖感，乐于与组织合作。

【案例1-1】 盒马生鲜巧借"共享员工"为品牌公关加分

2020年年初暴发新冠肺炎疫情，伴随着居家防护群体对衣食住行物资供应要求的提高，网络经济迅猛发展。同时发生的还有，一边是生存堪忧的餐饮业，一边是人力资源急缺的配送业。

2月3日，盒马生鲜与云海肴、青年餐厅达成合作，云海肴、青年餐厅停业在家的员工可以到盒马生鲜各门店临时工作。这样"租借"员工的方式给其他企业或者行业带来了启发。

盒马生鲜这次的做法不仅解决了自身人力短缺的难题，还担负起了企业社会责任。共享职工资源的方式能够使人工成本获得平摊，降低公司现金流量压力，满足短期劳动力需求，也使停业在家的员工获得收入。

（三）全员公关的原则

全员公关指社会组织中所有工作人员都参与公共关系活动。其意义在于增强组织全体员工的公关意识，上下齐心，合力搞好公关工作。公共关系作为组织一项重要的信誉投资，已经得到了社会的普遍认同。但是有些组织在进行各类公关活动时投入不少，效果并不明显，一个重要的原因就在于，其组织内部没有树立全员公关的意识，公关活动成了公关部门的孤立行为，没有得到组织全体员工的配合。树立全员公关意识，要做好两个方面的工作：领导者具有公关意识；全体员工积极配合公关工作。

（四）遵守法纪的原则

企业开展公关活动应遵守国家的相关法律法规，应该符合社会道德标准。公关人员在公关活动中必须遵守社会公德和职业道德，决不能用不健康、不文明的方式吸引公众。

（五）平时联络的原则

要使组织长期处于良好的公关状态，公关人员必须注意与公众的平时联络。组织在日常的联络工作中要注意以下问题。

（1）普遍联络，不要厚此薄彼。
（2）联络自然、合理。
（3）关系对等，互利互惠。

（六）不断创新的原则

公共关系工作必须研究公众心理，满足公众求新、求异、求变的心理特征，这样才能取得预期的宣传效果。公关人员要使自己的策划永远保持新意，不断推出新的形式、新的方法、新的手段。使策划富有新意，可参考以下思路。

（1）大胆设计，敢于开创新形式。
（2）移植与再造相结合。
（3）角度转换，逆向思维，寻求突破。
（4）排列组合，以旧翻新。

任务二　了解公共关系的产生与发展

一、现代公共关系的发展过程

公共关系的发展有一个从小到大，从简单到复杂的过程，我们把这个过程划分为5个阶段。

（一）古代自发的"公共关系"

严格意义上的公共关系虽然是20世纪初才出现的，但具有公关意识的思想、活动在古代社会便出现了。

考古学家在伊拉克发现了公元前1800年巴比伦王国的一份农场公告，该公告告诉农民如何播种，如何灌溉，如何对付鼠害，如何收获庄稼，很像现代的农业组织发布的宣传材料。这一发现被认为是人类历史上最早的公关活动痕迹。

在古代中国，自发的公关活动也是广泛存在的。《后汉书》记载"臣闻尧舜之时，谏鼓谤木，立之于朝"，这可能是古代政府征求民意的最初举措。

春秋战国时期，秦国商鞅推行变法，为了取信于民，在城门口放了一根木头，并贴出告示说：谁能将这根木头从这个门口扛到另一个门口，就可以赏其十金。开始人们都不相信，但有一个人完成了此事，真得到了赏金。商鞅变法从此树立起言出必践的威信。这可以看成一次成功的公关策划，在历史上被称为"徙木立信"。

综观古代自发的公共关系，可以发现一些共同的特点。一是盲目性。统治者并没有真正认识公众的意义，他们的活动也都是出于一时之需，并不是自觉的行为。二是经验性。古代的公关活动缺乏系统理论的指导，人们只是根据常识或直觉去做。三是低层性。由于缺乏先进的传播手段，古代公关活动的主要形式是人际传播，层次低、范围小。古代的"公共关系"只能算是一种"准公关""类公关"。

（二）近代公共关系的萌芽

近代公共关系的萌芽出现在19世纪30年代，以美国的"报刊宣传运动"为标志。随着当时经济的繁荣、技术的进步，大众传播事业也获得了长足的发展。1833年，《纽约太阳报》创办了廉价报纸——《便士报》，即只用一便士即可购得一份报纸，以通俗、廉价为手段，尽力扩大订户，以便在竞争中获得优势地位。《纽约太阳报》的这一举措得到了其他报纸的呼应，许多普通民众因而可买得起报纸，报纸的发行量大增。但是，报纸售价的降低造成了另一结果，即广告费大幅度上升。一些大公司为了节省广告费用，便雇用了大批专门人员，制造煽动性新闻，为自己的产品或服务进行宣传，以此来扩大影响。有些报纸为了迎合部分民众的心理，也乐意刊登这类新闻，两相配合，就出现了所谓的"报刊宣传运动"。

（三）现代公共关系的开端

20世纪初，美国相继出现了几家新闻宣传公司。1900年，乔治·米凯利斯、赫伯特·斯莫尔和托马斯·马文在波士顿创办了一家新闻宣传办事处，专为企业进行形象宣传。1902年，威廉·沃尔夫·史密斯辞去了《纽约太阳报》和《辛辛那提问询者报》记者的职务，在华盛顿创办了第二家新闻宣传公司。这些人从事的活动，都可以看成是早期的公共关系活动。不过很遗憾，他们都没有将活动坚持到底，更没有提出现代公共关系的理念，使它发展为一门独立的学科。完成这一历史使命的是被尊为"公共关系之父"的艾维·李（Ivy Lee）。

艾维·李（1877—1934）是美国佐治亚州一个牧师的儿子，毕业于普林斯顿大学，曾就读于哈佛大学法学院。他曾经是《纽约时报》和《纽约世界报》的记者，1903年，艾维·李辞去了《纽约世界报》记者的职务，开始投身公共关系方面的工作。1904年，他与资深记者乔治·帕克一起，创立了一家宣传事务顾问所，为一些企业家和政治家进行形象方面的宣传。艾维·李认为，解决企业形象危机最好的办法是把事实的真相告诉新闻界，采取信息公开的策略，这样不仅可以消除误解，还可以促进企业完善自己。艾维·李坚持自己的信念，开展公关工作，他的公司成为公共关系公司的前身，公共关系从此进入了职业化时期。

1906年，美国无烟煤矿业发生了工人大罢工，劳资双方尖锐对立。艾维·李临危受命，负责为煤矿主处理这起严重的危机。他提出了两个先决条件，一是必须有权参加行业最高决策者的相关会议；二是在必要时有权向社会公开全部事实。在这两个条件的基础上，艾维·李公布了《原则宣言》，提出处理企业与公众关系的"公开管理原则"。他说："这不是一个秘密的新闻处。我们的全部工作都是开诚布公的。我们的目标是提供新闻……"这一原则的提出，彻底改变了过去企业宣传愚弄公众，欺骗新闻界的做法，为日后公共关系的进一步发展奠定了良好的基础。他一改过去企业界蔑视公众，回避记者的做法，积极地向报界提供各种有关的资料，以便公众能够获得和其自身利益有关的信息，并通过沟通来改变企业在公众心目中的形象。专家认为，《原则宣言》的提出，标志着公共关系进入了一个新的阶段，是现代公共关系真正的开端。

艾维·李的公关实践，为日后公共关系的发展奠定了基础，他从事公关工作的原则是"公众必须迅速被告知"和"向公众说真话"，使公共关系走上了一条正确的道路。不过，在艾维·李时代，公共关系尚处于开端，尚未成为一门科学。艾维·李本人以及他的同事们，大多是从新闻记者改行过来的，他们都还是运用新闻记者的经验或直觉去开展工作。

（四）现代公共关系的成熟

美国学者爱德华·伯尼斯以其杰出的研究，成为公共关系学的创始人，使公共关系进入了科学化阶段。伯尼斯是奥地利裔的美国人，他的妻子多丽丝·弗雷奇曼也是一位著名的公共关系专家，夫妻双方共同经营他们自己的公司——爱德华·伯尼斯公共关系咨询公司，为许多大公司、政府机构及美国总统提供咨询。

伯尼斯和艾维·李有一点不同，即他更注重公共关系理论的研究，他逐渐转向教学和研究工作，并于1923年出版了《公众舆论之形成》一书。这是第一部研究公共关系理论的专著，因而被视为公共关系发展史上的一个里程碑。在这本书中，他对公共关系的实践进行了系统研究，使之形成一整套理论。他提出了"投公众所好"的根本原则，主张一个企业或组织在决策之前，就应首先了解公众喜好什么，需要什么，在确定公众的价值取向以后，再有目的地从事宣传工作，以便迎合公众的需要。伯尼斯的思想比艾维·李前进了一步，提出不仅要在事情发生之后对公众说真话，而且要求企业通过对公众的调查，根据公众的态度开展公关工作。同时，他将艾维·李的活动与1897年美国《铁路文献年鉴》中出现的"公共关系"一词结合了起来，使这一词语具有了科学的含义，并在社会上流行开来。从此，公共关系正式从新闻领域分离出来，成为一门独立而又系统的管理科学。1928年，他出版了《舆论》一书。1952年，伯尼斯又编写了一本教材——《公共关系学》，对公共关系理论进行了更为系统、详尽的阐述和探究。

1952年，美国著名学者斯科特·卡特里普和阿伦·森特，合作出版了一本公共关系学方面的权威著作——《有效的公共关系》。在这本书中，他们提出了"双向对称"的公关模式。这种公关理论比伯尼斯又进了一步，因为它把公共关系看成组织与公众之间的一个互动过程，这才是现代公共关系的本质。《有效的公共关系》一书提出的"四步工作法"，成为公共关系工作中最重要的工作流程。至此，现代公共关系的理论框架基本构成，进入了成熟阶段。此后公共关系的技巧虽然不断发展，但体系基本稳定下来。特别难能可贵的是，卡特里普和他的学生们，根据公共关系的发展，不断对自己的著作进行修订。2000年，格伦·布鲁姆也加入这一工作，该书已经修订了8版，成为公共关系领域最具权威性的教科书，被誉为"公关的圣经"。

(五) 当代公共关系的普及

20世纪30年代以后，公共关系在美国获得了高速发展。1960年，美国公共关系的从业人员达到了10万人，职业公关公司1350家，75%的企业设立了公共关系部。到了1985年，公共关系从业人员达到15万人，公关公司超过2000家，85%的企业设立公共关系部或者长期外聘公关顾问。美国最大的公关公司之一伟达公司，1986年的收入就达到了1.2亿美元。可以说在现代的美国，任何一个组织离开公共关系都将寸步难行。

20世纪20年代以后，公共关系传入欧洲。1948年英国成立公共关系协会，1967年英国公共关系顾问协会成立。1955年法国公共关系协会成立。大约在同时，德国、意大利、荷兰、挪威等欧洲国家的公共关系也积极地发展起来。1940年，公共关系传入加拿大。1947年公共关系传入日本，1964年日本公共关系协会成立。

20世纪50年代以后，公共关系的思想和实践也开始在东南亚、拉丁美洲和非洲各国生根开花。

1955年，国际公共关系协会（IPRA）在伦敦成立，当时有20多个会员，并出版《国际公共关系协会通讯》和《国际公共关系评论》两本杂志。

二、现代公共关系产生的社会条件

公共关系的产生及传播，是20世纪人类文化史上的重要事件，有着深刻的历史必然性。

(一) 商品经济的高度发达

在市场经济社会里，除了传统意义上的家庭关系、地域关系，人与人之间更多是由商品交换形成的利益关系，公共关系的思想与实践也随之发展起来：①公共关系适应了商品经济分工协作，社会化大生产的需要；②公共关系是物质生产供过于求，市场重心从卖方向买方过渡的产物；③证券民主化运动推动了公共关系的深化发展；④民众的巨大压力迫使企业家放弃唯利是图的经营方针，采取盈利与公关并重的经营战略。

我们可以肯定地说：公共关系是一种适应社会化大生产的经营观念。商品经济发展到一定程度，就必然把它应用于生产实践之中。

(二) 民主政治制度的出现

民主政治制度的出现，是一场深刻的社会变革，也是公共关系产生的重要政治前提：①民众社会地位提高，公众队伍形成，老百姓有了维护自己合法权利的可能；②民主制度的建立提高了民众的参与意识，民主政治的每一步都需要公共关系活动的配合；③言论自由、出版自由是民主制度的重要支柱，也是公共关系运行的重要保证。

(三) 现代管理理论的发展

公共关系是组织的一项重要管理职能，它的发展与管理学的发展密切相关。20世纪以来，西方管理学领域中的两种思潮对公共关系的发展影响极大：一是科学管理理论，二是人际关系理论。

泰勒的科学管理原理相比传统的经验管理有了重大的发展，确实起到了促进生产发展的作用。泰勒主张把人与人的关系简单化为纯粹的金钱关系，用对钱和物的管理代替对人的管理。在这种理论指导下，当然没有内部公关工作可言，所以在公共关系发展的早期，公关活动都是面向外部公众的。

人际关系理论的出发点是：工人是"社会人"，劳动对于人来说恰如娱乐和休息一样自然；在为既定目标奋斗的过程中，人有自我引导和控制的能力；因对目标的执着追求而取得的成功本身就是一种报酬；在一般情况人们不仅接受而且谋求责任；为解决组织的问题而激发想象力、聪明才智和创造力是一种普遍现象。

美国管理学家麦格雷戈把泰勒的理论称为 X 理论，把人际关系理论称为 Y 理论。人际关系理论注意到工人的人格尊严以及个人价值，注意到生产过程中要发挥工人的积极性。在这种理论的指导下，组织内部公关的问题提了出来，并得到迅速的发展。

（四）大众传播事业的发达

20 世纪以来，大众传播事业获得了长足的发展，为公共关系的发展提供了必要的手段。进入工业社会以后，生产的社会化使人们之间有了进行交往的迫切需求。只有占有充分的信息资源，一个企业才能在激烈的市场竞争中立于不败之地。近代有了公路、邮政、报纸，才有了公共关系的萌芽。进入 20 世纪，电报、电话、广播、电视、电传、计算机、互联网等媒介的发展，使信息可以迅速地传送到每个人手中，公共关系也从而获得飞速的发展。社会组织可以运用各种传播工具与公众进行沟通，从公众中采集信息，又把组织的信息传达到公众中间去，最终达到为组织树立形象的目的。特别是互联网的发展，已经引起了人们的普遍关注，在互联网中传播信息，具有更迅速，更广泛、更自由的特点。

三、我国公关事业的发展历程

我国的公共关系与中国的改革开放同步而生、同步而长，大体可分为 3 个阶段。

（一）学习借鉴时期（20 世纪 80 年代初～1986 年）

改革开放以来，随着企业发展和世界公共关系的成长，公共关系思想迅速进入我国，主要有以下两类标志性事件。

1. 公关部门设立，公关从业人员出现

20 世纪 60 年代的中国台湾与中国香港较早地接受了公共关系思想的洗礼。20 世纪 80 年代初，深圳特区一些外商独资或中外合资企业在运作过程中设立了公共关系部门，招聘培养了一大批公关从业人员，开始了公共关系业务，公关从业人员这一崭新的职业群体开始浮出水面。

2. 国际著名公关公司登陆中国市场

随着我国改革开放向纵深发展，我们的经济发展开始吸引了全世界关注的目光，国际公关业摩拳擦掌进入中国市场。世界上最早诞生（1927 年）的大公关公司伟达公关（Hill & Knowlton）1984 年率先在北京设立了办事处。1985 年 8 月，当时世界上最大的公共关系公司博雅与新华社下属的中国新闻发展公司联合成立了中国环球公共关系公司。这些公关公司带来的新思路、国际操作规范，都极大地催发了我国公关公司的出现和成长。

（二）自主发展时期（1986—1993 年）

在这个时期，从外国引进的公共关系思想经过本土化吸收，已有了良好的发展势头，有效地促进了公关事业的职业化及公关研究的学科化。这个时期的发展有以下几个特点。

1. 行业协会辈出，职业网络出现

1986 年 1 月，公共关系民间团体——广东地区公共关系俱乐部成立。1986 年 12 月，省（市）级的公共关系协会——上海市公共关系协会正式成立。1987 年 6 月 22 日，中国公共关系协会在北京成立，这标志着公共关系在我国得到了正式确认和接受，公共关系事业的发展进入了一个崭新的发展时期。紧接着，深圳、北京、浙江、天津、南京、武汉、陕西和四川等地先后成立了省市一级的公共关系协会、学会、研究会和俱乐部等。1991年4月26日，中国国际公共关系协会在北京成立，标志着我国的公共关系事业已开始走向规范化、专业化、一体化。

2. 公关出版物丰富，学术成果推广快

我国第一部公共关系学专著是中国社会科学院新闻研究所公关课题组编著的《公共关系学概论》，于1986年11月出版。这是我国内地最早的一部全面系统论述公共关系理论和实践的专著。1993年8月，我国当时最有代表性的一部公关巨著，550万字的《中国公共关系大辞典》问世。1988年1月31日由浙江省公共关系协会主办的《公共关系报》在杭州创刊。1989年1月25日，陕西省公共关系协会和中国公共关系专业委员会联合主办的《公共关系》杂志在西安面世。同年，《公共关系导报》在青岛创刊。1993年，《公关世界》在石家庄创刊。《中国公共关系大辞典》显示，到1992年，专业性的公关报已有29种之多。这都极大地推动了公关的普及和公关向纵深发展。

3. 公关培训活跃，教育层次多样化

公关教育培养了大批公关人才。20世纪60年代，广州、北京的一些专家和学者开始将公共关系作为一门新兴的学科介绍到国内。自20世纪80年代中期开始，公共关系的培训异常活跃。这个阶段，公共关系的教育培训开始初具规模，规范化、系统化的职业教育和学历教育逐步形成。1985年，深圳大学传播系创办了第一个公共关系专业（专科），公关开始步入高等学府的讲坛。1987年，国家教委正式批准把公共关系课程纳入教学计划，把公共关系列入行政管理、工业经济、企业管理、旅游经济、市场营销、广告学、新闻学等专业的必修课。全国300多所大学开设了公共关系课程，复旦大学、中山大学、兰州大学、杭州大学等均是较早引入公共关系这门学科的高校。

4. 公共关系科学研究和实践运作渐有成效

1986年3月，在广州和北京，"公共关系与现代化""公共关系和新闻工作"研讨会分别召开。1987年7月，在杭州召开了由复旦大学、中山大学、兰州大学和杭州大学发起的全国高校公共关系理论研讨会。1988年5月，在北京召开了由中国环球公共关系公司和博雅公共关系公司联合主办的首届国际公共关系专业研讨会。1989年12月，在深圳召开了第一届全国高校公共关系教学研讨会。

5. 国内外公关市场开始交流，国际公关职业市场正在开辟

中国国际公共关系协会多次邀请世界著名的公关专家来中国授业解惑，前国际公关协会主席、英国公关权威萨姆·布莱克教授，美国的公关专家格鲁尼格教授等曾应邀来中国讲学，为国内公关界认识和了解国际公关市场，为国内企业提供国际公关服务，培养和输送国际公关人才创造了特定的氛围和环境，也为国际社会了解中国公共关系行业市场发展的潜力提供了机会。

（三）进入成熟发展时期（1993年至今）

1. 公关职能部门进入各行各业

随着社会主义市场经济的建立，公共关系在各行各业得到了广泛的认同，公共关系的作用也越来越受到重视。作为社会科学的一个分支，公共关系的研究与实践有着普遍的

意义，不同组织的公共关系有其特殊性。"公共关系服务市场经济"是20世纪90年代就被业界提出来的口号，及至21世纪方大显身手。公共关系所具有的管理职能，如扩大影响、提高知名度、树立和发展组织的良好形象、协调组织的内外关系，发挥着越来越重要的作用。

2. 职业公关公司发展成熟

20世纪80年代，职业公关公司基本以国际公司为主，中国的公关公司无论是客户还是专业都相对空白。伴随中国经济的发展，经过多年发展的本土公司，有的已经在规模和收入上超过了国际公司。但中国的公关公司在发展中产生的问题也不少，其中战略缺失是主要问题，很少有企业认真思考长远发展战略的问题、思考长期的核心竞争力建设问题。

3. 公共关系的实践运作逐步繁荣

（1）中国的公共关系协会发挥了积极作用。1993年4月，中国国际公共关系协会在第1届理事会第3次会议上提出了"开拓、建立和发展中国公关市场"的战略构想；同年7月15日，时任会长的柴泽民在《公共关系报》（浙江）头版发表了题为《中国公共关系市场——一个值得研究的新课题》的文章，引起了有关中国公共关系市场的热烈讨论。中国国际公关协会1999年第1期《通讯》发布的公关调查显示，那时全国就有100多家公关协会或学会。这些学会在20世纪80年代中期积极发展会员，进行公共关系基本知识的培训与传播，为推进公关事业的普及、促进公关职业的规范化、完善公关学科化做出了贡献。进入21世纪，中国公关行业与海外同行之间的交流、合作日益频繁。行业协会、大学、公关公司都组织或参与了大量交流活动，如华中科技大学就举办了多届"公关与广告国际学术论坛"。

（2）中国国际公共关系协会主办的"最佳公共关系案例大赛"定期举办。中国最佳公共关系案例大赛自1993年创办以来，总结公关实务经验，提炼公关专业成果，极大地提升了行业整体的专业技术和服务水平，有力地推动了中国公共关系行业的职业化、专业化、规范化发展。大赛竞赛奖项包括："讲好中国故事"与海外传播、企业品牌传播、企业产品传播、企业社会责任、公益传播、社会化媒体传播、数字营销与公共关系、医疗健康传播、文娱体育传播与公共关系、企业文化与内部传播，每一届的获奖案例均汇集成册，出版发行，在业内组织专题培训予以推广。

（3）行业调查。"中国公共关系行业调查"始于1997年。调查采用问卷调查和访谈调查相结合的方式，主要对北京、上海、广州三地市场进行抽样调查和分析，这些关于行业发展的基本数据对指导行业健康稳步地发展发挥了非常积极的作用。2001年开始发布的"CIPRA-TOP10排行榜"则成为业内公司发展的风向标。

（4）行业工作会议。1998年12月，首次"中国公共关系业工作会议"在北京召开，该会议由各公关公司的主要负责人参加，会议发布上一年度行业调查报告，分析当前市场状况，预测未来行业发展，并就中国公关业发展中的问题进行讨论。此后，该工作会议于每年2月或3月举办。

（5）中国公关节。2003年，中国国际公关协会宣布，将每年的12月20日定为"中国公关节"，并举办相应的纪念庆祝活动，内容包括公共关系知识传播、年度十大公关事件评选和庆祝晚会。该活动向社会传播了公共关系的职业价值，产生了较好的社会影响力和行业凝聚力。

4. 外资公关公司纷纷进入中国市场

自 1984 年美国的伟达公关公司和 1985 年博雅公关公司进入中国市场后，有相当一段时间，外资公关公司在中国的市场开拓情况并不好，基本只有 2～3 家能维持正常运营。从 1992 年开始，由于中国公关市场生机初显，一大批外资公关公司纷纷进入，如美国爱德曼、奥美福莱、罗德、凯旋行驱、万博宣伟等。这些公关公司大多与中资公司建立联营关系，或在一些发达地区设立办事机构或业务点。这极大地推进了中国公关市场的形成和发展，尤其对中国公关市场的专业化、职业化、国际化产生了积极影响。

5. 公关教育立体化

1994 年，经国家教委批准，中山大学创办了我国第一个公共关系本科专业，同时在行政管理专业的硕士点招收公共关系研究方向的研究生。这不仅填补了我国公关专业本科和硕士研究生学历教育的空白，也形成了我国高校多层次、多形式的公共关系教学与培养体系。现在公关教育基本形成了立体多维的学历和非学历交叉并存的局面。上海外国语大学 2006 年开设"公共关系学"本科和"公共外交与公共关系"博士研究方向，形成了当时全国唯一一个从本科到博士的完整的公关专业人才培养体系。

1997 年 11 月 15 日，中国公共关系职业审定委员会成立，标志着我国的公共关系开始真正走上职业化和行业化的道路。这促进了公关职业的成熟发展，极大推进了中国公共关系行业进入国际化运作轨道。

任务三　了解公共关系的作用与职能

一、公共关系的作用

公共关系的作用主要表现在以下 3 个方面。

1. 树立企业信誉，建立良好的企业形象

企业良好形象和声誉是无形的宝贵财富。公共关系的根本目的是通过深入细致、持之以恒的具体工作树立组织的良好形象和信誉，以取得公众的理解、支持和信任，从而有利于企业推出新产品，有利于创造"消费信心"，有利于企业筹集资金，有利于吸引、稳定人才，有利于寻找协作者，有利于协调和社区的关系，有利于政府和管理部门对企业产生信任感，最终促进组织目标的实现。

2. 搜集信息，为企业决策提供科学保证

现代企业把公共关系信息的获取划入企划之中，成为企业活动不可缺少的组成部分。公共关系部门就是要利用各种渠道和网络搜集与企业发展有关的一切信息，为企业决策科学化提供强有力的保证。搜集信息包括企业战略环境信息、产品声誉信息及企业形象信息等。

3. 协调纠纷，化解企业信任危机

企业与公众的许多矛盾和摩擦都由于误解和不了解，缺乏信息交流是造成不了解的根本原因。通过建立良好的公共关系机制，增加企业与公众之间相互了解，企业就有可能避免与公众的纠纷，或通过公关手段将已经发生的信任危机造成的组织信誉、形象损失降到最低限度，进而因势利导，使坏事变为好事。这种功能是广告、人员推销、营业推广所不具有的。

二、公共关系的职能

公共关系的职能是公共关系在组织中所应发挥的作用和应承担的职责。

（一）采集信息，监测环境

在信息社会，信息已成为公认的巨大资源。不采集信息，公共关系就成了无米之炊。因此，无论是内部公关还是外部公关，任何策划都应从采集信息开始，这样才能做到知彼知己、百战不殆。采集信息的职能要求公关人员具备信息意识，注意随时采集有关组织的信息。

监测环境指观察和预测影响组织目标实现的公众情况和各种社会环境的情况，使组织对环境的发展变化保持清醒的头脑、敏锐的感觉，以及灵敏的反应，从而保证科学地塑造组织形象，实现组织目标。

1. 信息的来源

制约和影响组织生存和发展的公众环境包括内部公众和外部公众两个方面，因此，公共关系工作所需要的信息就包括内源信息和外源信息两个部分。

2. 公众信息的内容

公共关系工作需要的信息不局限于与组织业务直接相关的业务信息，还包括社会的政治、经济、文化、科技、军事、民情等全方位的社会信息资料。

公共关系的信息功能具有宏观性和社会性，是组织其他职能部门无法替代的。

（二）咨询建议，参与决策

这是公共关系最有价值的职能，因此公共关系也称"咨询业""智业"。

1. 咨询建议的含义

公共关系的咨询建议指组织公关人员向决策层和各管理部门提供公共关系方面的意见和建议，使决策更加科学化、系统化，并照顾到社会公众的利益。

公共关系的咨询建议与采集信息是密切相连的。获取信息是咨询建议的前提，没有足够的信息，一切咨询和建议只能是空谈。采集的信息只有通过向组织提供咨询和建议，才能充分发挥其功能，实现其价值。

2. 组织公共关系咨询建议的主要内容

（1）对本组织内部方针、政策和行动提供咨询意见，发挥公共关系对组织的5个导向作用，参与决策，制订合乎组织发展的目标。

（2）对本组织公共关系战略、经营销售战略和广告宣传战略、CIS战略、组织文化战略提供咨询意见，使原来分由几个部门负责的工作形成一个系统，并制订科学的实施方案供决策者参考。

（3）对组织生存环境的有关发展变化进行预测和咨询，使组织决策者拥有一套乃至几套可以选择的方案，以适应这些变化。

3.咨询建议的形式

（1）成立咨询服务部。咨询服务部是组织的智囊团，主要任务是向组织提供各种咨询建议，为领导科学决策发挥参谋作用。

（2）帮助组织选择决策方案和活动的时机。公关的咨询作用表现在运用公关手段，为决策者评价、选择和实施有关的决策方案，特别应关注决策方案在经济效益和社会效益方面的统一和协调，敦促决策者重视决策行为的社会影响和社会效果。同时，调动公关手段，广泛征询各类公众对象的意见，促进决策过程的民主化和科学化。

（3）参与决策。公关人员不仅要向组织提出一般的咨询建议，而且要尽可能参与决策，为领导决策提供必要的信息建议，直接影响决策过程，这是公关咨询建议的最高形式。公关人员要努力开展工作，在决策之前，要广泛征询内外公众意见，获取全面信息，以供决策者参考，使决策方案具有较强的社会适应性和应变弹性，并争取以决策方案较完整地反映公关人员的工作成绩及思想引起领导层的重视，为公关人员更多地参与决策活动提供机会。

（三）传播推广，塑造形象

这是公共关系传播与其他传播在目的与技巧方面相较特有的职能。公共关系的传播沟通职能主要体现在两个方面。

（1）组织运用传播沟通的手段与公众进行双向交流，与公众交心，赢得公众的信任和支持。

（2）顺时造势，实现舆论导向，通过策划新闻、公关广告、专题活动等方式，制造声势，提高组织的知名度与美誉度，为组织创造良好的舆论环境。

从某种意义上说，丧失了传播沟通的职能，公共关系就将一事无成。

（四）协调沟通，平衡利益

1.协调关系的含义

协调关系分为广义协调和狭义协调。广义协调不仅包括组织内部的协调，而且包括组织对外的协调，如组织与政府、社区、消费者的协调活动。狭义协调指组织内部的协调，如组织内部上下级之间的协调，组织内部同一层次各部门、各单位之间的关系协调。内求团结，外求和谐，是公关协调工作的宗旨。

2.协调关系的内容

协调关系既是目的，又是手段，具有两重性。目的指的是一种关系的良好状态；手段指的是一种调整工作，通过协调使关系达到良好状态。公共关系能够发挥平衡、协调关系职能的领域主要有3个。

（1）协调组织内部领导与职工之间的利益与关系。一方面公关人员要应用科学方法，经常向职工宣传本组织的方针、政策，传达领导层的经营战略，并尽可能充分地对组织的方针、政策、战略意图做相应解释和说明，使职工了解、理解，并自觉执行。另一方面，公关人员还要不断地广泛地从职工中搜集对组织的意见和看法，及时将这些情况转达给领导，以改进和促进组织的工作，保证领导与职工的关系和谐发展。

（2）协调组织内各部门、各环节之间的利益与关系。部门之间的协调工作，虽然主要由领导去做，但公共关系部门也要积极配合。通过沟通，加强部门之间的联系、了解，使之相互支持，相互信任，相互谅解，协同努力，提高组织绩效，实现组织目标。

（3）协调组织与外部公众之间的利益与关系。任何一个组织，在其发展过程中，会由于各种原因与外部公众发生矛盾和冲突。一旦出现这些现象，公关部门就要及时了解情况，进行协调，妥善处理各种矛盾和冲突。

3. 协调关系的方法

（1）反馈调节法。即根据信息的反馈来适当调整组织的行动，以协调关系。在反馈调节过程中，公关人员要把组织的政策、计划情况以及其他信息告之内外公众，同时还要把执行情况以及内外公众的看法及时反馈给组织的决策层，以填补漏洞或进一步修正计划。

（2）自律法。组织与公众之间有时因关系处理不当产生矛盾，这时组织要善于自律，实行自我检查、自我监督，严于律己，发现问题主动纠正。

（3）感情疏通法。公关人员要重视心理情感的协调，善于运用感情疏通法拉近公众与组织的心理距离。周到的服务，情感的协调，是建立组织与公众良好关系的好办法。

（4）信息分享法。即通过建立和完善组织内部的各种传播沟通渠道和协调机制，促进组织内部的信息交流，上情下达，下情上达，横向联络，分享信息，使全体成员在思想上认同和行为上一致，提高组织的向心力、凝聚力。

（5）协商法。即通过协商的方式避免或减小组织与员工之间、组织与组织之间的矛盾和冲突，以避免由此造成的损失。

（五）教育引导，培育市场

公共关系完成其社会职能、促进社会发展，就需要加强教育引导，提高美誉度更需要教育引导。组织公共关系的教育引导职能主要表现在对内、对外两个方面。

1. 对内。主要职能是传播公关意识，传播公共关系的思想和技巧，进行知识更新，不仅要对每个员工进行教育引导，也要说服组织领导接受公共关系思想。

2. 对外。主要是对公众进行教育引导。人们常说"公众永远是对的"，这是从服务的角度将"正确"让给对方，但客观地讲，公众不可能永远正确，而需要加以引导。

另外，随着科技的突飞猛进、产品的极大丰富，需要公共关系来培育市场。公众不可能了解那么多新产品，所以需要不断对其进行商品知识、消费知识、安全保险等方面的教育和引导，使消费群体对组织认同。

（六）科学预警，危机管理

组织危机是组织生存发展的大敌，处理不好会给组织造成重大损失，甚至断送组织的"生命"，因而组织公共关系将危机处理是公共关系的主要职能和工作重点之一。随着公关理论和实践的发展，事前预测管理危机已成为公共关系应对危机的主流方法。

任务四　认识公共关系的主体

一、广义的公共关系主体——社会组织

（一）社会组织的概念

社会组织指的是一个群体，它是人们为有效达到特定的目标，按一定的宗旨、制度、任

务的形式建立起来的协调力量和行动的合作系统。它是由许多功能和利益相关的群体所组成的有机整体，大小不一，功能不一，包括政府、部队、企业、学校、医院、酒店、社会团体、商场等。

（二）社会组织的类型

按其对象目标及工作方式等方面的差异，我们可将社会组织分为下列几种。

1. 营利性组织

又称经济组织，这类组织以追求利润为目标，首要关注经济问题。营利性组织首先要与其所有者及对其经营成败有决定影响的顾客建立良好的关系。营利性组织中工商业组织是公共关系工作运用得最多、最充分、受益最大、最明显的公共关系主体，因此，这类组织对公众的依赖性也是最强的。

2. 互利性组织

这类组织是指具有共同利益要求或背景的人们为实现某种社会理想自愿结成的非营利性组织，其目标是为组织的内部成员谋取利益，强调内部成员对组织本身的凝聚力和归属感，组织内部沟通是第一，主要包括：各种党派团体、工会组织、职业团体组织、宗教组织等。

3. 事业性组织

这类组织是指那些由政府出资设立的满足社会某种需要的专门机构以其特定的服务对象的需要为目标，还必须与其资助者，协助者保持稳定的关系。属于这类组织的有学校、医院、社会福利机构等。

互利性组织和事业性组织由于其本身的非营利性特点，其公共关系协调除了与其他组织共有的特征（如树立良好的形象，积极扩大社会影响）外，还有其自身的行为积极影响社会舆论。

4. 公益性组织

包括政府部门、消防队、保安机关等，这类组织以国家和社会的整体利益为目标，其公共关系对象是整个社会公众。

社会组织是公共关系的主体，为数众多，形式多样，很难确定一个统一的分类标准将社会组织加以区分，一些学者根据研究需要，按组织成员之间的关系分为正式组织和非正式组织；按组织的功能和目标将组织分为产业组织、整合组织、政治组织；按组织本身的性质又将其划分为政治组织、经济组织、军事组织、文化组织、宗教组织等。

从公共关系学的角度对社会组织的划分，关键是要分清公共关系主要适用于哪些组织，根据这些组织和其公众的特点采取相应的公共关系策略。

二、狭义的公关主体——公关组织机构与人员

社会组织是公共关系的主体，其公共关系工作是由公关人员和公关机构来完成的，从这个意义上说，公关组织机构与人员是公共关系的主体。

（一）公关组织机构

1. 组织内设的公关职能部门——公关部

（1）公关部的地位。

组织的公关部与组织内部的其他部门一样，是一个重要的职能部门。公关部在组织内充

当下列角色。

①情报信息部。公关部在当代信息社会中首要的职能就是采集信息、加工信息、管理信息、传播信息。设立公关部可加强社会联系，并进而建立通畅的信息网络，起到组织"耳目"的作用。

②整体形象策划部。组织CIS的设计，组织文化的构想，知名度、美誉度的定位，各种方案的选定等都要精心策划，公关部可起到组织形象设计师的作用。

③决策参谋部。公关部要为整个组织塑造形象，但公关部不是组织的最高决策层，而是组织的"智囊团""思想库"，是环境监测中心、趋势预报中心，负责提供成套可供选择的决策方案，协助组织进行决策。

④"宣传部""外交部"。组织要获得公众的了解、理解和信任，赢得公众的喜爱，取得公众的支持与合作，就要不断地向公众进行宣传。公关部就是组织的"喉舌"。随着市场经济的发展，组织对外交往日益密切，对外联络和交往的任务越来越重，组织与环境之间的各种摩擦和纠纷也随之增多，需要进行协调，在这方面，公关部就是组织的"外交部"。

（2）公关部的工作。

①长期工作。包括组织整体形象的策划、调整、传播、评估，管理好组织的无形资产。

②日常工作。包括监测组织环境，搜集组织内外公众的各种意见，接待投诉；撰写组织有关情况和活动的新闻稿、演讲稿；与各种传播媒介及其记者、编辑保持密切联系；协同影视制作方面的人员拍摄、整理、保存资料片；设计、筹划、监测组织的各种宣传品和赠品；注册互联网上本组织的域名，设计网络上的主页，管理电子信息；了解竞争对手的公关活动情况并分析；与印刷厂保持密切联系，与主管部门、政府有关部门保持联系；培训公关工作人员；与有业务来往的公关公司、广告公司保持密切往来；与公共关系社团，如公共关系协会、公共关系研究所等机构保持密切联系。

③公共关系的定期活动。包括组织记者招待会；组织内部听证会；编辑、联系印刷组织的内部刊物；参加各种管理会议，了解组织内部的管理状况；参加各种销售会议，了解组织与外界的商业联系情况；与所在社区接触，随着时代发展，还应关注互联网上的"虚拟社区"，同网络公众联络；协助拟写为董事会准备的组织年度经营报告；组织安排全体人员的集体娱乐活动；总结、评价公共关系活动的效果。

④公共关系的专题活动。主要包括组织安排各种大型庆典活动；处理危机事件；筹划、安排"制造新闻"活动；组织、举办展览会；筹划、安排公关广告，协助专业人员拍摄有关组织情况的影片；安排来宾参观访问；组织新产品介绍会；安排筹款、赞助活动。

以上4类工作不是截然分开的，而是日积月累、层层递进、相辅相成的。同时各组织的具体情况不同，应以适应本组织发展为标准酌情变通处理。

（3）公关部的设置类型。

在公关实践中，根据组织规模的不同，一般采用以下3种主要的公共关系机构设置模式。

①大型组织设置公关机构的模式。大型组织公关部人员众多，机构复杂，投资很大，一般分为4个层次，即领导层，职能对象层，贯彻层和执行层，其负责人一般由主管公共关系的副总经理或副董事长担任，也有个别企业由总经理或董事长兼任。这种模式符合大型企业分工细致的需要，对一般的公共关系问题公关部都有能力及时的自行解决（见图1-1）。

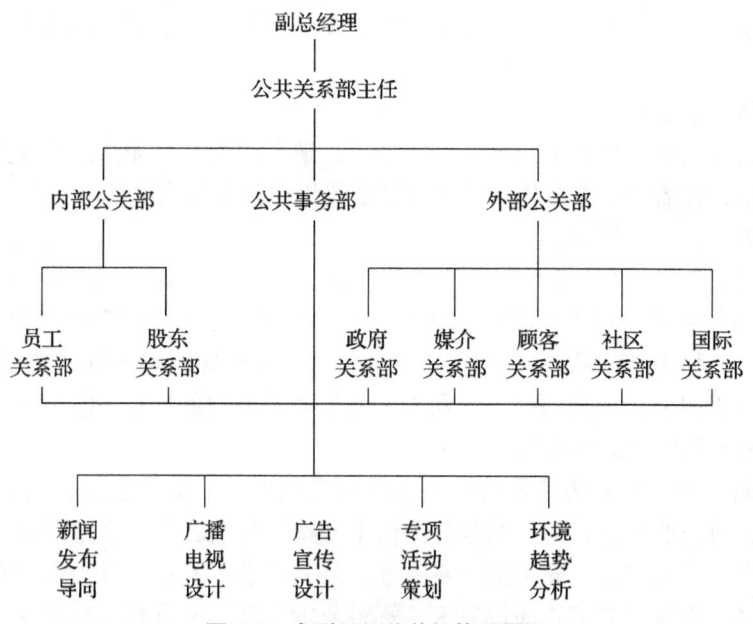

```
                        副总经理
                           │
                     公共关系部主任
          ┌────────────────┼────────────────┐
      内部公关部        公共事务部         外部公关部
       ┌───┴───┐                    ┌────┬────┬────┬────┐
      员工    股东                  政府  媒介  顾客  社区  国际
      关系部  关系部                关系部 关系部 关系部 关系部 关系部
                  ┌──────┬──────┬──────┬──────┐
                 新闻    广播    广告    专项    环境
                 发布    电视    宣传    活动    趋势
                 导向    设计    设计    策划    分析
```

图 1-1　大型组织公关机构设置图

②中型组织设置公关机构的模式。中型企业的公共关系部一般有 3 个层次，也要完成大型公司的公共关系有关的工作内容，只是有的部门合并在一起了（见图 1-2）。

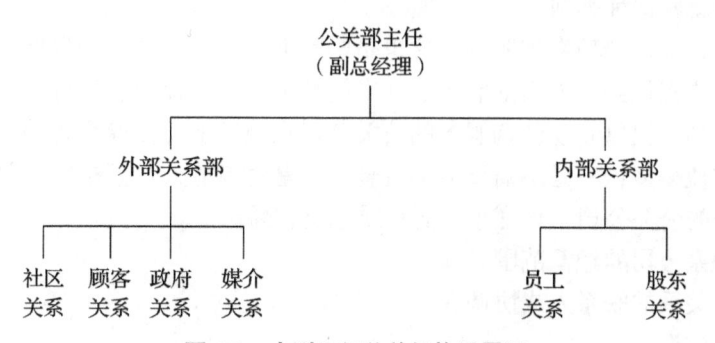

```
                    公关部主任
                    （副总经理）
          ┌────────────┴────────────┐
       外部关系部                  内部关系部
    ┌────┬────┬────┐           ┌────┴────┐
   社区  顾客  政府  媒介         员工      股东
   关系  关系  关系  关系         关系      关系
```

图 1-2　中型组织公关机构设置图

③小型组织设置公关机构的模式。小型企业公关机构比较简单，一般只有两个层次：领导层和执行层。这种机构对组织大型活动或处理大的公关问题常有困难，一般要依靠外聘顾问或代理公司来协助解决（见图 1-3）。

```
                        公关部主任
    ┌──────┬──────┬──────┬──────┬──────┬──────┬──────┐
  员工关系 股东关系 公共事务 社区关系 媒介关系 顾客关系 政府关系
```

图 1-3　小型组织公关机构设置图

公共关系机构的设置没有普遍适用的模式，除从组织的规模划分外还可从运行机制上将其划分为总经理直接负责型，总经理间接负责型，公共关系委员会制等。一个社会组织要根据自身具体的生产经营规模、特点、性质来决定设立一个有利于实现本组织目标且行之有效的公关工作系统。

2. 专业公共关系公司

公共关系公司又称公关顾问公司、公关公司，是专门为客户提供公关劳务和业务咨询的信息型、智力型、传播型的专业机构，是高度专业化的公关行为主体。

（1）公共关系公司的类型。

①与广告公司兼并合营。20世纪70年代末以来，国际上出现了公关公司与广告公司合并的趋势。美国有公关公司2000家，其中最大的20家中有10家都成了广告公司的分公司或一个下属部门，如1978年著名的博雅公司和富特—巧玲珑利恩—贝尔广告公司联合经营。从这一趋势可以看出公关公司与广告公司的经营性质是相通的（都是做"宣传"），二者有密切的关系，合并有利于彼此的发展。

②单独经营，提供综合咨询服务。从公关业务角度看，综合公关公司需要两类专门人才：一类是擅长分类的专家；另一类是公关技术专家。分类公关专家包括媒介关系专家、社区关系专家、政府关系专家、职工关系专家等；公关技术专家包括宣传资料专家、新闻公报专家、年报专家、出版物专家、演说专家、资料分析专家、民意测验专家等。由于我国的公关行业起步较晚，一个组织在较短的时间内要汇集这么多专家是困难的，要组建这样的公司难度是很大的。但如果把眼光转向社会，转向各行各业，那么，在我国一些人才资源较为丰富的大城市成立这样的综合公关咨询公司也不是不可能的，我国第一家专业公关公司——中国环球公关公司就属这种类型。

③单独经营，提供专项咨询服务。这也是国际上公关公司的一个发展趋势，即更加趋于专业化，仅为客户提供某一方面的服务。如专门从事农业、保健、体育、旅游、危机处理等公关专项服务公司。提供专项咨询服务的公关公司在规模上要比综合咨询公司小得多，因此在筹建上也要方便得多：一是不需要太多资金；二是对专业人员要求比较单一。成立这种提供单项咨询服务的公关公司，难度小，而且质量也容易保证。

（2）公共关系公司的经营范围。

①充当对外关系的联系人或协调者。

②提供公关咨询。

③短期专项服务工作。

④长期综合服务工作。

⑤提供公关工作人员的培训服务。

（二）公关人员

公关人员是公共关系活动的主体，是公共关系活动的决策者、促进者、实施者，公共关系人员的素质直接决定公共关系的专业水准、工作质量和公共关系活动的成败。随着公共关系事业的发展，公共关系更职业化，对公共关系人员的意识观念、知识结构和能力素质都有了新的要求。所以，正在从事和将要从事公共关系工作的人员只有掌握这些要求，并善于在实践中不断完善提高自己的水平，才能适应新的历史时期公共关系工作的需要。

1. 公关人员的意识

具备公共关系意识是公关人员开展工作的前提，只有在这种意识下，公关人员才能地超前地发现问题，创造问题，解决问题。公共关系意识是整合的职业意识，由六大内容组成。

（1）形象意识。要求公关人员注重塑造形象，珍惜信誉。

（2）服务意识。是现代公共关系观念的重要内容。

（3）互惠意识。任何组织都想通过公共关系工作追求自身经济效益和社会效益的最佳统一，但这要建立在彼此尊重、平等合作、互惠互利的基础上。

（4）创新意识。是每一个有责任的公关人员应具备的，既有利于组织的发展，也有利于其自身的进步。

（5）沟通意识。可使组织构架起一个信息交流的网络，倾听公众对组织各种建议和批评，掌握环境变化，保护组织生存，促进组织发展。

（6）长远意识。因为公共关系工作的核心目标是树立形象，这不是一蹴而就的事，需要长时间的积累，这就要求公关人员要立足长远思考问题，为以后的发展留有余地。

2. 公关人员的知识结构

公关人员不能凭经验和感觉做事，必须具备与公共关系较为密切的一些社会学科和自然科学知识和技能。

（1）基础学科知识。公关从业人员应具备的基础学科知识包括3类。

①开阔思维，有利于逻辑思维的知识，主要是哲学和思想史。哲学给公关人员提供从世界观和方法论的高度看待公共关系学科和具体实践的方法。思想史使人认识人类社会的发展历程与规律。

②有利于指导公共关系活动，具有深刻地分析具体问题的学科知识，包括心理学、社会学、民俗学、政治学、经济学、法学、人际关系学、文学等。这些知识可为公关人员提供完整的文化知识背景，帮助公关人员研究社会中人的心理、态度和行为，熟悉组织所处的政治环境和经济环境，提高理论修养和分析现实问题的能力。

③关于地理、天文、物理、化学等方面的自然知识。这些知识能为公关人员的知识积累加重砝码。公关界有一句话：看你是否有较强的沟通能力可通过你同刚认识的人能否谈十五分钟来判断。也许公关人员没有太多时间涉猎这些知识，但这些学科的最新动态是需知晓的。公关人员的基础知识越深厚扎实，思维空间就越开阔，创造性就越强。

（2）专业学科知识。包括公共关系理论知识和基本实务知识。

（3）相关的操作性学科知识。相关的操作性学科也是公关人员在实践工作中要用到的，对提高公关人员的实际工作能力有直接帮助。比如，做公共关系调研要涉及社会调查学、市场调研学；策划活动要运用广告学、管理学、会计学的知识；组织新闻发布会要有传播学、新闻学、媒介管理等方面的知识，还包括演讲学、计算机运用等。此外，CI战略中还有设计学、美学等知识的运用。

以上几个方面的知识是专业公关人员必备的。事实上，公关人员在实际工作中会不断根据特定的需要了解某一方面的专业知识和有关的政治、经济情况。因此，公关人员的知识结构应是动态的、开放的，公关人员应能随时吸收新知识，不断丰富和发展自己。

3. 公关人员的能力

公关人员的能力主要指工作能力。

（1）良好的组织能力。这一能力不是只有领导者才必须具备，任何一名公关人员都必须具备较高的组织能力。

（2）创新能力。是公关人员极为重要的一项能力要素，在平时，公关人员要能敢于想别人所没想，做别人所没做的事，不断突破常规，独立思考，不惧权威，不随波逐流；要做到视野开阔、兴趣广泛、善于学习、博览群书、融会贯通、精力专注，作风严谨且有丰富的想象力。

（3）表达能力。将要传达的信息或思想清晰地用文字或口头表达出来，是对公关人员的一个基本要求。公关人员要写新闻稿、讲演稿、活动计划、年度报告、工作总结，只有具有扎实的笔墨功夫和较强的文字表达能力才能做到准确表达，保证工作开展，有效宣传企业。口头表达能力在与公众面对面交流时能给对方留下良好的印象。体态语言用于与公众的直接交往中，能在一定程度上补充口头语言的不足，并和口头语言相得益彰。

（4）交往能力。公关人员是本组织形象的体现者和代言人，从事的是与人打交道的工作。公关人员只有具备了较强的交往能力，才能在各种社交场合施展自己的魅力和才能，树立本人的良好形象，并为树立组织的良好形象展开有利攻势。

（5）应变能力。公共关系工作的工作量很大，既面对烦琐的日常事务，又要处理大事件，处于中介地位，常会遭受组织和公众的双重压力。在遇到棘手问题的时候，要表现得理智、平和、镇静，认真研究问题，采取行动，在面对失败时决不气馁，只有这样才能把握住解决问题的转机。面对突发事件，要求公共关系人员临危不惊，快速应变。在日常事务的处理中，公关人员也要有活跃的思维，机智的谈吐，以自己的语言或行为挽救可能出现甚至已经出现的失误。

4. 公关人员的职业准则

公关人员的职业准则是在实践中逐渐形成的，是在公共关系工作中必须遵守的行为规范和职业道德操守。公关人员时刻都要与公众打交道，对外就是组织的化身和象征，高尚的职业道德是塑造良好的组织形象和信誉的基础。

（1）公共关系人员的道德。恪尽职守，实事求是；廉洁奉公，不谋私利；公道正派，谦虚团结。

（2）公共关系准则。真实和准确反映事物；尊重客户的权益，客观、公正、忠诚地对待所服务的对象，为客户保守秘密；不损害、中伤同行的权益和声誉，应以自己的行为赢得有关方面的信赖等。

任务五　认识公共关系的客体

一、公众的特征和分类

（一）公众的含义

公共关系学中的公众，即与社会组织的运行发生一定关系的社会群体。就某一社会组织来说，它的公众既包括与它有关系（涵盖组织内部和组织外部）的个人，也包括与它有关系的其他社会组织。公众，对社会组织确定目标、实现目标、扩展目标，以至对社会组织的生存和发展，具有实际的或潜在的利益关系和影响力。公众是公共关系的客体，是社会组织开展公共关系，进行信息传播与沟通的对象。

（二）公众的特点

1. 群体性

（1）法人群体。即依法成立的社会实体。它们都拥有一定的财产和生存空间，依法行使权利和承担义务，如工厂、机关、学校、医院。

（2）任务群体。即在一定的时间内暂时汇集到一定地点，从事类似活动，在一定程度上达到共同目标的社会成员集合体，如图书馆里的读者、商店的顾客、风景区的游客。

（3）角色群体。指某一共同身份或从事某一共同职业的社会成员集合体，如学生、工人、教师、医生。角色群体的种类很多。

2. 同质性

比如，一家商店进进出出的顾客本来素不相识，没有直接联系，但是由于他们都去购买商品而成为商店的公众，也即具有了同质性。

3. 变化性

世界上没有一成不变的东西。你的角色会因为时间地点的改变而改变。对于商店来说，你是顾客；对于学校来说，你是学生；对于工厂来说，你是员工。不管你的角色如何变，组织的目的都是使你成为它的伙伴、朋友。应当让公众向有利于组织的方面变化。

4. 相关性

公众与公众之间，公众与组织之间都是有共同的目的或者利益才会走在一起。

（三）公众的分类

1. 根据公众与组织的所属关系分类

（1）内部公众。指组织的员工，还包括组织的股东和员工家属。

（2）外部公众。指除内部公众之外的一切与组织发生相互影响，相互作用的公众。

2. 根据公众与组织发生关系的时序特征分类

（1）非公众。是公共关系学中的一个特殊概念，非公众受组织的影响，但是不受组织各项方针政策和行为所影响，反过来，他们的行为和要求也不影响组织的方针政策和行为。

（2）潜在公众。例如飞机失事了，在一段时间内遇难者的家属还不知道他们的亲人发生意外，在这个时间段内，对于航空部门来说，遇难者的家属就是潜在公众。在这个时候组织就应该开始准备好应对一切可能发生的情况。

（3）知晓公众。遇难者的家属接到消息，发生空难，亲属有可能遇难。应做好应对公众、面对公众的工作。

（4）行动公众。遇难者的家属开始处理问题就被称为行动公众。当行动公众对组织产生不利影响的时候，组织就必须要采取行动解决问题，把损失减到最小。在公共关系工作中，能否通过努力改变行动公众的态度，使他们与组织相互适应，体现了公共关系工作的效果。

3. 根据公众对组织的重要程度分类

（1）首要公众。他们对组织的生存、发展、成败有举足轻重的影响。比如，组织中的员工、商店的顾客都是组织的首要公众。

（2）次要公众。指对组织的生存和发展有影响，但不起决定作用的公众。他们虽然不是公共关系工作的重点，但如果忽视他们的存在也会造成组织的公共关系状态不佳。比如新闻媒介会对组织的正常发展产生较大影响。

（3）边缘公众。虽有关系，但联系较少，重要性最小。

4. 根据公众对组织的态度分类

（1）顺意公众。又称为支持公众。他们对组织持赞赏、支持、合作和信任态度。一个组织的公共关系工作的首要目标就是要保持和扩大顺意公众的队伍。

（2）逆意公众。又称为敌对公众。他们是公共关系工作的首要对象，要努力改变其对组织的看法和想法。

（3）独立公众。又称为中立公众或不确定公众。公共关系的工作是要争取使这一部分公众变成顺意公众。

二、目标公众分析

每个组织都有特定的目标公众。组织的性质、类型不同，具体的目标公众对象也就不完全相同。

1. 内部公众

内部公众指组织内部沟通、传播的对象，包括组织内部全体成员构成的公众群体，如企业内的员工、股东；政府部门内部的干部、工作人员。内部公众既是内部公关工作的对象，又是外部公关工作的主体，是与组织自身相关性最强的一类目标公众。

加强内部公众沟通的目的是培养组织成员的向心力、凝聚力，培养组织成员的主体意识和形象意识。

2. 顾客公众

顾客公众指购买、使用本组织提供的产品或服务的个人、团体或组织。顾客是与组织有直接利益关系的外部公众，是企业组织市场传播沟通的重要目标公众。

建立良好顾客关系的目的，是促使顾客形成对组织及其产品的良好印象和评价，提高组织及其产品的知名度和美誉度，增加组织及其产品对市场的影响力和吸引力，实现组织和顾客公众的共同利益。

3. 媒介公众

媒介公众又称新闻界公众，指新闻传播机构及其工作人员，包括报纸、杂志、电台、电视台等传统媒体机构，也包括博客、微信、社交网站等新兴媒体机构及其编辑、记者等。媒介公众主要通过社会舆论来影响公众对企业的态度。媒介公众是具有双重性的特殊公众，既是公关人员赖以实现公关目标的重要媒介，又是公关人员必须尽量争取的重要公众。媒介公众传递信息迅速，影响力大、威望高，有不容忽视的作用。

从公共关系实务工作层次来看，媒介公众往往被置于最显著的位置，甚至被称为对外传播的首要公众。与媒介公众建立良好关系的目的是争取其对本组织的了解、理解和支持，以便形成对本组织有利的舆论气氛；并通过媒介公众实现与大众的广泛沟通，增强组织对整个社会的影响力。

4. 政府公众

政府公众指政府各行政机构及其工作人员，即组织与政府沟通的具体对象。任何社会组织都必须接受政府的管理和制约，需要与政府的有关职能机构和管理部门打交道。政府公众是最具有社会权威性的目标公众。

与政府保持良好沟通的目的是争取政府及各职能部门对本组织的了解、信任和支持，从而为组织的生存和发展争取良好的政策环境、法律保障、行政支持等。

5. 社区公众

社区公众指组织所在地的区域关系对象，包括地方团体组织、左邻右舍的居民百姓等。社区关系亦称区域关系、地方关系、睦邻关系。社区是一个组织赖以生存和发展的基本环境，是组织的根基，与组织在空间上紧密地联系在一块，千丝万缕难以分离。共同的生存背景使社区公众具有"准自家人"的特点。

发展良好的社区关系是为了争取社区公众对组织的了解、理解和支持，为组织创造一个稳固的生存环境；同时体现组织对社区的责任和义务，通过社区关系扩大组织的区域性影响。

6. "名流"公众

"名流"公众指那些对公众舆论和社会生活有较大的影响力和号召力的有名望人士，如工商界、金融界的领军人物；科学界、教育界、学术界的权威人士；文化、艺术、影视、体育等方面的知名人士，以及舆论领袖。这类目标公众的数量有限，但对传播的作用很大，能在舆论中迅速"聚焦"，影响力很强，通过"名流公众"影响公众和舆论，往往具有事半功倍的效果。

建立良好的"名流"关系的目的，是借助其知名度扩大组织的公共关系网络，扩大组织的公众影响力，丰满组织的社会形象。

7. 国际公众

国际公众指一个组织的产品、人员及其活动进入国际范围，对别国的公众产生影响，并需要了解和适应国际公众环境的时候，组织所面对的不同国家、地区的目标公众，包括别国的政府、媒介、消费者等。国际公众具有与本组织完全不同的社会和文化背景，因此传播沟通活动具有显著的跨文化特征。

搞好国际公众关系的目的是争取国际公众和舆论的了解、理解与支持，为本组织及其政策、活动、产品和人员塑造良好的国际形象，创造良好的国际声誉。

公共关系的目标公众并不止以上7种。各类不同的组织需要根据自己的特点具体分析研究。

任务六　理解公共关系的传播沟通方式

一、公共关系的传播媒介

公共关系传播指社会组织将公共关系信息通过传播媒介传递给社会公众，使公众能够了解组织的行为、见解，理解组织的经营目标、管理方针，领会组织的意图，以此取得公众的信任与好感，进而影响和改变公众的态度和行为，创立良好的公共关系氛围。因此，传播是公共关系的联结手段，是沟通组织与公众的桥梁和纽带。

公共关系的传播媒介主要是人、物、符号。

（1）"人"指组织机构的领导人、管理者、工作人员等在一定的条件下均可能成为组织机构整体形象的代表，他们的言谈举止、礼仪风貌本身就是一种良好的传播信息。公共关系的多向传播交流也主要是靠这些训练有素的专业人员完成的，如公共关系工作人员、礼宾礼仪人员、专职接待人员，以及受过培训的商店售货员、办公室职员。

（2）"物"除了影视、广播、报纸、杂志等大众传播工具外，还包括组织机构的产品、环境、布置等硬件设备。比如，工厂的产品、柜台的商品、博览会的展品，以及办公室的布置和环境卫生等"虽无言而具神"，这些实实在在的东西真切地表现了其所属组织的形象与实力，传递了这些组织的工作精神、行为宗旨等信息。

（3）"符号"指组织机构的报刊宣传、广告制作、CI策划、品牌徽章设计等所用的语言、文字、图像、色彩等。这些符号经过加工编制能够准确、灵活、生动、形象地传递组织机构预先规定的信息内容，从而能够起到广泛深入的传播作用。

二、公共关系传播的特点

公共关系传播的突出特点是信息交流的双向性。

1. 组织内部信息交流的双向性

在组织内部，双向的信息交流包括：上源向下流，下源向上流，平行信息流，立体交叉流。

2. 组织外部信息交流的双向性

在组织外部，双向的信息交流包括：内源向外流，外源向内流。

三、公共关系传播的方式

公共关系传播的方式主要是大众传播和人际传播。

1. 大众传播

大众传播指传播组织通过现代化的大众传播工具，比如报纸、电视、电影、广播、书刊和网络等，向为数众多的人提供消息、知识、思想、见解、娱乐、广告等。其传播内容不具有保密性质，可以在人们之间公开相传。

大众传播的快速性带动了它的广泛性，其覆盖面十分广泛。大众传播的内容基本上由传播机构和职业传播者发布，职业水准较高。组织平时要注意与新闻单位搞好关系，建立紧密联系，经常输送信息给媒介，增进相互了解，以争取对自己有利的报道。任何社会组织活动，只要得到大众传媒的广泛报道，都会成为社会瞩目的焦点，获得很高的知名度和社会影响，产生放大效应。

2. 人际传播

人际传播，也称人际沟通，它是一种个人与个人之间的直接信息交流。个体借助语言、表情或身姿就可以进入人际传播的领域，成为与他人互动的一方。没有人际传播，人与人之间就无法相互理解，也无法建立任何有意义的社会关系。

人际传播的信息包括人们的观点、知识、兴趣、精神、感情等。人际传播可凭借的媒介可以是语言行为，也可以是非语言行为。人际传播的形式可分为直接传播和间接传播。直接传播，信息迅速交换的机会最多，来往传递也容易，是人际交往中主要采取的形式。与大众传播比较起来，人际传播的范围要小一些。由于它主要是人与人之间的直接交流，因此具有如下几个特点。

（1）便于调动对方的注意力。

（2）能够及时得到反馈。

（3）可以在速度上加以控制。

综合练习

一、单项选择题

1. 1906年，艾维·李发表的著名文件是（　　）。
   A.《有效的公共关系》　　　　B.《原则宣言》
   C.《公众舆论的形成》　　　　D.《公共关系学》

2. 独立公众，属于按以下哪一类公众分类法进行分类的（　　）。
   A. 按公众与组织的所属关系　　B. 按公众与组织发生关系的时序特征
   C. 按公众对组织的重要程度　　D. 按公众对组织的态度

3. 美国的卡特里普和森特在其专著《有效的公共关系》一书中（　　）。
   A. 提出了"双向对称"的公关模式　　B. 提出了"投公众所好"的主张
   C. 提出了"公众必须被告知"的命题　D. 提出了"凡宣传皆好事"的命题

4. 公共关系的本质属性是（　　）。
   A. 个人之间的传播沟通　　　　B. 公众与个人之间的传播沟通
   C. 公众与传媒之间的传播沟通　D. 组织与公众之间的传播沟通

5. 被称为"公共关系之父"的人是（　　）。
   A. 巴纳姆　　B. 伯尼斯　　C. 艾维·李　　D. 格鲁尼格

6. 19世纪中叶在美国风行的"报刊宣传运动"被认为是（　　）的标志。
   A. 公共关系的萌芽　　　　　　B. 现代公共关系的发端
   C. 现代公共关系职业化的开始　D. 现代公共关系学科化的成熟
   E. 现代公共关系的发展

7. 现代公共关系职业化开始的代表人物是（　　）。
   A. 巴纳姆　　B. 艾维·李　　C. 伯尼斯
   D. 哈罗　　　E. 夫兰克·杰夫金斯

二、多项选择题

1. 爱德华·伯尼斯出版的公共关系学著作有（　　）。
   A.《公众舆论之形成》　　　　B.《公共关系学》
   C.《有效的公共关系》　　　　D.《原则宣言》
   E.《公共关系原理》

2. 把求真务实的原则贯彻到调查工作中应做到（　　）。
   A. 真实　　　B. 客观　　　C. 公正
   D. 全面　　　E. 正义

3. 根据公众与组织发生关系的时序特征，可将公众区分为（　　）。
   A. 首要公众　　　　B. 非公众　　　　C. 潜在公众
   D. 知晓公众　　　　E. 行动公众　　　F. 积极公众
4. 下列哪些属于外部公众（　　）。
   A. 消费者公众　　　B. 政府公众　　　C. 媒介公众　　　D. 公司员工
5. 按公众对组织的态度对公众进行分类，可以分为（　　）。
   A. 顺意公众　　　　B. 逆意公众　　　C. 受欢迎的公众　　D. 中立型公众

三、简答题

1. 公共关系的含义和基本特征是什么？
2. 简述公共关系产生与发展的社会条件。
3. 为什么有公关部的企业在开展公关工作中还要与公关公司保持密切联系？

模块二 开展公共关系调查

学习任务

1. 学会制订公共关系调查计划；
2. 掌握调查实施过程中的各种方法与技巧；
3. 学会用适当的方法分析公共关系调查资料；
4. 了解撰写公共关系调查报告的文体格式与写作要求。

案例导入

长城饭店的大量公共关系工作，尤其是围绕为顾客服务的日常公共关系工作，源于其缜密系统的调查研究。

1. 日调查

（1）问卷调查。每天将调查表放在客房内，调查项目包括顾客对饭店的总体评价，对十几个类别的服务质量评价，对服务员服务态度的评价，以及是否加入喜来登俱乐部和客人的游历情况等。

（2）接待投诉。几位客户经理24小时轮班在大厅处理顾客困难、受理投诉、解答各种问题。

2. 月调查

（1）顾客态度调查。月底集中将每日调查问卷寄到喜来登集团总部，进行全球性综合分析，并在全球范围内进行评比。根据量化分析，对最好和进步最快的饭店给予奖励。

（2）市场调查。前台经理与在京各大饭店的前台经理每月交流一次顾客情况，互通情报，共同分析本地区的形势。

3. 半年调查

喜来登总部每半年召开一次全球旅游情况会，其所属各饭店的销售经理从世界各地带来大量的信息，相互交流、研究，使每个饭店都能了解旅游形势，站在全球的角度商议经营方针。

这种系统的全方位调研制度，宏观上可以使饭店决策者高瞻远瞩地了解全世界旅游业的形势，进而可以了解本店每个岗位、每项服务及每个员工工作的情况，从而使决策有的放矢。

综合调查表明，任何一家饭店，仅有较高的知名度是远远不够的，要想保持较高的"回头率"，主要是靠优质服务，使顾客满意。怎样才能使顾客满意呢？经过调查研究和策划，喜来登集团面对竞争提出了"宾客如归方案"。方案中提出在3个月内对长城饭店上至总经理，下至服务员进行强化培训，不准请假，合格者发证上岗。在每人每年 100 美元培训费的基础上另设奖金，奖励先进。其宗旨就是向顾客提供满意的服务，使他们有宾至如归的感觉。

随着这一方案的推行，饭店的服务水平又有了新的提高。

思考：

1. 长城饭店靠什么赢得了顾客、赢得了市场？
2. 长城饭店在公共关系调查方面对我们有何启示？
3. 如果你是一位总经理，你认为还应从哪些方面来做好日常的公共关系工作？

任务一　制订公共关系调查计划

公共关系调查是组织开展公共关系活动的起点和基础。通过调查，公关人员能够对组织的公共关系状况和问题进行核实、澄清或甄别。

公共关系调查与其他社会调查有所不同，它是就公众对组织形象的评价进行统计分析，用数据或文字的形式显示公众的整体意见，或者就某一具体公共关系活动的计划、实施和效果进行调查评价，由于公众的态度极易受客观环境的影响，所以，公共关系调查具有动态性和相对性的特点。制订公共关系调查计划要求做到以下几步。

一、明确公共关系调查对组织的意义

首先要说明将要进行的公共关系调查对组织有什么意义，概括起来有以下几方面。

1. 帮助组织准确地进行形象定位

组织的形象定位指组织明确要以什么样的形象出现在其公众面前。通过形象定位调查，可以测量出组织自我期望的形象与其在公众中实际形象的差距。组织可针对这个差距策划有效的公共关系活动方案。

2. 为组织决策提供科学依据

只有通过调查，才能使组织了解公众的要求和愿望；只有了解了公众的要求和愿望，才能做出符合公众的要求和愿望的决策；只有做出符合公众要求和愿望的决策并认真实施，才能使组织在公众的心目中树立起良好的形象。

3. 使组织及时把握公众舆论

积极的公众舆论有利于组织塑造良好形象；消极的舆论会损害组织的形象甚至会造成组织形象危机。因此，通过公共关系调查，监测公众舆论，并使组织及时扩大积极舆论、减少消极舆论是十分重要的。

公共关系通常通过以下几种方式影响舆论：一是扭转或反击不利的舆论；二是争取独立的舆论；三是促进或强化有利的舆论。

4. 提高组织公共关系活动的成功率

组织在开展某项公共关系活动之前，必须要对现有的人力和物力条件做充分的调查研

究，有时还要现场考察。只有通过调查，组织对所要开展的公共关系活动的主客观条件有了充分的了解，公共关系活动才能有充分的准备和切实可行的计划保证，才可能取得好的效果。

5. 有利于宣传、塑造组织的良好形象

公共关系调查本身也是公关活动。开展调查动要广泛接触调查对象，所以，调查人员也同时向公众传播着组织塑造自身形象的信息。恰当的调查本身也会赢得公众对组织的好感。因此，从某种意义上说，公共关系调查本身也是一种传播，是一种公关活动。

二、明确公共关系调查内容

公共关系调查的内容十分广泛，具体有以下 4 方面内容。

1. 组织自身情况调查

组织自身情况是社会公众评价的主要对象。主要调查内容有组织的经营状况、组织的内部关系状况等。

2. 组织的社会公众舆论调查

这是公共关系调查的重要内容，主要是调查社会公众对社会组织的认识、态度与印象，包括知名度、信誉度和社会公众评价的调查、社会公众的动机的调查、组织在公共关系工作中内外传播活动效果的调查、内部公众意见的调查。

3. 组织所处的社会环境调查

组织进行社会环境调查的目的是为了使其适应社会环境的变化，主要内容包括以下几方面。

（1）基本社会环境的调查。指社会组织所处的一个国家或地区的政治、经济、文化等因素构成的宏观社会环境系统。主要调查内容有：人口环境状况、政治环境状况、经济环境状况、文化环境状况等。

（2）具体市场环境状况的调查。指与社会组织的公共关系活动相关联的市场因素组成的社会环境系统。主要调查内容有：市场需求状况、消费者状况、市场竞争状况等。

（3）所属行业环境状况的调查。指由社会组织所在特定行业中各种组织构成的微观社会环境系统。主要调查内容有：所属行业基本状况、所属行业特定组织状况、所属行业横向协作状况、所属行业竞争对手状况等。

4. 组织的形象调查

（1）组织自我期望形象的调查。指组织自己所期望建立的形象，这个形象是一个组织公共关系工作的内在动力、基本方向和目标。自我期望形象的确立应注意主观愿望和实际可能相结合。主要调查内容有：组织领导层的公共关系目标和要求、组织中员工的要求和评价、组织的实际状态和基本条件。

（2）组织实际形象的调查。组织的实际形象往往与其自身的期望形象有一定的差距。因此，必须通过公共关系调查来对组织自身形象进行准确定位。主要调查内容有：知名度和美誉度。

三、确定公共关系调查资料来源

调查资料的来源有两个，即二手资料和一手资料。研究人员通常从搜集二手资料开始，获得对问题的初步认识和了解，再搜集一手资料，这样可以提高资料搜集的效率和有效控制调查的成本。对于二手资料，需要确定搜集的方向和搜集的方法，对于一手资料，应该初步确定调查人员的范围。

四、选择公共关系调查方法

调查方法指获取资料的方法，它包括在什么地点、找什么人、用什么方法进行调查。确定用什么方法进行调查，应从调查的具体条件出发，以有利于搜集到符合需要的一手资料为原则。在制订公共关系调查计划时应根据调查内容明确调查方法。

五、准备公共关系调查工具

在确定了调查方法之后，就要进行调查工具的设计，如访问法的调查问卷的设计、观察法的观察记录表和登记表的设计，以及观察设备仪器的准备等。

六、决定公共关系抽样计划

在市场调查中，如果调查对象选取不当，则会导致调查结果发生偏差。抽样计划是根据调查的目的确定抽样单位、样本数量及抽样方法等。

七、确定接触方式

抽样计划被确定后，调查人员必须确定采用何种方法接触被调查对象，如面谈访问法、邮寄调查表、电话访问或在线访问等，面谈访问有安排访问和拦截访问两种形式。具体形式应根据调查的实际情况和客观要求来决定。

八、确定人员和费用

确定人员主要是确定参加市场调查人员的条件和人数，包括对调查人员必要的培训。在市场调查过程中，调查人员要善于根据情况的变化随时修正自己的访问内容，但同时掌握调查的根本目标不变，这就要求调查人员具有一定的专业知识和丰富的市场实践能力与问题整合能力等多方面的素质和能力。调查工作总是需要花费一定的时间和资金，因此必须做出预算，进行成本效益分析，以决定调查工作是否有必要进行。

任务二　实施公共关系调查

实施公共关系调查主要是公共关系人员利用适当的公共关系调查的方法完成调查任务。公共关系调查最常使用的方法有以下3种。

一、文献资料研究法

文献资料研究法是公共关系调查中运用比较普通的一种方法。它是一种收集、整理、保存、检索和分析文献资料的方法，目的是为了积累整理资料，以便于急需使用时迅速查出有关资料，分析事实与观点，及时发现问题，为公共关系活动服务。其主要步骤如下。

1. 收集资料

组织中的公共关系部门必须购置常用的工具书，如各种辞书和各类年鉴，从中了解国内外重大事件，以及各行业新的进展和新的成就。此外，还可从各种内部刊物、公众档案、企业报表、市场情报资料等方面去了解和收集资料。

2. 检索资料

对收集到的资料进行分类整理，建立检索系统。可以按汉语拼音或偏旁部首进行排序，也可以按英文字母顺序进行分类目录整理。

3. 保存资料

随着时代的发展，现代保存资料的方法不再局限于剪贴、复印、装订、登记、编目和归档等工序，许多组织都已采用计算机数据库来管理资料，扩大了检索的范围，提高了检索的速度。

4. 分析资料

采用纵向和横向分析的方法，对检索出的有关资料进行详细分析，提出报告建议，为决策者提供参考咨询。公共关系人员在分析资料时必须保证观点的准确和可靠，广泛征询专家意见，在综合分析了丰富翔实的资料和各方意见之后，再提出最终可行的建议与方案。

二、问卷调查法

问卷调查法是公共关系调查中应用最为广泛的方法。问卷法就是研究者运用这种控制式的测量对所研究的问题进行度量，从而搜集可靠的资料的一种方法。其主要步骤如下。

1. 确定调查目的

确定调查目的，首先要了解组织领导者的真实想法，使调查顺利进行，其次是了解组织领导者进行调查的具体目标。一次调查具体目标不宜过多，设计的提问一般不要超过三十个，否则会让人生厌，降低调查质量。

2. 拟订调查问卷

问卷设计具有很强的专业性、科学性和艺术性。要围绕调查目标设计、拟定问卷，探查调查对象的情况、认识和态度。

（1）问卷的构成。问卷由题目、说明信或指导语、问卷的具体内容和编号组成。

（2）问卷中问题的构成。一般来说，较为完整的问卷包括两类问题：一是事实问题；二是态度问题。事实问题指那些曾经发生过的、现存的事件以及一些实际的情况，如性别、年龄、文化程度和职业等。

（3）问卷的提问方式。包括一般提问方式、封闭式提问、开放式提问。单项或多项选择提问属于封闭式提问，列出所有的备选答案，内容规范，便于定量分析。但该方法容易缺失可能的备选答案，产生调查偏差。开放式提问也称自由式提问，一般用于深度调查，让调查对象自由回答，答案十分灵活、广泛，给整理资料带来一定难度，不易统一标准，误差也较大。这两种方式外，还有多种问卷方式，如组句法、填空法或图表测量法等。

3. 选定调查对象

调查对象可以通过普查与抽样两种方法来确定。

普查是对全部社会公众进行的、内容尽可能多的调查，可使组织获得丰富、全面的资料。该方法虽然比较准确可靠，但是需要大量的人力、物力、财力和时间。

抽样调查需要有一份反映人口总体自然特征的基础材料，比如姓名、地址或电话簿等，从中抽选一部分人进行调查，根据结果推论整体情况。所产生的误差，可以用统计方法进行计算和控制。一般社会组织机构和公共关系公司通常采用抽样调查的方法。抽样调查一般分为随机抽样和非随机抽样两种。其中随机抽样又分为简单随机抽样、分层随机抽样、分层同比和异比抽样、多阶段分地区抽样等多种方式。

【案例 2-1】

曾经有两位美国社会学家对美军在战争中的士气问题进行调查，他们使用了系统的抽样方法，选择逢10的号码作为样本，然而结果完全出乎意料，官兵的士气远比假设的要高，经过对抽样方法的鉴定，他们发现了问题，原来军队的花名册排列是由"三等兵、二等兵……少尉、中尉、上尉"的顺序排列的，每10个人恰好构成一个循环，这样，他们逢10号抽取的样本都是清一色的某个军阶的军官，而军官的士气相对来说比较高，这样的调查结论在推及军队官兵总体时就失去了意义。这两位学者对抽样做了修正，将各军阶的士兵或军官放在一组，将第1～100号列为三等兵组，第101—200号列为二等兵组……，然后重做系统抽样，最后得出的结论推及总体时就较全面、客观、富有代表性。

由此可知，在某些具有周期性排序规律的总体中，抽样调查法有出现偏差的危险。

4. 发放调查问卷

问卷的发放形式有邮寄发放和当面发放两种，采用哪一种形式根据具体情况而定，发放的对象应是运用调查样本的选取方式选出的对象。

5. 确定问卷访问方式

问卷调查一般采用的是问卷访问，其具体方法有：当面访问、通信访问和电话访问。三种问卷访问方式各有利弊，采用何种方式，取决于调查目的、人口总体状况、调查对象的分布和问卷长短等。还要考虑问卷复杂程度，以及经费和时间等因素。

6. 回收问卷

较之访谈法，问卷的回收率会受到限制，65%为理想数字。因此，在发放问卷，甚至设计问卷时，要考虑到问卷的回收率。若回收率过低，就失去了样本的代表性，会直接影响调查的效果。

7. 整理分析问卷

问卷的整理包括对不合标准的问卷的处理和对调查所得数据的整理。不合标准的问卷要挑出来，不能补救的就不要进行统计处理。对合乎标准的问卷，要用社会统计技术进行统计分析。

三、访谈调查法

访谈调查法简称访谈法。访谈通常是在面对面的场合下进行的，由调查人员（也称为访谈员）接触调查对象，就所要调查的问题，向调查对象提问，要求调查对象对提出的问题做出回答，并由访谈员将回答内容及交谈时观察到的动作行为及印象详细记录下来。

访谈法调查的规模不能太大，一般根据调查的目的和内容来确定规模的大小。访谈法和问卷法结合使用进行调查，虽说比较费时费力，却可以避免访谈法标准化程度低和问卷法回收率有限的弊端，并可以对一些问卷法不能深入的问题进行调查。

访谈法可分为结构性访谈与非结构性访谈。

结构性访谈是由访谈员携带事先设计好的访问调查表进行的访谈。调查表中的所有问题都是事先精心设计的。

非结构性访谈，访谈员只需根据调查任务的要求拟成访谈要点或访谈提纲，并据此向调查对象提问，无须使用标准化的调查表。在调查中，访谈员可较为自由地进行提问，受访人不受问题限制，可以畅所欲言，双方互相启发，共同探讨，使调查更加深入。这种访谈最适用于调查态度、价值判断等方面的问题。但这种方法对访谈员的能力要求较高。此种访谈所得结果不易量化，同时又费时费钱，故只能在小范围内使用，或作为了解一般情况和配合其他调查方法使用。

以上介绍了公共关系调查的三种方法，可根据实际情况选择使用，获得相关资料，为下一步分析公共关系调查资料提供了依据。

任务三　分析公共关系调查资料

公共关系调查人员只有将调查搜集到的资料、数据进行整理分析，才能准确把握存在的问题，指导公共关系活动的开展。调查获得的资料大都比较杂乱，不易从中发现事物的本质和规律，所以必须对搜集到的信息资料进行整理审核，以便为进一步资料分析打下基础。分析公共关系调查资料包括整理阶段和分析阶段。

一、整理公共关系调查资料

1. 检查

首先，对调查资料的回收率进行检查，如果收回的调查资料在数量或结构上不足以代表调查对象整体，则不能以这类资料为依据进行研究总结，这时应做补充调查或重新调查。其次，检查资料真实可靠性，即查证资料是否确实来源于调查对象，有无虚假资料。这时，调查人员的经验显得非常重要，经验丰富的调查人员能够通过分析被调查者对具体调查项目的填写情况，评判其真伪。最后，检查资料是否完整、准确、合格。包括每份资料填写是否完整，统计或其他内容的填写是否准确，资料内容是否符合调查目的要求。

2. 分类

根据调查目的对资料进行分类，形成档案，便于下一步分析研究和对资料开发利用。分类时应注意完整性、统一性和连贯性。

3. 编码

编码就是把调查的一些项目及其信息资料，依据一定的数字模式或序码模式加以程式化,编成有特定意义的信息处理系统,便于信息的处理和开发利用,提高工作效率。

4. 登录

登录即把归类整理好的资料制作成登录表,便于查找利用,也为下一步的分析提供方便。比如,调查人员把资料数据列成表格,并制订频率分布、对主要变量计算平均数和衡量离散趋势。

二、分析公共关系调查资料

在分析公共关系调查资料时,研究人员应努力采用一些先进的统计技术和决策模型,需要更多的数理统计等专门知识,以便获得更多的调查结果。主要有以下几种分析方法。

(一)组织形象差距比较分析

组织形象差距比较分析是将组织的实际公众形象与组织的自我期望形象相比较,找出二者之间的差距及其形成的原因。这是制订公共关系工作目标的前提,实际上,公共关系工作的目标就是弥补或缩小这种差距。

具体可根据语意差别分析法进行测定和分析,即将影响组织形象的各种要素逐一列举出来,如企业经营宗旨、产品质量、服务态度、工作效率、技术创新能力、管理水平、领导者能力、组织综合实力等方面,并根据组织在这些方面的表现,设置不同的评价档次,请调查对象就自己的看法给出评价(见表2-1)。

表 2-1 组织形象要素调查

调查项目	评价							调查项目
	非常	相当	稍微	中	稍微	相当	非常	
经营宗旨正确	60	30	10					经营宗旨不正确
产品质量好		30	60	10				产品质量差
服务态度端正				15	20	65		服务态度恶劣
工作效率高		25	65	10				工作效率低
技术创新能力强					20	70	10	技术创新能力弱
管理水平高				10	40	50		管理水平低
领导者能力强					10	10	80	领导者能力差
组织综合实力强					30	60	10	组织综合实力弱

在图2-1中,可以用 1~7 作为数值标尺,将组织形象要素分成7个档次,如经营宗旨非常不正确为1,相当不正确为2,稍微不正确为3,一般为4,以此类推,并根据表2-1中调查项目的实际数据,计算出每一调查项目评价的平均值。计算方法是调查项目的评价人数乘以相应栏目的数值,将该项目各档次评价总分相加,再除以调查总人数。如表2-1中第一栏经营宗旨一项的平均值为:

$$\frac{60人 \times 6 + 30人 \times 5 + 10人 \times 4}{100人} = 5.5$$

然后,根据上述的调查结果,计算公众对每一个调查项目评价的平均值,将各个平均值分别标定在数值标尺的相对位置上，连接各点，就形成了组织的形象曲线图，其中，左边的虚线为组织的期望形象，右边的实线为组织的实际形象，两条线之间的差距就是组织的形象差距（见图2-1）。

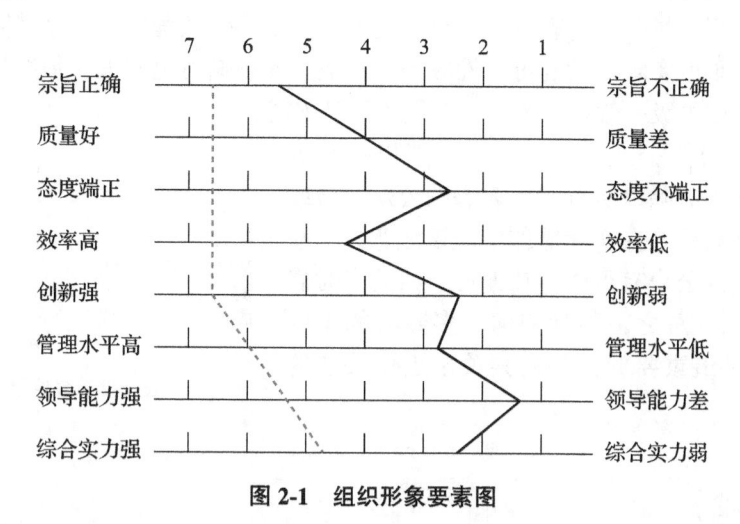

图 2-1 组织形象要素图

从图 2-1 中可以看出，除了经营宗旨这一项要素的实际形象与期望形象接近以外，其他各项要素均有相当距离。据此就可以确定下一步公共关系工作的重点。

（二）公众舆论测量分析

良好的公共关系状态肯定是以尊重公众权利、较好地满足其各种需要为基础的，组织也应根据各种公众的需要和关注点来塑造相应的组织形象。

公众舆论主要指公众对组织知名度、美誉度的评价，公众舆论测量分析的主要内容有：①有多少公众知晓，包括绝对数量与相对比例，以及知晓公众的种类分布情况等。②这些知晓公众对有关问题了解的程度如何，包括全面性和层次性，如果公众了解的情况不够全面，那么他们掌握的资料对组织是有利的还是不利的。③公众的态度是什么，是赞成还是反对，或者是满意还是不满意。

在公共关系中，公众舆论测量分析是通过建立舆论模型来进行的。舆论模型包括两个指标：量度指标与强度指标。

（1）量度指标。指持有肯定或否定态度的人占总人数的百分比，对某一问题不表示意见者可以不予考虑。量度指标不仅要考虑公众人数，还应考虑公众的分布种类数，持某项态度的公众种类数越多，说明该舆论越具有代表性和权威性，持某种态度的人数比例至少超过50%，则可称为主导舆论，否则称为次舆论。量度指标可分为绝对量度指标和相对量度指标两种，绝对量度指标的计算公式是：

$$L_s = R \times f$$

公式中，L_s即为绝对量度指数，R是测量公众人数或是持某种态度的测量公众人数，f是公众的分布种类数。这里L_s可以分为持肯定态度和否定态度的绝对量指数L_{sk}和L_{sf}。

相对量度指标的计算公式是：

$$L_{zk} = \frac{L_{sk}}{L_s} \times 100\% \qquad L_{zf} = \frac{L_{sf}}{L_s} \times 100\%$$

式中，L_{zk}、L_{zf}分别表示持肯定态度和持否定态度的相对量指数。

在调查中要注意样本的合理性，包括样本规模和抽取方式，在某些情况下各类公众的重要性并不一样，此时，可用权重或定性方式来体现这种差别。

（2）强度指标。指公众所表示的意见、观点、态度的强烈程度。一个稍微肯定或稍微否定态度的公众，采取实际行动的可能性较小，对他人的影响力也不大。强度指标可用不同的等级来表示，强度等级一般可分为 5～7 级（见图 2-2）。

强度指标的计算公式十分简单，一般以持某种强度态度的公众人数除以所有明确表态的公众人数或总的测量人数来表示。在实际操作中应该注意，一些持某种极端态度的公众有可能存在偏见，因此有时需要剔除这类公众。总之，不管如何，多数人的态度或主导舆论总是最重要的，是公共关系工作关注的重点。

图 2-2　舆论强度级差图

D 非常赞成　C 很赞成　B 比较赞成　A 中立无所谓　-B 比较不赞成　-C 很不赞成　-D 非常不赞成

【案例 2-2】

一家企业为了测量潜在用户对该企业的一项新产品的欢迎程度，调查了 1000 名用户，这 1000 名用户是从企业所在社区的 5 个区域中的 6 种不同公众中按比例选定的，调查结果如下：持 B、C、D、-B、-C、-D 及 A 态度的公众数分别为 330、270、100、17、170、113、0。由此，有关指标计算结果为：

绝对量度指标：$L_s = 1000 \times 5 \times 6 = 30000$ 人

$L_{sk} = 700 \times 5 \times 6 = 21000$ 人

$L_{sf} = 300 \times 5 \times 6 = 9000$ 人

相对量度指标：$L_{zk} = \dfrac{21000}{30000} \times 100\% = 70\%$

$L_{zf} = \dfrac{9000}{30000} \times 100\% = 30\%$

强度指标分别为：$q_{zk}B = \dfrac{300(B) \times 5 \times 6}{30000} \times 100\% = 33\%$

$q_{zk}C = \dfrac{270(C) \times 5 \times 6}{30000} \times 100\% = 27\%$

$q_{zk}D = \dfrac{100(D) \times 5 \times 6}{30000} \times 100\% = 10\%$

$q_{zf}B = \dfrac{17(-B) \times 5 \times 6}{30000} \times 100\% = 1.7\%$

$q_{zf}C = \dfrac{170(-C) \times 5 \times 6}{30000} \times 100\% = 17\%$

$q_{zf}D = \dfrac{113(-D) \times 5 \times 6}{30000} \times 100\% = 11.3\%$

通过以上计算，可以得出以下结论：

①实际样本数虽然只有1000人，但由于相应的公众种类数较多，因而有效舆论量度指数为30000人，有一定的代表性和权威性。

②从总体看，持肯定态度的模拟人数为21000人，占70%，说明肯定舆论为主导舆论，否定舆论为次舆论。

③在肯定舆论中，持比较欢迎态度的公众人数最多，占33%，说明肯定舆论的强度不高；而在否定舆论中，持很不赞成及非常反对态度的公众数较多，占17%和11.3%，说明这类舆论不可小视，同时也反映了舆论的不同分布。

（3）舆论测量模型。测量好舆论的量度指数和强度指数后，可进一步绘制舆论模型图（见图2-3），该图由两条相互垂直的直线组成，横轴表示舆论强度的级差，纵轴表示舆论量度指数，然后把计算好的量度与强度指数标示上去即可。通过绘制舆论测量模型图，可以更好地看出不同舆论的规模大小与态度的对比。

（三）引证分析法

指调查人员对各种媒介所传播的有关组织形象的信息进行调查分析的一种方法。引证分析也属于定量研究，它是对媒介所传播信息的数量、质量、时间、频率等进行数据统计。一般而言，一个组织的信息被媒介引用的次数越多，说明这个组织的影响越大，知名度越高。引证分析的关键是设法获取信息材料。

信息资料包括所有传播有关组织形象信息的文字、声像资料等。

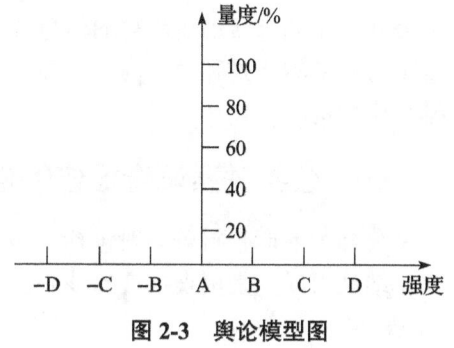

图 2-3 舆论模型图

文字资料是用文字的形式记录并传播的有关组织形象信息的一种永久性资料。它包括报纸、杂志、书籍、各种文字和统计资料，各界名人的赠言、题词及群众来信等。声像资料是脱离文字形式，记录并传播有关组织形象信息的声音和图像的资料。它主要包括广播、电视、录音、图片、电影等。

信息的引证分析分为内容分析和形式分析两种。内容分析是对信息本身做系统化、数量化的统计分析，如所传播的信息是关于组织哪一方面的，是局部的还是整体的，用的是什么词语等。形式分析是对信息的传播形式做统计分析。如信息传播的时间、版面频率、媒介级别等。

引证分析法的使用是建立在组织的公共关系部门具有完善、有效的信息收集系统上的。调查人员在进行引证分析时，第一，判明信息的性质，也就是要判明信息所包含的内容，对组织形象的评价是好还是坏，是高还是低；第二，要确定信息传播的影响是大还是小；第三，根据以上判断迅速做出结论；第四，检验所得结论的准确性，并将检验后的结论迅速提供给组织的有关人员。

（四）公共关系预测法

采用公共关系预测法可以从诸多的社会问题中预测社会组织机构可能遇到的公共关系问题。主要步骤如下。

（1）识别问题。通过查阅资料、民意测验等方法，搜集并罗列出各种正在出现或可能出现的问题。

（2）排列问题等级。按主次、轻重、缓急等划分问题等级。一般分为对社会组织机构的生存有决定作用的"战略性问题"和没有决定作用的"公共政策问题"。

（3）联系问题。把问题与本组织机构的总体目标、经营理念等联系起来。

（4）制订行动方案。确定目标，划分具体指标，进而寻找走向成功的最佳途径，列出几种方案供决策层选择。

任务四　撰写公共关系调查报告

撰写公共关系调查报告是公共关系调查的最后一个环节。公共关系调查报告是调查者根据公共关系调查活动所获得的信息资料和据此形成的分析结论撰写的一种文本，公共关系调查报告有基本格式和写作内容方面的要求，在具体的写作过程中还应针对具体情况，灵活安排写作结构。

一、公共关系调查报告的格式与写作要求

公共关系调查报告一般包括标题、主体、署名、附录等几个部分，其中主体由导言、正文、结尾组成，是调查报告的核心。一般的公共关系调查报告的格式与各部分写作要求如下（见表2-2）。

表2-2　公共关系调查报告的格式

格式		常用形式	基本内容	写作要求
标题		直叙式、观点式、问题式	表达调查主题	题目精练新颖、高度概括、有吸引力
主体部分	导言	叙述式、提问式、总结式	介绍调查工作概况，如调查时间、范围、方式、内容、目的等	点明主题、高度概括、精练简短
	正文	逻辑分叙式、表格说明式、条文列举式	现状资料分项目汇总叙述；分析造成该现状的内外原因和影响因素	主题明确、中心突出、材料典型、逻辑性强、条理清晰、语言简洁、有说服力
	结尾	归纳式、警告式	全文小结并提出建议和措施	概括全文、形成结论、提出建议
署名		标题之下、全文之后	调查单位与写作时间	简单明确
附录		原件、资料卡、表格等	调查表、典型材料、数据库	根据正文需要

二、撰写调查报告的注意事项

（1）报告要根据读者的观点、阅历来写，尽量适合读者阅读。

（2）报告尽可能简明扼要、内容准确无误、强调程度适当。

（3）报告要用标准格式来写，使用通用词汇，尽量避免行话或专业术语。

（4）务必使报告的全部项目都与报告的宗旨有关，剔除一切无关资料。

（5）为了直观地反映问题，报告应尽量利用统计图、统计表来说明问题和显示资料。

（6）报告务必打印工整清晰、易于阅读。

撰写公共关系调查报告要依据实际特定的标准，对公共关系活动结果进行总结、衡量和评价。它的主要作用有：评价公共关系活动的效果，总结经验教训，为今后的工作提供借鉴；向决策部门报告公共关系工作的完成情况；利用公共关系工作的成果，对组织内部成员进行激励。

任务实训

让学生分组，以小组为单位参与当地企业的公共关系调研项目，写出调研体会。

提示：在企业人员带领下，能够运用适当方法收集信息。

综合练习

一、单项选择题

1.（　　）指具有共同利益的人群、团体对某些问题所持态度的表达。
　　A. 舆论　　　　　　B. 观点　　　　　　C. 态度　　　　　　D. 言论

2.（　　）主要是调查社会公众对社会组织的认识、态度与印象。
　　A. 知名度　　　　　B. 信誉度　　　　　C. 美誉度　　　　　D. 公众舆论

3.（　　）指由社会组织所在特定行业中各种组织构成的微观社会环境系统。
　　A. 基本社会环境　　B. 具体市场环境　　C. 所属行业环境　　D. 社会环境

4.（　　）就是研究者运用这种控制式的测量对所研究的问题进行度量，从而搜集到可靠的资料的一种方法。
　　A. 文献资料研究法　B. 问卷调查法　　　C. 访谈调查法　　　D. 抽样调查法

5.（　　）属于封闭式提问。
　　A. 单项选择提问　　　　　　　　　　　B. 多项选择提问
　　C. 单项或多项选择提问　　　　　　　　D. 自由式提问

6. 问卷调查法较之访谈法，问卷的回收率要受到限制，（　　）为理想数字。
　　A. 55%　　　　　　B. 60%　　　　　　C. 65%　　　　　　D. 70%

7. 访谈法和问卷法结合使用进行调查虽说较为费时费力，却可以避免（　　）弊端，并可以对一些问卷法不能深入的问题进行调查。
　　A. 访谈法标准化程度低
　　B. 问卷法回收率有限
　　C. 访谈法标准化程度低和问卷法回收率有限
　　D. 以上都不是

8.（　　）是由访谈员携带事先设计好的访问调查表进行的访谈。调查表中的所有问题都是事先精心设计的。
A. 结构性访谈　　B. 非结构性访谈　　C. 电话访谈　　D. 问卷访谈
9. 持某种态度的人数比例至少超过（　　），则可称为主导舆论，否则称为次舆论。
A. 50%　　B. 60%　　C. 70%　　D. 80%

二、多项选择题

1. 公共关系调查对组织的意义是（　　）
A. 帮助组织准确地进行形象定位　　B. 为组织决策提供科学依据
C. 使组织及时把握公众舆论　　D. 提高组织公共关系活动的成功率
2. 组织自身情况调查的主要内容是（　　）
A. 组织的经营状况　　B. 组织的内部关系状况
C. 内部公众意见　　D. 知名度
3. 基本社会环境一般指社会组织所处的国家或地区的政治、经济、文化等因素构成的宏观社会环境系统。主要调查内容有（　　）
A. 人口环境状况　　B. 政治环境状况　　C. 经济环境状况　　D. 文化环境状况
4. 文献资料研究法是公共关系调查中运用比较普通的一种方法。
A. 收集资料　　B. 检索资料　　C. 保存资料　　D. 分析资料
5. 随机抽样分为（　　）。
A. 简单随机抽样　　B. 分层随机抽样
C. 分层同比和异比抽样　　D. 多阶段分地区抽样
6. 非随机抽样一般有（　　）形式。
A. 任意抽样　　B. 判断抽样　　C. 配额抽样　　D. 等距抽样
7. 整理公共关系调查资料包括以下（　　）步骤。
A. 检查　　B. 分类　　C. 编码　　D. 登录
8. 采用公共关系预测法，可以从诸多的社会问题中，预测社会组织机构可能遇到的公共关系问题。主要步骤是（　　）
A. 识别问题　　B. 排列问题等级　　C. 联系问题　　D. 制订行动方案
9. 公共关系调查报告一般分为（　　）等几个部分
A. 标题　　B. 主体　　C. 署名　　D. 附录

三、判断题

1. 通过形象定位调查，可以测量出组织自我期望的形象与其在公众中实际形象的差距。
2. 公共关系调查的主要任务就是及时地为组织提供决策依据并能有效地预测和检验决策的正确性。
3. 公共关系调查本身也是一种传播，但不是一种公关活动。
4. 自我期望形象的确立根据主观愿望来确定的。
5. 调查人员搜集资料的来源有两个，即二手资料和一手资料。
6. 一般来说，较为完整的问卷包括两类问题，一是事实问题，二是态度问题。
7. 非随机抽样是按照调查的目的和要求，依据一定的标准选取样本。

8. 访谈法是社会调查中最古老、最常用的方法之一。它是调查员通过与调查对象进行交谈，收集书面资料的一种调查方法。

9. 调查报告的主体由"导言、正文、结尾"组成，是调查报告的核心。

四、简答题

1. 制订公共关系调查计划分哪几步？
2. 什么是抽样调查，常用的抽样调查方法有哪些？
3. 结构性访谈与非结构性访谈各是如何进行的？
4. 简述组织形象差距比较法的原理。
5. 简述公众舆论测量法的分析过程。
6. 撰写公共关系调查报告应注意的事项有哪些？

模块三 03 进行公共关系策划

学习任务

1. 公关策划的基本概念、特征和价值；
2. 公关策划的基本原则；
3. 公关策划的流程与方法；
4. 公共关系策划书的写作。

案例导入

某公司精心策划的公关"三部曲"

某健康食品公司地处内蒙古赤峰市，为了扩大在社会上的影响力，提高企业知名度，先后策划了三个有影响力的公关活动。

（1）健康食品公司举行"六一"免费赠筐活动。6月1日上午10点在公司直销门市部前开始赠筐活动，引起了电视台记者的兴趣，前来采访。得筐的百名消费者成为义务宣传员，极大提高了公司在赤峰市的形象。

（2）真情慰问赤峰市环保工人。7月15日上午9点，健康食品公司的慰问车满载着产品和全体员工的慰问驶进环保局院内，受到热烈欢迎，环保工人激动不已。这些活动通过媒体传向社会公众，为公司塑造了良好的社会形象。

（3）情满人间路，捐款资助大学生。赤峰市元宝山区高考文科第一名学生因家境贫寒，无力承担上大学的费用，健康食品公司在8月的一天，由团支部、办公室发起组织了一次"为同学献爱心活动"，广大职工纷纷捐款，筹资17000元，引起社会各界的强烈反响。

思考：
（1）策划公关专题活动的目的是什么？
（2）如何策划公关专题活动才能达到良好的效果？

任务一 公共关系策划的基本概念与原则

一、公共关系策划的含义

（一）公共关系策划的基本概念

公关策划是公关人员为了达成特定的公关目标，在充分进行环境分析的基础上，把握公关时机，利用组织资源与能力，对所需进行的信息传播活动进行系统、科学的谋划，制订最佳行动方案的过程。这个定义包括以下4层意思。

（1）公关策划是由专业的公关人员来完成的。

（2）公关策划是为组织的公关目标服务的。

（3）公关策划是建立在公关调查基础之上的，策划过程必须应用相应的科学方法。

（4）公关策划的内容是为公共关系活动设计最佳行动方案。

（二）公共关系策划的要素

1. 策划者

策划者即社会组织中的专业公共关系人员（或专业咨询公司），这是公共关系策划的关键要素。策划作为一种纯粹性的脑力劳动，策划者能力、素质的高低对整个策划活动举足轻重，策划者除了具备一般公共关系人员应具备的基本素质与技能外，还须有独特的策划兴趣、创新意识及不凡的预测能力和丰富的实践经验。

2. 策划目标

策划目标指策划主体预期要实现的一种良好的未来状态。公共关系策划目标一般是为了解决策划主体形象战略目标中的问题而提出来的，在策划要素中，公共关系策划目标是一个方向性要素，具有指向作用。

3. 策划对象

策划对象即与组织相关的各类目标公众。任何一种策划都是为了沟通组织与公众的关系，吸引公众注意，改变公众态度，进而在公众心目中树立组织的良好形象。因此，在策划过程中确定目标公众，并对其进行调查、分析是一项十分重要而艰巨的工作，必须按照公众与组织的相关性、目标公众的层次性原则，对公众进行科学合理的分类以保证策划目标的针对性。

4. 策划内容

策划内容是多层次的统一体，可分为高层次、亚层次、表层次。高层次指对组织总体宏观的战略规划的设计构思，也称总体公共关系战略策划。亚层次指公共关系实务专题活动策划，如记者招待会、新闻发布会、危机管理。表层次指具体的操作性公共关系活动，如记者招待会中的接待礼仪。

5. 策划结果

策划结果即公共关系策划方案，是策划者在充分调查、了解策划对象的现状和需求的基础上，为了实现策划目标而精心设计制订的公共关系实施细则和设计方案。一个完整、周详、切实可行的公共关系策划方案应包括为实现专题目标而进行的所有工作安排，即从确定策划活动主题、明确策划的具体基础，到选择公共关系活动的时机、内容，直至预算活动经费及对活动的事后评估的全部过程和内容。

（三）公关策划的特征和价值

1. 公关策划的特征

（1）综合性。公共关系策划需要掌握和运用诸如运筹学、决策学、心理学、美学、文学、思维学、控制学、系统学等多方面的知识。公共关系职能机构只有具备多种学科知识的公共关系人员才能搞好公关策划。

（2）思想性。公共关系策划过程是人的一个思想过程，是一种理性行为。它依赖于人的严密思维，在策划活动中讲究时、势、度，把握机遇，运筹帷幄，以智取胜。

（3）创造性。公共关系策划的思维过程是一种创造性的思维活动。公关人员遵循公共关系和策划理论的基本原则，集思广益、标新立异、别具一格，开拓一种全新的境界，使公关活动新颖独特，而达到策划的效果。

（4）目的性。公共关系策划具有明确的目的性。每一次策划活动都是为了实现某一个或几个明确的目标，提高组织的知名度和美誉度，或是为树立组织的整体形象，或是为了树立产品形象。策划的目的性决定了策划的针对性，即根据目的的不同，所处内外环境的不同，策划出带有针对性的能解决实际问题的一系列活动。

（5）灵活性。公关策划方案应具有一定的灵活性，以便随着环境的变化适时调整。要使策划方案富有灵活性，首先方案不能烦琐冗杂，否则会限制执行者的主动性和创造性。其次，方案的执行切忌生搬硬套。公关方案是行动的指南，而不是绝对套用的东西，否则，一旦情况有变，执行者就会感到措手不及或无所适从。有弹性的策划方案是成功的保证，没有弹性的方案往往是导致失败的陷阱。

2. 公关策划的价值

（1）公共关系策划是公共关系实务的最高层次。一个成功的公共关系策划方案，需要有全面的市场调查资料，并能对各类信息进行科学的分析评估，从中得出合理的结论；需要运用策划人员的聪明才智，提出合理、新颖、实用的公关设计；还需要有周密的行动和安排将活动落到实处，保证整个策划方案能按预期设计充分实施。

（2）公共关系策划是公共关系价值的集中体现。公共关系策划最能体现公共关系传播信息、协调关系、塑造形象的作用。成功的公共关系策划能迅速地提高组织的知名度。在组织的危难之际，能够挽救组织的形象。

（3）公共关系策划是公共关系运作中的飞跃。公共关系运作应该通过一些典型策划在公众（包括组织内部公众）心目中引起共鸣，使公共关系运作迈上一个新台阶，发生一次巨大的飞跃，从而统率公共关系的运作。

（4）公共关系是企业形象竞争的法宝。现代企业的竞争已经从产品竞争发展到企业竞争，其内涵更深刻，手段更高明，表现为信誉竞争和形象竞争。只有企业公共关系策划得好，才能树立更好的企业形象，才能赢得公众，赢得效益，赢得发展。

二、公共关系策划应遵守的原则

1. 创新性原则

策划就是需要创新，跟在他人后面，人云亦云是策划的悲剧。创新包括：创意要新颖、手法不落俗套、内容贴近公众、时机恰到好处、规模大小适度、不能走别人走过的老路。

2. 可行性原则

公共关系策划在创新的同时不能忽视可行性，即要符合政府政策法规要求，并能与组织的经营实力和市场能力相适应，"很难想到的、很易做到的"才是好策划。

3. 公益性原则

开展公共关系活动的目的是为了在公众心目中树立组织的良好形象，因此，组织在策划公共关系活动时要注意避免功利性，要本着服务公众的意识去策划公共关系活动，强调策划的公益性。

4. 道德性原则

公共关系策划必须严格遵守公共关系职业准则的要求。不能弄虚作假；不能损害公众的利益；不能参与非实名的组织的活动；在未经同意前，不能同时为两家竞争对手服务；不但要对现在的客户服务，还要对过去的客户负责。

5. 严密性原则

公共关系策划只有出奇制胜，才能收到良好的效果。所以，要求在策划的过程中注意保密原则，以免被竞争对手有机可乘。同时，策划的过程一定要严密，不能有任何的漏洞和失误，差之毫厘，失之千里，这样的教训比比皆是。

除此之外，策划还要突出重点，切忌面面俱到，否则只能使公共关系工作处于被动状态，造成人力、物力、财力的浪费。同时还要考虑计划的连续性和因袭性。公共关系是一项有计划的持久性的工作，为了实现公共关系的某一个目标，需要执行数个或一系列计划。在编制计划时，既要考虑计划之间的衔接，又要注意单个计划的实施周期不宜过长。

任务二　掌握公共关系策划的程序与方法

一、公共关系策划的步骤

（一）确立目标

公关目标是一个组织开展公关活动的指南，也是使公关活动得以顺利进行的保证，同时，它也是衡量一个组织公关活动的尺度与标准。对于公关活动来说，确定公关目标具有十分重要的意义。

任何一个成功的策划，都源于发现和提出问题。确立公共关系策划目标的思路是这样的：通过调查研究获得组织内外环境与资源的大量材料，以材料去推断组织的优势与劣势、机会与风险、资源与条件，通过对资料定量定性的分析，找出组织的公共关系问题所在，找出首要问题；然后通过对这一最重要问题产生原因的探究，寻找出问题的症结，最后确立公关策划目标。

确立公共关系目标要注意以下几点。

（1）目标的具体性。它应当是组织在内外环境条件下必须达到的实际结果。

（2）目标的可衡量性。公共关系的认知度、美誉度、和谐度三大目标，均可测量。

（3）目标的可行性。目标是应当能够达到的目标。在确立目标时，必须考虑在组织现有条件下，能否解决问题，能在多大程度上解决问题，实现目标。

（4）目标的时间性。组织公共关系活动要实现的目标，必须是在一定的时间里应当达到的结果，既非远不可及也不应遥遥无期。

（二）分析目标公众

组织公共关系活动目标的差异性，决定了公共关系活动对象的区别性。在公共关系策划过程中，我们必须要在组织的广大公众群中，根据实现目标的需要，去分析哪些是该项公共关系活动必须关注、交流和影响的目标公众。

分析目标公众的方法一般为：①以活动目标划定公众范围；②以组织实力划定目标公众；③以组织需要决定目标公众。

(三) 设计主题

设计主题指公共关系活动中联结所有项目、统率整个活动的思想纽带和思想核心。提炼公共关系活动的主题，是公共关系策划过程中一个极其重要的环节。表现公关活动主题的形式多种多样，一般是用一个口号来概括，也可以是一句陈述或表白。提炼和确定主题应当注意：①与目标的一致性；②要有鲜明的个性和特色；③主题融入公众需求因素；④要有一定的传播力。

总之，设计主题是一项创造性很强的工作。目标是公关活动的程序化奋斗方向，主题则是公关活动目标的艺术化体现。

【案例3-1】"益达洁白"大型笑容征集活动

"益达洁白"的卖点除了护齿，还增加了洁白牙齿的功效，但如何把这个卖点传播给广大的消费者呢？找到产品信息传递的通路是最难的。"简单的广告无法让我们和消费者充分沟通。"益达选择了更贴近消费者的公关活动，一改硬广告轰炸的方式，这一次益达要通过拍摄笑容来传达品牌信息。

2005年8月，"益达洁白"大型笑容征集活动启动。活动广告在22个重点城市投放，一夜之间，人们在路牌、车体、地铁站、楼宇液晶电视、电子屏幕、电视、明信片、网络都能看到这样的广告："我的笑容是洁白的，我的浪漫是红色的；我的笑容是洁白的，我的希望是绿色的；我的笑容是洁白的，我的热情是橙色的；我的笑容是洁白的，我的梦想是蓝色的。"

活动分为红色浪漫、绿色希望、橙色热情、蓝色梦想4个主题，消费者可选择自己希望参与的色彩主题组和希望获得的奖品，并将最能表现该主题的笑容照片上传到活动网站。为了提高参与性，益达在全国22个活动城市专门设立了"益达洁白拍照点"。拍照点完全按照益达的产品形象布置照相背景台；身着印有益达新品标识服装、笑容可掬的宣传员热情宣传；完全免费得到一张快相和精美相框吸引了很多人来体验。

根据箭牌公司的网站统计，活动从8月1开始到8月29日结束，在不到一个月的时间里，共征集到47000张照片。活动中，网站的总流量达到360万，每小时有5000次。更主要的是消费者，特别是年轻消费者在活动中与益达品牌进行了良好的沟通，进一步提升了他们对益达品牌的偏好。

（资料来源：中国公关网）

思考：
请你为"益达洁白"大型笑容征集活动提炼主题。

(四) 项目设计

要实现公共关系目标，只有通过公共关系活动的实施来实现，因为主题是通过活动的各项内容表达出来，并通过活动传播出去，是参加活动的人都能感受到的，所以项目设计要围绕主题来进行。项目设计包括：拟订内容，活动形式，排列程序，安排时间及落实工作的计划。项目设计时要注意以下两点。

（1）时机的捕捉。一要准确；二要及时。

（2）空间的选择。空间大小以活动参与者与活动所需物料的多少为确定原则；空间的地理位置与活动内容相吻合。空间环境、空间条件、空间审美都会影响公关活动的效果。备用空间的准备可应对各种因素或条件变化的影响。

（五）选择媒介

公共关系活动的开展是信息传播的过程。媒体是公关信息传播的重要载体，要想达到预期的传播效果，公关策划人员必须了解各种媒介，了解各种媒介的优缺点，并要善于通过巧妙组合的方式，形成优势互补、交相辉映的整合性传播效果。在选择传播媒介时应注意以下问题。

（1）根据传播对象选择媒体。这里的关键是考虑组织公共关系信息的接受者是否能有效地获取信息。

（2）根据传播内容和形式选择媒体。组织公共关系传播的内容千差万别，形式也多种多样，故而对媒体的选择也要求多样化。

（3）根据组织实力来选择媒体。组织在选择媒体时应事先考虑自己的实力，只要能达到预期的目标，考虑媒体时应尽力以节省经费为出发点，不必一味贪大。

（六）经费预算

公共关系活动的经费预算主要包括4大内容。

（1）日常行政经费。例如房租、水电费、电话费、文具费、保险费、交通费、差旅费、交际费以及其他通信费（电报、快递费等）、资料购置费和复制费。

（2）器材设施费。如购置、租借或维修各种视听器材、通信器材、摄影（像）器材、交通工具、工艺美术器材，制作纪念品、印刷品、音像制品和传播所需的用品。

（3）劳务报酬经费。包括组织内部公共关系人员的薪资、奖金、其他各种福利费，以及组织外聘专家顾问的报酬。

（4）具体公共关系活动项目开支经费。包括宣传广告费、调研费、人员培训费、场租费、赞助费，以及办公、布展、接待参观的费用。同时，策划人员还应考虑活动的机动费用（一般占总费用的20%），以防突发事件。

（七）方案论证与决策

方案论证是策划方案拟成文案后，进行预测性评估的工作过程。这一过程既要听取专家的意见，又要听取参与活动公众的意见，从各个不同的角度论证策划方案实施的可行性，并做反馈调整。经过充分论证的策划方案经由决策人审定，才能正式确定。

二、公共关系策划的思维

策划出一个富有创意的公共关系方案，不但取决于策划者广博的知识面及良好的公共关系专业素质，还取决于策划者良好的创造性思维。

创造性思维主要指超常规思维。这种思维具有求新、求异、求奇、求特等特点，运用创造性思维能从多角度分析问题，搜寻多种可能性，从多方面探求问题的答案，充分发挥人的想象力和聪明才智，在一定程度上摆脱思维的僵化、刻板和呆滞，使思维具有流畅性、变通性和创造性，从而在工作中有所创新。创造性思维主要包括以下几种。

（1）逆向思维。指使思维顺序逆向进行，反其道而行之。通过逆向思维，从新的角度、以新的眼光去看待同一问题，往往会有新的发现和新的收获。公共关系策划人员利用逆向思维，会产生独特的创意，往往能极大地吸引公众的注意力，达到公共关系宣传的目的。

（2）多路思维。指围绕目标，朝着各种可能解决问题的方向，扩散性地思考问题的思维方法。不是孤立、片面地看问题，而是围绕某个问题，从尽可能多的方面、因素、变量和角度进行思考，通过各种思维活动，多方面、多层次、多角度地揭示事物的相互联系，找出解决问题的多种途径和方法。公共关系策划中运用多路思维，可以帮助公共关系策划人员开阔视野和思路，从多角度去考虑问题，进行创新，从而形成更多的活动策划方案。

（3）形象思维。指人们不脱离直观形象和表象进行的思维活动，主要采用典型化的方式进行概括，并利用形象材料（图形、图表、实物等）来帮助思维。在公共关系策划中，恰当地运用想象思维于公共关系传播与沟通中，能更加直观、形象地传播信息，使公共关系活动更具有大众亲和力。

（4）群体思维。是一种发挥整体创造效应的创造性思维方式，特定群体的智慧弥补了个体思维的缺陷，群体思维与个体思维相互启发，优势互补，产生了更大的创造力。公共关系人员在策划活动时，可以利用群体思维形式，发挥群体创造力，如成立策划小组或"智囊团"，或借助组织外部的专业公共关系公司协助策划。

三、公共关系策划的基本方法

（1）奇正相法。指在一定时期内，公关策划工作呈波浪式前进，切忌成一直线。奇正相法要注意问题是，公关策划的人员应意识到好的公关策划应包括两个方面，即日常公关工作和特定公关活动，只有兼顾到这两方面的公关工作才是成功的。

（2）移花接木。指借他人之名来扬自身之名或解决自身问题。

（3）以攻为守法。指组织与外在环境发生整合困难时所采用的调整和策划手段，表现为主动积极出击以达到保护自己的目的。

（4）以诚换诚法。指组织产生形象偏差时与公众进行协调的公共关系策划方法。

（5）借题发挥法。指依照某一种态势，因势利导地推出公共关系策划方案。

（6）变换组合法。又称异中求同法，指将两件本来不相干的事情联系起来，从而提高新闻度和可宣传性。变换组合法可以将两件事情进行组合，也可以将两种手段进行组合，通过组合出新、出奇，从而产生良好的公关效果。

（7）同中求异法。又称轰动效应法，指对同一问题可不依常规，从多方寻求答案的分析性思维方法。它鼓励人们从不同的方向、不同的角度去探索解决问题的办法或答案，力求提出个人独特的见解。这种方法最为普遍的运用是在同行间的公关竞争中。

（8）弘扬优势法。指针对本企业、本组织，甚至是组织代表人的优势来进行公共关系策划的手法。

（9）弥补缺点法。指通过巧妙弥补自身缺点的办法，使自己的形象更趋美好。

任务三　撰写公共关系策划书

一、公共关系策划书的概念

公共关系策划书又称公共关系策划方案、公共关系策划文案，是策划全过程最终形成的文件，是公共关系工作方案实施过程的指导性蓝图，由以下几部分组成。

（一）封面

封面一般包括题目、策划者单位或个人名称、策划文案完成的日期、编号。在需要的情况下，可考虑在封面上加上简洁的说明文字。

（二）序文

如果方案内容多，而且比较复杂，有必要撰写序文作为引导。如果方案比较简单，可以不写序文。

（三）正文

正文是整个文案的核心。其主要内容是：活动背景分析、活动主题、活动宗旨与目标、基本活动程序、传播与沟通的方案、经费概算、效果预测等。

（四）附件

附件包括活动筹备工作日程推进表、有关人员职责分配表、经费开支明细预算表、活动所需物品一览表、场地使用安排表、相关资料（主要是提供给决策者参考的辅助性材料，包括调查报告、新闻文稿范本、演讲词讲稿、相关法规文件、电视片脚本、纪念品设计图等）、注意事项（策划方案实施过程中应当注意的事项的集中提示）。

二、公共关系策划书的构成要素及写法

（一）标题

一份完整的策划方案，必须具有标题。标题的写法有两种。

（1）由公共关系活动主体——组织的名称、公共关系活动的主要内容加上"策划书"这个文体名称构成。如"桂林市龙胜县秋季旅游公共关系促销活动策划书"。

（2）在上一种标题的基础之上再加上一行揭示主题的文字，形成正副标题。如"生命呼唤绿色——三金药业股份有限公司环保宣传活动策划方案"。

（二）主题

用简洁的语言概括公共关系活动创意内容。如桂林中学百年华诞庆典活动的主题为"同一身份，同一盛事"，其概括的公共关系活动创意内容为：无论你来自何方，无论你去向何方，无论你现在的身份与地位，但是现在或曾经我们都在这里学习过、成长着、工作过，共同拥有一个身份——桂林中学的一分子；在桂中百年华诞之际，我们将以最高昂的热情，用最热烈、最隆重的方式，共同迎接、共同庆祝我们大家的节日——桂林中学百年华诞。

（三）目标或目的

用简洁的语言表明本次公共关系活动要达到的目标或目的，为公共关系活动评估提供参照，同时也表明本次公共关系活动的意义所在。如桂林市环保宣传活动的目的为：向市民宣

传环保知识，进一步提高市民的环保意识，共创国家环保模范城和建设国家级生态示范市；向市民推荐绿色产品。

（四）背景分析

公共关系活动背景分析是公共关系策划书正文的一项要素，这是因为组织的任何一项公共关系活动都不是无缘无故的。作为活动的主办方或出资方，在特定的时间、地点，推出一项公共关系活动，有其特定的背景和需要。一份策划方案，只有在充分调查研究的基础之上，首先阐明这一背景和需要，才能引出后面的具体策划内容、方案，也才能说明举办这一活动的迫切性、针对性和意义所在。

公共关系活动背景分析的撰写，并无固定的套路，可视活动的不同性质而定。如一项公益型公共关系专题活动的策划书，与一项品牌推介型公共关系专题活动的策划书，其活动背景分析的撰写重点就有所不同。前者强调社会热点和公众需要，后者着眼于市场竞争态势和企业拓展需要。但一般说来，都离不开两大块内容：一是社会、公众和市场需要；二是组织自身发展需要。只不过不同的活动各有其不同的侧重点而已。

（五）活动方式和实施步骤

实施步骤一般分为准备阶段、实施与传播阶段、善后阶段。

每一个阶段一般都要写明活动时间或时机、场地、人物（包括实施人员）、活动方式、物品调度、具体步骤等要素，并将这些要素进行动态的组合，从某种意义上说就是公共关系活动在文本上的预演。策划书的可操作性和实践指导性具体体现在这一部分。

1. 时间或时机

"天时、地利、人和"，时间或时机对策划者来说可以说是"命运之神"，关系到公共关系活动的成败，如何选择合适的时间或时机，策划者应慎重考虑。一般来说，适合公共关系活动的时间或时机包括节假日、组织创办或企业开业之际、企业推出新的产品和新的服务项目之际、组织发展很快但声誉尚未形成之际、组织更名或与其他组织合并之际、组织在某些方面出现失误或遭受误解之际。

2. 场地

适合公共关系活动开展的主要场地包括闹市、广场、会堂、展馆。

选择了公共关系活动的场地后，还需对场地加以布置。大型公共关系专题活动的场地布置，是一项对创意和专业技术均有很高要求的工作，其具体方案一般还须另行撰写，并配专门的设计效果图。

3. 人物（包括实施人员）

在公共关系活动中，要注意考虑以下人员的安排：组织领导；组织英雄；名人与政界明星、体育明星、文坛明星、政界要人等；媒介记者；公共关系人员；各种仪式中演奏的铜管乐队队员以及迎宾与烘托气氛的礼仪员。

4. 活动方式

公共关系活动方式非常丰富。常用的方式包括节庆活动、新闻发布、赞助、展览展销、演示、对话、公共关系新闻策划。

5. 物品调度

公共关系活动涉及的物品、道具很多，包括音响器材、桌椅板凳、背景板、气球、横幅、步道旗、罗马柱、花篮及彩虹门等礼仪庆典专用物品，还有胸卡、入场券、宣传册、文化衫、广告帽、遮阳伞、手提袋等，这些物品、道具往往是活动场地布置、烘托活动气氛、宣传组织形象的工具和广告载体。在公共关系活动中，企业往往通过它们作为广告载体来传播自身信息，树立企业形象。对活动的组织者来说，有些时候它们是企业的赞助媒介。在公共关系活动中，应给予所有这些物品适当的安排和运用，以发挥其应有的作用。

6.具体步骤

在拟订具体计划中，往往把以上各因素组合起来考虑，形成实施的具体步骤。一般来说，一个完整的公共关系活动计划包括以下3个步骤。

（1）准备步骤。主要是公共关系活动正式实施前的一系列工作。包括落实装饰场地、联系落实出席的重要人物、联系落实出席的媒介代表、通过有关媒体创造气氛、撰写主要文稿、准备要展示的资料、拟定活动的具体程序表、有关人员的具体分工。

（2）活动步骤。分为两个阶段。前一阶段为"接待序曲"，主要工作包括有关人员各就各位、迎接来宾到休息室休息、分发宣传资料与公共关系礼品、检查活动场地的有关设施。后一阶段为"传播高潮"，主要工作包括开始正式程序、通过组织领导传播组织的主要信息、通过名人传播附加给组织美誉的有关信息、通过模范人物传播组织局部却关键的求取美誉的信息、通过现场展示以及各类资料全方位传播组织信息、进行必要的反馈和沟通、媒介录制和传播信息、制造必要的高潮气氛。

（3）善后步骤。即传播高潮结束后的有关工作，包括招待、欢送来宾；与少数公众进行深度沟通；整理、恢复活动场地；检查媒体传播活动信息情况；经费核算。

以上各工作步骤，仅是就一般常规公共关系活动而言的。很多公共关系活动策划极富创造性，体现的是一种个性化的策划艺术，很难予以规范，也难以纳入一般的计划中，这是需要特别指出的。但是作为活动，总有"序曲""高潮""善后"的共性，这也是一种不言而喻的规律。

（六）传播策略

策划和实施一项公共关系专题活动，尤其是较为大型的公共关系专题活动，主办（出资）单位自然希望这一活动能产生较大的社会影响，乃至造成一定轰动效应，所以，一旦活动内容确定，便需要围绕活动内容全面设计和制定活动的信息传播策略。这一策略一般包括以下3个方面。

1.新闻媒介传播

即通过新闻媒介发布有关活动的消息及相关报道。这一传播方法投入资金少，宣传效果好，最为理想。这一方案的内容包括：①分几个阶段组织新闻报道；②采取什么形式组织新闻报道；③重点邀请哪些新闻媒介进行报道。

【案例3-2】 上海举行的某大型活动的新闻传播计划

（1）前期宣传。从活动正式举行前一个月开始，在全国有关报刊上刊发报道本次活动即将举行的消息和专访，展开活动的前期宣传（造势）工作。

媒介选择：《人民日报》《解放日报》等6～7家。

（2）中期宣传。于活动举行前一天召开新闻发布会，向参会的各大新闻媒介记者介绍活动有关情况，提供活动最新资料，并邀请其参加第二天举行的活动，以便其所在的新闻媒介及时刊（播）发活动消息，以形成广泛的社会舆论效应。

媒介选择：新华社上海分社、《人民日报》《经济日报》《申江服务导报》《上海英文星报》、东方电视台等20余家。

（3）后期宣传。活动结束后一月内，在全国若干报刊上组织发表"新闻综述"和"新闻观察"之类的文章，对本次活动进行评述，以进一步扩展活动的影响。

媒介选择：《中华工商时报》《解放日报》《上海经济报》等3～4家。

2. 广告媒介传播

即通过广告发布的形式来传播活动的信息。究竟投放多少广告，采取什么形式组合，均是策划文案应谋划和建议的。

3. 其他媒介传播

即通过宣传单页或宣传册等媒介传播有关活动的信息。这是大型公共关系活动信息传播的补充手段，由于是定向发送，往往能取得比较好的实际效果。

以上3个方面，构成了大型公共关系专题活动的信息的整合传播框架。这3个方面如何配置才能取得最好宣传效果，策划时应该认真考虑，予以合理安排，并在策划文案中加以明确。把这一部分称为"信息传播策略"，其中"策略"二字尤为重要。

（七）经费预算

进行公共关系活动经费预算，也就是在计划中将资金、人力和时间进行合理分配，以便有效地开展工作，从财力上保证将公共关系工作纳入正轨。通过估算公共关系活动经费，为以后评估公共关系工作的成果及所取得的效益提供比较科学的依据。

公共关系活动费用的基本构成有10个部分。

（1）场地费用。场地租金。

（2）物资费用。包括活动使用的各种道具、器材、设备、文具、礼品及布置场地物品等所需的费用。

（3）礼仪费用。包括礼仪性项目的开支，如邀请乐队、仪仗队、文艺演出的演员。

（4）保安费用。活动期间保卫工作、安全设施、保健项目等费用支出。

（5）宣传费用。包括活动宣传方面的开支，如摄影、录像、广告宣传、宣传品印刷、展示费用。

（6）项目开支。包括交通运输费、差旅费、办公费等行政性开支或代付费用。

（7）餐饮费。假如活动项目中有宴会或餐饮计划，需要安排这一项目开支。

（8）劳务费。包括公关人员和其他劳务人员的薪水。公共关系活动是知识与劳动均呈密集状态的突击性工作，人员的工资、报酬在整个经费中占有很大的比重。这里的人员开支，主要包括公共关系专家、公共关系文职人员、公共关系礼仪队员、名人、摄影师等参与公共关系活动人员的工资、奖金、补贴等。

（9）不可预算的费用。包括应急费和大型活动常有的许多不可预算开支，一般是以活动费用总额的5%～10%计算。

（10）承办费。假如是委托专业公共关系机构承办的活动，必须支付承办费，这一费用实际包括了承办机构的管理费、利润。

以上活动经费预算通常以编制预算书的形式完成，预算书要十分具体、准确。

（八）效果预测与评估

效果预测与评估是公共关系专题活动策划书的最后一个要素，即根据规范化要求，在活动方案、实施计划及经费预算完成之后，应事先对这一活动的成败定出一个评估标准。

评估标准制订的依据来自两个方面：一是对活动效果的科学预测；二是行业根据投入产出比例形成的对这类活动的一般标准和要求。

公关活动评估标准示例。

（1）活动实际参加人数不少于2000人。
（2）媒介有关活动报道不少于30篇（次）。
（3）活动信息覆盖本地区人口的25%。
（4）活动现场不发生明显失误。
（5）活动经费使用严格控制在预算之内。
（6）活动后公司知名度提升20%。
（7）活动后公司美誉度提升10%。

（九）署名、日期

公共关系策划书有策划者署名、策划日期等内容。

任务实训

【实训名称】把一个苹果卖到一百万！

【实训目的】通过卖苹果的思维练习，理解策划是一种智慧创造行为。

【实训步骤】

1. 全班4～5人一组，分成若干小组；
2. 给出思考题：以一个普通苹果作为推广对象，在不考虑任何客观条件的情况下，构想为它增值的方法；
3. 以小组为单位进行卖苹果的思维练习，从5元起卖，不断提高苹果的"身价"，直至一百万元；
4. 每组派代表在全班做总结发言。

【实训要求】

每小组需要一名组长和一名记录员；步骤3由小组长控制进程，应逐步提高苹果的"身价"，并由记录员简要记录使苹果增值的方法；小组代表发言着重介绍本小组卖得最贵的那个"苹果"或本小组认为最具创意的增值方法。

综合练习

一、单项选择题

1. 公共关系策划的客体是（　　）
   A. 公关策划人员　　B. 公关策划内容　　C. 公关策划依据　　D. 公关策划方法
2. 公共关系活动的核心和先导是（　　）
   A. 公关策划　　B. 公关调查　　C. 公关传播　　D. 公关评估

3. 最符合创新思维特点的是（　　）
   A. 发散性　　　　B. 求同性　　　　C. 逻辑性　　　　D. 规律性
4. 聚合思维又可以称为（　　）
   A. 求异思维　　　B. 发散思维　　　C. 收敛思维　　　D. 横向思维
5. 公共关系活动离不开信息，而公关信息获取的关键途径是（　　）
   A. 分析　　　　　B. 调查　　　　　C. 总结　　　　　D. 评估
6. 下列选项属于组织自身提供的公关时机是（　　）
   A. 春节　　　　　　　　　　　　　B. 圣诞节
   C. 同类商品突然降价　　　　　　　D. 校庆
7. 公共关系策划创意及其体现指的是（　　）
   A. 创意主题　　　B. 创意思想　　　C. 活动时机　　　D. 实施方式
8. 社会组织与其他公众联络，在提高组织认知度、美誉度、和谐度方面起关键作用的是（　　）
   A. 政府机构　　　B. 新闻界　　　　C. 竞争者　　　　D. 供应商
9. 公关战略相对于组织战略而言是专业战略，其中心是（　　）
   A. 组织经营工作　　　　　　　　　B. 组织管理工作
   C. 组织公关工作　　　　　　　　　D. 组织领导工作
10. 公共关系策划人开展工作的目的是（　　）
    A. 树立社会组织的良好形象　　　　B. 维护社会公德
    C. 维护广大公众的利益　　　　　　D. 获取经济利益
11. 下列既是形成策划方案的依据，也是对策划效果进行评估的主要标准的选项是（　　）
    A. 公关策划依据　B. 公关策划内容　C. 公关策划方法　D. 公关策划目标
12. 在公关时机策划中，通常所说的"制造新闻"运用的策略是（　　）
    A. 造机　　　　　B. 乘机　　　　　C. 借机　　　　　D. 偷机
13. 古人说：时移则势异，势异则情变，情变则法不同，讲的是公关策划的（　　）
    A. 新颖性原则　　B. 灵活性原则　　C. 可行性原则　　D. 针对性原则
14. 一般来说，生产日用品的企业开展公关活动的最佳地点是（　　）
    A. 广场　　　　　B. 会堂　　　　　C. 闹市　　　　　D. 工厂
15. "一叶落而知天下秋""窥一斑而见全豹"谈的是创新思维中的（　　）
    A. 直观判断　　　B. 取代式想象　　C. 组合式想象　　D. 洞察力
16. 贯穿于公共关系活动始终，对公共关系活动的全过程都具有指导意义的活动是（　　）
    A. 公关调查　　　B. 实施传播　　　C. 公关策划　　　D. 效果评估
17. 决定整个公关活动成败的关键并因此构成公关工作核心内容的是（　　）
    A. 公关方法　　　B. 公关实务　　　C. 公关心理　　　D. 公关策划
18. 公关策划中的"划"，是计划、方案之意，主要体现为（　　）
    A. 操作性　　　　B. 创造性　　　　C. 创意性　　　　D. 利益性
19. 下列选项中，属于公关策划要素的是（　　）

A. 公关策划环境　　B. 公关策划实施　　C. 公关策划目标　　D. 公关策划评估

20. 在公共关系的活动程序中，体现公共关系本质特征的是（　　）

A. 实施传播　　B. 公关调查　　C. 公关策划　　D. 效果评估

二、多项选择题

1. 下列选项属于公关策划基本特征的是（　　）

A. 灵活性　　B. 创造性　　C. 目的性　　D. 思想性

2. 公共关系策划一般原则包括（　　）

A. 创新性原则　　B. 利益性原则　　C. 道德性原则
D. 严密性原则　　E. 可行性原则

3. 按媒介的所有者进行分类，传播媒介可以分为（　　）

A. 印刷媒介　　B. 租用媒介　　C. 户外媒介
D. 自有媒介　　E. 展示媒介

4. 公关策划的要素包括（　　）

A. 策划目标　　B. 策划内容　　C. 策划想象
D. 策划人员　　E. 策划方案

5. 公共关系策划应掌握一整套谋划的科学思路，遵守一定的工作程序，以避免凭经验和直觉办事的随意性和盲目性。其工作程序为（　　）

A. 确立目标　　B. 分析目标公众　　C. 设计主题
D. 项目设计　　E. 选择媒介

6. 以下选项属于创造性思维的有（　　）

A. 逆向思维　　B. 多路思维　　C. 形象思维　　D. 群体思维

三、简答题

1. 什么是公共关系策划？其特点和原则是什么？
2. 公共关系策划的方法有哪些？
3. 公共关系策划的流程是什么？

模块四 04 实施公共关系活动

学习任务

1. 掌握开业典礼、新闻发布会、展览、联谊、赞助、参观、网络公关、公关广告、内部公关等9类公关专题活动的策划和组织工作；
2. 学会分析相关案例；
3. 能够撰写相关专题活动的策划方案。

案例导入

温州华联商厦开业庆典

温州华联商厦是全国华联商厦集团成员单位之一，曾是浙南地区功能最齐全、设施最先进的大型综合性商业企业。为了从开业就树立良好的"华联印象"，公关人员成功地策划了"华联"的开业庆典，从而为"华联"掀开了光辉的一页。

在举行开业典礼之前，温州华联商厦的公关人员就有一个共识，那就是：商厦仅有一流的设施、一流的商品、一流的服务是不够的，还应塑造一流的企业形象。为此，他们确定了商厦开业庆典活动的两个目标。一是做到家喻户晓：通过开业庆典活动，让社会各界和市民普遍了解商厦经营范围的广泛，横向联系的优势，资金实力的雄厚，服务设施的现代化等，使消费者产生到"华联"购物是最理想的去处、到"华联"购物是一种超级享受的心理。二是做到先声夺人：通过开业庆典活动，引发全市传播媒介的广泛报道、宣传，形成具有一定强度的舆论震动波，使商厦在温州商界成为一枝独秀，给市民留下深刻的印象，在市民心中树立起良好的"华联形象"。为此，他们确定了以"满意在华联"为主题的系列公关和广告宣传活动。同时，他们还把"隆重、热烈、亲切、得体"作为开业庆典活动的基本格调。然后，他们对整个活动的过程进行了精心策划。

1990年9月21日，温州华联商厦的开业典礼在商厦西门广场上隆重举行。有关单位领导、新闻记者等200余人应邀前来参加。在商厦四周的台阶上，100名青年职工身佩绶带，手持鲜花，站立迎候宾客。在一片鞭炮声、鼓乐声中，伴随着白鸽、氢气球的升空，开业剪彩仪式圆满完成。然后是别开生面的"滚龙队"时装表演。现场气氛非常热烈，对公众产生了强烈的吸引力。

"温州华联"的开业庆典活动效果比预期的还要好。商厦的大门一开，成千顾客蜂拥而入。仅开业的第一天，客流量就达5万多人次，营销额突破60万元。

思考：

成功的开业典礼活动既可以树立良好的组织形象，又能在公众心目中留下美好印象。

任务一　开业典礼

开业典礼是组织为庆贺某项活动的开业而举办的简短、庄重而又热烈的仪式，是展示自身的组织管理水平、社交水平、组织文化素质、员工精神风貌的公关活动，也是组织赢得公众赞美和给公众留下美好印象的关键性的第一步。举办开业典礼应遵循"热烈、隆重、节约"的原则。

一、筹备开业典礼

1. 制订严密的开业典礼计划

开业典礼计划应包括整个活动的主题、日程、规模、场地、时间、内容、对象以及必要的人力、物力、经费预算等。经领导审核后，列出详细清单，分发有关人员。

2. 拟订邀请参加典礼的嘉宾名单并发请柬

首先由组织公关部精心草拟邀请名单，经领导审核确定后，提前 2 周左右的时间将请柬寄发给被邀请嘉宾。典礼前 3 天，电话核实嘉宾能否出席，典礼前一天应再核实所邀请的贵宾能否出席典礼。一般来说，开业典礼应邀请的嘉宾包括主管部门领导、社会各界领导和朋友、同行业代表、社会知名人士、社区代表、新闻记者、公众代表及员工代表等。

3. 布置场地

开业典礼仪式一般安排在组织外部（如组织大门口），若场地不允许也可安排在室内。布置场地一般要做到以下几点。

（1）组织大门口悬挂横幅、欢迎标语。

（2）在嘉宾站立处和剪彩处铺设红地毯以示尊敬和庄重。

（3）放置嘉宾赠送的花篮，匾于会场两侧，彩带和彩灯悬挂于四周。

（4）主席台上的座次或站位应事先安排好，并有醒目的名牌提示。还要准备好音响设备、照明设备，使整个场地显得隆重、热烈。

4. 准备讲稿

组织文秘人员要准备好文稿并打印出来，领导发言稿应提前送交有关领导手中。

5. 确定主持人

根据典礼要求确定合适的主持人，以便主持人事先熟悉本次开业典礼的程序及注意事项。

6. 安排礼仪员和工作人员

礼仪员和工作人员负责典礼的礼仪、接待和服务工作。负责剪彩的礼仪员的人数应比剪彩领导多一人。礼仪员一般应身着礼服，最好是红色旗袍，身披绶带，绶带上有庆典标志或组织名称。工作人员应佩戴胸卡。

7. 准备相关材料

（1）贵宾留言册。不要用普通签字本，应用红色或金色锦缎面留言册。

（2）宣传资料。主要介绍组织设备设施、产品、服务等。

（3）纪念品。即馈赠礼品。从公共关系的发展考虑，礼品应具有象征性、宣传性等特点，即礼品应有纪念意义而不要求实用、昂贵，礼品的包装应印有组织标志、开业日期、服务承诺或产品图案、广告用语等。
（4）工作人员佩戴的胸卡，嘉宾、领导佩带的胸花或胸卡。

二、进行开业典礼

1. 嘉宾签到

接待人员在嘉宾来到后，先将其引领到签到处签到，同时发放宣传资料。然后引领嘉宾到备有茶水、饮料的接待休息室，让嘉宾稍事休息并相互认识。组织领导应在此陪同嘉宾交流，可以谈关于本组织的话题，或者对嘉宾的到来表示欢迎和感谢。

2. 典礼开始

（1）主持人宣布典礼开始，鸣炮或奏乐。
（2）宣读重要来宾名单。
（3）来宾代表致贺词（致贺词名单及先后顺序应事先确定）。
（4）本单位领导致谢词。
（5）剪彩。

三、结束开业典礼

主持人宣布仪式结束，可有选择地开展一些其他的公关活动。
（1）可引导嘉宾参观并向其介绍组织的设施设备、产品特色、服务条件等，进一步展示组织新形象。
（2）也可以举行简短的座谈会或请嘉宾在留言簿上留言、广泛征求意见，达到总结经验、鼓舞士气的目的，同时也为组织留下很好的公关素材。
（3）安排舞会、宴会等答谢嘉宾。
（4）向嘉宾赠送有特殊标记的纪念品，增加纪念活动在公众中的持久影响。
（5）做好嘉宾的送别、感谢致意工作。

四、策划与组织开业典礼活动的注意事项

（1）重视筹备工作。典礼活动的成功与否，关键在于事前的筹备，可以说，此活动决战在庆典，决胜在筹备。
（2）形式简单，时间较短。开业典礼活动的形式不要复杂，历时不宜过长，一般控制在一两个小时。
（3）场面隆重。开业典礼的场面要热烈隆重、丰富多彩，体现喜庆、欢快的气氛，展示组织的雄厚实力，显示组织的生机和活力。
（4）注重礼仪规范。在整个典礼活动过程中，组织公关人员应注重礼仪规范，对所有宾客无论地位高低，均不得怠慢，对围观群众也要以礼相待。
（5）注重新闻效应。在典礼活动中，组织公关人员要安排专门人员负责接待新闻记者，为新闻记者提供采访、录音、录像的方便。

总之，典礼活动形式不复杂，耗时也不长，但要热烈隆重、丰富多彩，给人留下强烈的良好印象，组织公关人员应做到准备充分、头脑冷静、指挥有序。

任务二　召开新闻发布会

新闻发布会是组织为有效地树立良好形象、形成有利于自身发展的社会舆论而将各类媒体记者招集在一起，就某一问题说明事实、表明立场并回答记者提问的一种特殊的公共关系活动。它是组织与新闻界建立和保持联系的一种较正规的形式。

一、筹备新闻发布会

1. 明确新闻发布会的主题

明确新闻发布会的主题应从新闻价值和社会组织的自身利益出发。在新闻发布会中，要明确所要发布的内容，要注意主题的单一、集中，否则便达不到新闻发布会的公关效果。

2. 明确新闻发布会的时间和地点

新闻发布会的时间应避开节假日及社会上的重大活动日，以免记者不能参加此活动而去选择更重要的活动，从而影响新闻发布会的效果。地点的选择应根据发布信息的内容和影响的区域，选择新闻中心、宾馆、会议厅或会议室等具体场所，会场布置应体现新闻发布会的严肃性及权威性。

3. 明确会议主持人和新闻发言人

新闻发布会的主持人一般由组织公关部的负责人担任。主持人要在把握会议主题的基础之上引导记者提问，并控制会议时间。新闻发言人一般由组织最高领导担任。因为他们不仅对本组织的整体情况有全面的了解，而且其身份也决定了他们的发言和回答更具权威性。会议主持人和新闻发言人都必须头脑清醒，反应机敏，有较高的文化修养和较强的表达能力。

4. 准备相关材料

（1）发言稿、组织宣传材料、答记者问的备忘录和为记者准备的新闻稿等。这些资料应在充分讨论、统一认识、统一口径的前提下，由专门的班子负责起草，并在会前打印好分发给与会记者。

（2）各种宣传辅助材料，包括口头的、书面的、实物、图片、模型等，注意资料的全面、详细、具体和生动，以便增强新闻发布会的效果。

5. 确定邀请者的范围

新闻发布会主要是根据所发布信息的内容，事件发生后涉及的范围等有选择地邀请有关新闻媒体的记者，有时还可以邀请一些知名人士及有关方面的专家，以提高会议的权威性。

在邀请记者时要特别注意，与组织有密切关系的新闻机构的记者不能遗漏，并适当邀请一些权威性新闻机构的记者参加。同时，邀请记者面要广，尽量照顾到报纸、杂志、广播、电视等各媒体；人员要精，参加者不宜太多。

6. 预算会议经费

新闻发布会的会议经费应根据会议的规格和规模进行预算，并适当留有余地，以便财务提前准备资金。一般应考虑印刷费、场租费、会场布置费、音响器材费、照相费、礼品费、茶点费、交通费、会后餐费等。

二、进行新闻发布会

新闻发布会的进行议程应力求周密、紧凑，避免出现冷场和混乱局面，一般来按以下程序进行。

1. 签到

设签到处，由专人引导与会记者签到登记，同时分发会议资料。

2. 会议正式开始

（1）会议主持人简要说明召集新闻发布会的目的，所要发布的信息，或某一事件发生的背景和经过等。

（2）发言人讲话，宣布重大新闻，介绍新闻的具体信息。

（3）记者提问，发言人回答记者提问。答记者问时，应做到简明、准确、态度友好、语言机敏，对涉密或不宜公开回答的问题，不要回避，要妥善应答。

（4）主持人宣布发布会结束。

3. 安排新闻发布会会后的重点采访

会议结束后，首先，组织给记者创造实地采访、摄影、录像等机会，增加记者对会议主题的感性认识。其次，组织应以茶会、酒会或餐会等形式宴请与会记者，融洽与新闻界的关系；对因故未到会的媒体，应尽快向其提供信息材料、会议简报等。

三、整理新闻发布会资料

新闻发布会后，相关人员应尽快整理新闻发布会的有关情况，并以专题新闻的形式个别报道。

（1）搜集与会记者在新闻媒体上发布信息的情况，将信息进行分析、归类、保存。

（2）对照与会记者名单，核查发稿率，供日后邀请记者时参考。

（3）追踪、调查记者对新闻发布会的准备工作与组织工作的反馈，自查新闻发布会的筹备及组织工作的质量，不断提高组织新闻发布会的工作水平。

（4）对已经发稿的记者应给予特别联系并致谢，以加强与新闻记者的情感沟通。

四、组织新闻发布会的注意事项

（1）按照新闻发布会的议程做好演练，以发现准备工作中的不足，及时加以改进。

（2）对待各媒体记者、来宾应一视同仁，不能厚此薄彼、亲疏不一。

（3）发布新闻和回答问题应口径统一，并与组织一贯的宣传口径保持一致。

（4）会议主持人、发言人应精神饱满、落落大方、风趣幽默、热情自信，以自身的人格魅力增强信息的可信度。

（5）会议主持人、发言人应善于把握主题，对无关或太长的提问，要通过李代桃僵、避正答偏、诱导否定等技巧有礼貌地转移话题，但不能正面拒绝回答问题，以免伤害感情、造成对立情绪。

（6）新闻发布会要有正式的结尾，不能草率收场，主持人应对会议做高度概括总结。

任务三　展览

展览是通过实物、文字、图片、模型、视频等资料来展示组织的成果、历程，使公众对社会组织的产品和服务产生直观、具体的了解，从而提高组织的知名度和美誉度的公共关系活动。它是组织与公众直接沟通的最佳方式，也是新闻媒介报道的热点，具有很好的传播效果。

展览是一种综合性的活动，要耗费大量的人力、物力和财力。为保证展览活动的成功举办，组织公关人员须做好以下工作。

一、组织及安排展览

1. 分析举办展览的必要性

在举办展览活动之前，组织公关人员一定要对举办展览会的必要性和可行性进行分析研究，防止盲目投入、得不偿失，或因准备不足而起不到应有的作用。

2. 明确展览活动的目的和主题

要明确通过展览的举办，组织要解决什么问题，达到什么目的。比如，是以促销为目的，还是以宣传组织形象为目的。展览主题应是展览目的的概括体现，是展览的精神核心和指导宗旨，通常用一两句话高度概括出来，并展示在展览会醒目的位置上，给参观者留下深刻的印象。

3. 确定展览的时间、地点

展览的时间依据展览的内容和规模确定。展览的地点可以在室内或露天。展览场地最好租用交通方便、设施齐全的展览馆，这样既方便展品运输、参观者到会，也不受天气的影响，但布置较为复杂，所需的费用也较大。大型机械、农产品、花卉等的展览可以在露天举办。

4. 准备好活动所需的各种物品资料

展览物品需要的材料很多，如展览徽标、宣传招牌、图片、展品、广告、气球等。还有些要分发给参观者的资料，如组织及其产品或服务的简介、宣传画册、纪念品等。这些都应在展览活动前做好充分准备。

5. 培训展览工作人员

展览组织的成功与否、质量好坏，与工作人员的素质高低有很大关系，特别是一些专业性较强的展览，如果没有一定的专业知识，展览的组织、洽谈、解说、咨询等工作就会受到影响。此外，工作人员的公关素质、接待礼仪、讲解技巧，都影响展览活动是否成功。因此，必须对展览工作人员进行培训，提高他们的素质和技能。

6. 完善参展设施和配套服务

组织公关人员筹办展览应准备好电源、电话、照明、音响、影像等辅助设施，以及邮政、检验、保险、银行、交通、住宿等配套服务，以保证展览活动集中、高效进行。

7. 与新闻界的联络

展览要利用一切可以调动的传播媒介进行公关活动，使公众通过视、听等多种渠道了解有关展览的信息。展览前应组建专门的部门，负责展览活动的新闻宣传，如新闻处、秘书处等。由这样的部门邀请新闻记者参加开幕式和采访，与新闻媒介保持密切联系，举办记者招待会，为新闻记者采访提供一切方便和相关资料等。

8. 策划展览的开幕式

展览的开幕式应隆重热烈。可邀请各界名人出席并为开幕式剪彩，还可以邀请大型乐队来助兴，并请参观者、来宾签名留念。开幕式是展览活动的前奏，一定要搞得有声有色、富有吸引力，给参观者留下良好的印象。

9. 做好展览经费预算

应具体列出展览的场地租金、设计装修费、广告费、电费、运输费、接待费、资料费、劳务费等费用，进行核算，有计划地分配资金并加以落实。在预算时既要节约，又要留有余地。

10. 评估展览效果

展览效果评估就是运用各种手段来获得现场公众反馈的信息。评估贸易展览活动的主要衡量标准是产品的成交量，此外还可以通过参观人数、新闻传播媒介的报道量、咨询台、留言簿、问卷调查、有奖测验、新闻分析等评估展览活动的效果并总结展览活动的成绩和不足。

二、组织实施展览的注意事项

（1）合理确定展览时间。依据展览内容和规模确定展览时间，切记避开高温、严寒季节，最好与社会上重大活动同步举行。

（2）安排好产品介绍人员。产品介绍人员应对本组织产品、服务等情况以及组织经济实力和信誉、组织发展远景等有较全面的了解，还要有一定的语言表达能力，面对提问能对答如流。

（3）安排好团体订购室及工作人员。工作人员应懂得团体订购的相关程序和知识，并按组织订购规定进行工作；工作中应热情接待客户，主动介绍订购规定及优惠政策。

（4）安排好迎宾礼仪员。展览会的场面大、来宾多，应专门安排礼仪员。

（5）安排好相应的公关活动。采用一些公关技巧，使展览生动活泼、别具一格，如现场抽奖、赠送礼品等。

任务四　联谊活动

联谊活动指组织为了加深组织内部员工之间、组织与公众之间、组织与组织之间的感情和友谊举办的活动。联谊活动的形式可以是舞会、观看演出、茶话会、参观游览、各种有益身心健康的休闲活动、相互间信息的共享等。这类活动既可以使人得到美的享受，又是创造组织内外"人和"的好方法，其目的主要是促进交往、增加感情、获取信息、增强合作。

一、组织和策划联谊活动

无论是哪一种类型的联谊活动，都需要做好以下基本的策划和组织工作。

1. 准备联谊活动

（1）明确联谊目的，围绕目的策划活动，同时又要兼顾客人的兴趣，一般应注意选择那些来宾喜闻乐见的活动内容。

（2）提交活动预算，筹措经费，购买必要的物品。

（3）根据场地、交通、气象、设备等条件，确定活动的时间、地点和场所。

（4）确定应邀对象，及早发送请柬和通知，发邀请时，要考虑场地的容纳量，一定要准备足够的座位。

（5）安排活动程序，印刷节目单，并提前发给来宾。

（6）精心布置联谊场所，并安排专人负责接待和保安工作等。

2. 进行联谊活动

（1）搞好签到工作。

（2）热情接待会议成员。

（3）传接电话。

（4）调派车辆。

3. 结束联谊活动

（1）发放纪念物品。

（2）送别相关人员。

（3）处理遗忘物品。

（4）打印会议文件。

（5）完善会务工作。

二、组织策划联谊活动的注意事项

（1）选择所需的联谊类型，最好是组织综合性的联谊会。组织参加联谊活动应有所得，不能无目的或仅以应酬为目的。

（2）联谊活动是合法的，涉及需审查的社团活动，应主动上报政府部门。

（3）联谊活动是健康、品味高尚的，不损人利己，也不损害社会公众利益。

（4）邀请人数要与场地相适应，过多会显得拥挤，太少又会造成冷场，这是主办人要特别注意的。

任务五　赞助活动

赞助活动是组织以提供资金、产品、设备、设施和免费服务等形式无偿资助社会事业或社会活动的一种公关专题活动。主要有赞助体育活动、赞助社会慈善和福利事业、赞助教育事业、赞助文化生活、赞助展览会、赞助专业奖励、赞助专项活动、赞助宣传用品等类型。

任何一个组织的赞助都会有自己的具体目的，概括起来，主要有4种：①追求新闻效应，扩大社会影响；②增强广告效果，提高经济效益；③联络公众感情，改善社会关系；④提高社会效益，树立良好形象。总之，赞助活动是一种对社会做出贡献的行为，是一种信誉投资和感情投资，是企业改善社会环境和社会关系最有效的方式之一。

一、组织与策划赞助活动

一次完整的、成功的赞助活动，需要做好以下工作。

1. 准备赞助工作

（1）明确赞助目的。要与组织的公共关系总目的紧密相连，即提高组织的声誉，增进公众的理解，塑造良好的组织形象。

（2）做好赞助调研。公关人员应从经营活动政策入手，分析组织公共关系目标，确定是否能通过社会公益活动达到相应的赞助目的，并据此考核需要赞助的项目是否具有积极的社会意义和广泛的社会影响。在此基础上，研究赞助项目的必要性、可行性、有效性，保证社会和组织都能获益。

（3）制订赞助计划。包括对赞助的目的、赞助的对象、赞助的形式、赞助的费用预算、赞助的具体实施方案等内容的明确。由此可以控制赞助范围，防止赞助规模超过组织的承受能力。

（4）评估与审核赞助项目。首先，对赞助项目进行总体评估，检查是否符合赞助方向，对赞助效果进行质和量的估计。其次，组织的高层领导或赞助委员会结合年度的赞助计划对具体赞助活的提案和计划审核评定，确定其可行性，具体赞助方式、款额和时机，以便制订此项赞助的具体实施方案。

2. 实施赞助方案

在实施过程中，公关人员要充分利用有效的公共关系技巧，尽可能扩大赞助活动的社会影响；同时，应采用广告和新闻传播等手段，辅助赞助活动，使赞助活动的效益达到最佳。在实施过程中，应该建立经常性的检查制度，使赞助活动能保质保量地完成，同时避免费用超出预算。

3. 测定赞助效果

赞助活动的效果检测过程包括检查、收集各方面（如公众、新闻媒介、受赞助组织）对此次赞助的看法、评论，然后与预定目标对比找出差距并分析原因，最后写成总结报告，归档储存，为以后的赞助活动提供参考。

二、组织与策划赞助活动的注意事项

（1）开展赞助活动要着眼于社会效益。一般来说，组织要优先赞助社会慈善事业、福利事业、公共市政建设以及文化教育活动。

（2）开展赞助活动要符合法律规范。主要有两方面含义：①赞助的对象要合法；②赞助的方式要合法。

（3）开展赞助活动应当量力而行。赞助经费的数额必须在组织的承受范围之内。每年列出赞助预算总额，在该预算范围内实施赞助活动。

（4）要注意留存一部分机动款项，作为遇到临时、重大活动时的备用款。

任务六　参观活动

开放参观是组织为了获得公众的理解和支持，将组织内部有关场所和工作流程对外开放，组织相关公众到组织所在地参观和考察的公共关系活动。组织可借此向公众进行宣传，塑造组织形象。

一、组织与策划参观活动

1. 准备参观活动

（1）明确参观活动的目的和主题。任何一次开放参观，都应确定一个明确的主题，给参观者留下美好印象。

（2）确定邀请对象。开放参观活动的邀请对象主要有3类。①员工家属。组织邀请员工家属前来参观，让他们了解自己亲人所从事工作的重要性，从而给予工作上的支持。②逆意公众。邀请对组织持怀疑态度和抵触情绪的公众参加参观活动，力图改变他们对组织的原有态度，使他们由逆意公众转化为顺意公众，从而给予组织更多理解与支持。③新闻媒介。邀请广大新闻记者参加参观活动，以便获得他们对本组织的了解和信任，并通过新闻媒介及时对外发布组织的有关信息，从而扩大组织的社会影响力。

（3）确定参观日期和参观线路。一是要避开对组织不利的因素，如恶劣的天气、重要节假日；二是要尽可能争取对组织有利的因素，如组织的重要日子，因为这时更能感染公众的心理情绪。参观活动不是一种自由、随便的活动，不能任由参观者随意走动。因此，要提前拟订参观路线并在路线上设置明显标识。如有保密和安全需要，应注意防止参观者越过界限，以免发生意外事故和影响正常的工作秩序。

（4）成立专门机构。组织应成立一个专门部门来统筹安排参观活动，专门部门应至少有一名决策层的人来做总协调人，同时应有相关部门的负责人和相关的工作人员。

（5）做好宣传工作。首先是通过适宜的传播媒介，告知公众本次开放参观活动的有关安排，如日期、告示牌、路线图和方向标志等；必要时可印制各种说明书、宣传品、纪念品，这样做既方便了公众，也有助于增强开放参观效果。其次是做好组织内部全体员工的宣传工作，使每个人都明白对外开放参观的意义与目的，自觉地参与这项活动。

2. 进行参观活动

（1）完成参观的内容。可分为现场观摩、介绍、实物展览3种。一般组织采用的程序是事先准备好深入浅出、图文并茂、印刷精美的宣传手册，现场分发给参观的公众，配合口头讲解和现场观摩，即以实物或员工的实际行动来说明组织的内在面貌。最后是实物展览，以资料、模型、样品的陈列等对公众做补充说明。

（2）搞好接待工作。负责登记、讲解、向导等工作；安排休息场所和茶水饮食；联系车辆以及解决来宾遇到的各种意外问题。必要时组织负责人要亲自陪同参观。

3. 结束参观活动

参观活动结束后，要做好欢送工作，并认真搜集来宾对组织的看法和建议，整理分析后提交有关部门。有些意见被组织采纳后应给予回复。

二、组织与策划参观活动注意事项

（1）对来宾一视同仁。

（2）兼顾公众的参观意愿和组织的整体利益。组织公众参观活动，既要有针对性地安排参观项目，使来宾对组织有较为深入的了解，又要能适应公众的兴趣爱好。如有公众指定要参观某些项目，但组织不能满足，应予以礼貌合理解释。

（3）周密安排，谨防意外。接待人员要妥善安排参观活动的每一个细节，防止出现不必要的失误，还要做好各种应急准备。

（4）搞好食宿交通等后勤保障。妥善安排来宾的就餐事宜，如就餐的时间、地点和规格等。对外地的来宾，还要安排住宿事宜。为了确保交通安全，应对参观游览的出发时间、集合地点、车辆标志等做出统一布置并告知全体来宾。

任务七　网络公关

网络公关（PR on line）又叫线上公关或 e 公关，它利用互联网的高科技，如架设网站、发送电子邮件、主持电子论坛、参与网上社区等手段来营造企业形象或为组织创造最有利的运作环境。网络公关为现代公共关系提供了新的思维方式、策划思路和传播媒介。

网络公关不仅突显强烈的工具性，也要求公关人员建立新的工作态度和模式，并提醒公关人员必须与更多的"利害关系人"打交道。因为信息数字化，所以公关人员过去那种旷日费时坐在办公室里开会、策划公关方案的时代已经过去。在北京发生的事，通过网络，一刻钟之后将见闻于全中国。在互联网时代，我们面对的世界不仅仅是我们生活的真实世界，还有一个以互联网为主的虚拟世界，在这里，组织所面对的公众不仅仅是记者、政府官员、相关领域的专家、消费者，还有竞争者、存有敌意者，甚至是过去未曾想过，并且毫无关系者。所有的"网民"都是组织必须经营、维持良好关系的对象。

综上所述，网络公关主要涉及两个工作重点。①对公司信息的主动传播。通过跨越时空隔阂的信息渠道，与公众达成互动，建立直接关系，随时随地与受众者保持良好、顺畅的沟通。这也是网络公关的本质。②对网络舆论的分析和监控。网络的发达性，使得网络成为公关人员进行情报收集、舆论监控的绝佳工具，对于议题和危机管理有很大的帮助。

一、利用网络工具进行网络公关

1. 利用网站进行网络公关

Matt Haig 指出，"网站等于是组织在网络世界的门面、招牌、接待室、甚至是交易厅"，为了让网站发挥作用，就必须与相关读者建立起良好关系，并营造良好的信誉。为了达到此目的，网站必须从对方的角度出发，贴近对方的需要，才能得到他们的信任。因此，网站的内容规划设计、美工编排等，都必须从受众的角度进行考量，放他们想看的信息、申请一个他们最容易记住的"网址"、网页下载时间要短等。

（1）一个专属的好的网址。网站就像个房子得有个地址，否则，网海茫茫，人们是找不到的。申请网址时有人为了省下注册费，选择使用免费网域，也就是把自己的网站挂在别人的网站下，这样的网址一般很长，很难记住，而且会令人产生不信任感，这就像一家公司没有自己的办公室，而是四处租借办公室。应起一个好记的网址，这将直接影响网站的浏览人数与浏览频次。

（2）到搜寻引擎登录。搜寻引擎是帮助网友找到网站的利器，所以千万记住在网站挂上网之后到几个重要的搜寻引擎登录。一般情况下，搜寻引擎都会要求你提出和你网站内容相关的关键词和叙述，这时关键词的设计非常重要，因为它是网友找到你的"路引"。关键词设计注意几个要点：①关键词应涵盖竞争对手的信息，这样网友在寻找这些竞争对手时，也会找到你；②关键词要涵盖组织的名称；③关键词应涵盖组织所提供的产品或服务名称，以及符合产品或服务特色的相关字眼。

（3）交换链接。链接可以让组织接触目标受众的机会达到最大范围。有人认为链接应该多多益善，但事实上，在进行交换链接时，不应该是来者不拒的。Matt Haig 说"流量的多寡并不是最重要的，最重要的应该是这些流量是否与你的利益相关"。而且，和其他不知情的网站进行链接，可能会影响组织的网站形象。

（4）尽量缩短网页下载时间。大多数网友都期待网页能在最短的时间全部展示出来。所以网站首页务必简洁干净，让人一目了然，同时还要减少浏览者等待的时间。

（5）增加网站的吸引力。架设网站就是希望能够吸引更多人和自己接触。网络使用者浏览网站主要有以下动机：得到信息、进行互动、得到金钱或实物的报偿、得到娱乐消遣。所以网站的内容未必都放置一些组织简介之类的严肃文字，不妨放些和组织没有直接关联性，但却是目标受众感兴趣的信息。

【案例 4-1】

我国台湾的波蜜公司，以生产果菜汁闻名，该公司为了塑造"台湾蔬果专家"的品牌形象，特别架设了一个"蔬果专家网"（www.bolife.C01TI.tw），网站介绍各种蔬果的信息，包括产地、食用方法、食疗效果等，还有一些台湾休闲农场的旅游信息，唯一具有商业色彩的内容是右上角一个小小的产品广告。对于网友而言，这是一个具有相当实用价值的网站，在无形之中，波蜜培养了不少忠实消费者。一些以健康保健为主题的网站也主动与"蔬果专家网"交换联结。由此可见"网站内容有吸引力"的重要性，如此才能让更多人上网浏览，也才能够达到组织设置网站的目的。

（6）定期更新网站内容。如果网友今天浏览你的网站，发现跟上周，甚至上个月的内容一模一样，恐怕几次之后，他就不想再来登门拜访了。因此，网站内容的更新是非常重要的。组织必须投入大量的时间和人力，并成立专责部门来负责该项工作。

（7）设置一个留言板。留言板是网站与访客之间最基本、简单的互动方式之一。其功能是希望网友在浏览网站后留下反馈意见，企业可将好的、鼓励的留言用到其他媒体上，负面、批评的留言，也可以及时处理，减少网友的不满情绪并防止负面信息扩散。

2. 利用网络聊天进行网络公关

企业可以在网络上开设聊天室，公关人员通过聊天的方式与受众对象进行一对一交谈，了解他们真正的想法，并建立良好的关系。

3. 利用电子邮件进行网络公关

企业可以通过电子邮件进行以下公关：领导可以与所有员工谈心、沟通企业理念；将电子报寄发到每个受众手里；介绍最新产品或服务；进行大规模的受众意见调查。总之，电子邮件是进行网络公关不可或缺，也是最重要的沟通工具。

邮件内容有创意或具有十足看头（或许是很实用的信息），通常会广为流传。在发送电子邮件的时候注意，不要贸然花钱买大量的收件者资料，这种漫无目标的做法只会适得其反。

4. 利用电子报进行网络公关

企业如果想和公众建立长期的关系，就应该考虑发行一份属于自己的电子报，主动与公众维持良好的互动。电子报以宣传公司的产品、服务及最新的活动动态为主，通过电子邮件的形式寄发，体现了便利、低成本的优点，如果能善加利用，电子报能成为与受众进行良好沟通的媒介。

5. 利用电子论坛进行网络公关

在电子论坛里，大家可以畅所欲言，针对一个特定的话题进行讨论，讨论的方式是每个人将自己的意见写成文章发表在论坛里。很多议题都是在电子论坛开始讨论，最后形成影响的，所以，电子论坛是公关人员监督舆论不可忽视的渠道。当然，公关人员可以化身为其中的一员，及时澄清、处理对企业不友善的言论，或以专家的立场，回答公众对组织的各种疑问。

6. 利用线上社群进行网络公关

网络上有许多社群，例如同买一款车的车主、准备出国留学的托福考生等，这些人在各自的社群里讨论共同感兴趣的话题及关心的事物。从公关的角度看，能够找到自己的社群，等于是找到了自己设定的目标公众。企业应在网上开辟专区，让自己的消费者组织线上社群。

二、网络危机公关

企业公关人员一旦发现不实传言或恶意中伤，首先，应抢在媒体报道前在网络上展开澄清、反击；其次，应及时向媒体发布新闻稿，一般公关人员都能撰写这类新闻稿，困难的是如何让大家相信你。

Matt Haig 整理出几个措施，可以将危机化成转机，把负面情势扭转过来。

（1）一旦决心成立网站，就立刻提出申请，以组织的名称为网名。

（2）召集或鼓励组织以外的人成立另一个"非官方网站"，即使立场偏向组织这边，但由于具有"白手套"的作用，而可以使其提出的信息更具客观性。因此成立一个类似的网站，让它在组织和消费者之间担任"居中协调"的工作，应该是相当有效的网络公关策略。

（3）用"消费者意见"这些关键词连同组织名称，到各大门户网站搜寻，以随时对上述网站保持戒心。

最根本的方法是随时保持警觉、指派专人监控，并事先拟订专门的危机管理计划应对。

任务八 公关广告

公关广告既是公共关系活动的一部分，又属于广告的范畴，它集公共关系的特点与广告的特点于一身，形成一种特殊的广告。

公关广告不同于商品广告。①二者的目的不同。"商品广告是让公众买我，公关广告是让公众爱我"。②二者的内容不同。商品广告直指商品，注重短期行为，公关广告则先作"感情投入"再有"春华秋实"。③二者的效果不同。商品广告侧重于其营业效果，即广告对产品销售额、利润额或服务收入增加的促进作用，商业味浓；公关广告侧重于提高组织的知名度、美誉度，往往具有很强的人情味。

因此，公关广告在制作过程中要坚持"实事求是，独具风格、富于创新，避免商业痕迹过重"的原则。

一、公关广告的制作过程

1. 确定主题

制作公关广告要根据其内容确定主题，明确公关广告的目标。对不同的公关广告内容应确定不同的主题和不同的目标。以建立企业信誉为主题的公关广告，其目的在于使企业的整体形象更好、更美；以公共服务为主题的公关广告，其目的在于扩大企业的知名度，让社会公众相信企业的经济实力和社会责任心；以经济贡献为主题的公关广告，其目的在于加深社会公众对目前经济情况的了解，详尽说明企业经济活动的成就以及对国家、对社会所做的贡献；以追求特定目标为主题的公关广告，其目的在于引起广大公众、社会有关人士和新闻机构的兴趣和好感。

2. 选择媒体

公关广告投放的主要媒体是报纸、广播、电视、互联网这四大媒体。

选择广告媒体的目的，在于求得最大的经济效益和最好的社会效益，即根据媒体的价值与广告费用之比，力争少花钱、多办事、办大事。正确选择媒体，一般要考虑以下因素。

（1）媒体的性质。不同的广告媒体，有不同的性质与特点。公关广告媒体选择合适，公共关系活动效果就会显著，反之会弱化公共关系活动的效果。

（2）广告内容的特性。公关广告涉及的具体内容各有特点，应依据不同的公关广告内容选择不同的广告媒体，以保证特定的社会公众能看到、听到、读到。

（3）社会公众的习惯。不同的社会公众在职业、兴趣爱好、文化程度、知识结构及生活习惯等方面各具特点，从而形成对媒体的不同接触习惯。企业在选择公关广告媒体时，要根据特定目标公众对媒体的不同接触习惯，选择其愿意接受的广告媒体。

（4）广告目标的要求。组织在选择公关广告媒体时，必须考虑公关广告目标与组织社会活动及经济活动的结合度。

（5）组织自身的实力。各种广告媒体费用不一致，组织应该量力而行。可行的办法是依据自身的财力合理地安排公关广告活动，选择适当的传播媒介、适当的刊播时间、适当的刊播空间。

二、公关广告的结构

公关广告的结构一般分为3大部分，即标题、正文和结尾。

1. 选好标题

Ogilvy 曾指出"读者阅读标题的概率是文案的5倍，除非你的标题具有推销力，否则你会浪费90%的钱"。也有人指出，"50%到75%的广告效果来自标题的力量"。总之，不能引起目标受众注意的标题，很难成为有效的广告。

公关广告对标题的要求是：醒目、通俗、自然、亲切、能吸引人。公关广告标题切忌双关语、文学典故或晦涩文字的出现。

2. 写好正文

正文是公关广告的主体，广告所要表达的一切意思都寓于正文之中。同时，正文担负说服或打动目标公众的任务，要让读者强烈认为"这是专为我所写的"。

公关广告对正文的要求是：开门见山、直截了当、具体真实、热情友好、易于记忆、富于魅力。

这里需注意的是，在正文中应尽量用图片抓住受众的注意力。有人认为"一张好照片胜过150个字的文案"，要善于用漫画、图片、照片、图表等视觉元素来增强目标受众的注意力，提高广告阅读率。

3. 收好结尾

更多的公关广告是没有结尾的，只有少数特殊的公关广告才有结尾。作为公关广告，如果有一个漂亮的结尾，将会使人们回味无穷。

任务九　内部公关

建立良好的员工关系，需要通过沟通来进行。员工关系的建立，其实就是组织营造整体组织文化的一个过程。一个组织的内部成员之间的沟通行为相当频繁，这不但是组织成员日常生活的一部分，甚至已经成为组织运作不可或缺的一部分。员工一早踏入公司，跟同事互相打招呼；新进员工向资深员工请教工作上的疑难问题；部门之间为了工作整合的问题召开会议；最高管理阶层调整人事变迁的协商，甚至企业经营团队向股东报告经营状况的董事会等，组织内部进行的常态性沟通，可说无所不在，无所不包。

然而，内部关系管理人员的工作内容，绝不可能囊括这些日常的频繁沟通行为，因此我们建议从事内部公关的人员主要应从以下环节进行沟通。

一、提供有关员工基本需求的信息

一个人之所以会选择进入某个组织工作，必然是对该组织有着若干需求和期望，一旦这些需求和期望与现实形成巨大落差，很可能就会产生"不如跳槽"的念头，但事实上，任何组织均无法完全满足每个员工的各项需求。公关人员需通过以下工作化解这一矛盾。

（1）内部沟通必须掌握员工"最基本的需求和期望"。员工对组织的基本期望，最主要的是"工作上的保障"及"能应急的财务支持"。工作保障包含：组织的前景、工作职务、工作知识与技能、各类福利、退休金、各项津贴与分红等；"能应急的财务支持"则是员工万一生病或发生其他意外事故，家庭财务无法负担时的财务支持，如医疗保险、企业团体保险或其他支持员工应急的抚慰制度。

（2）适时公布组织的具体措施。如组织公开发布有关工作待遇信息、退休福利、新产品信息、管理阶层的人事变动、组织扩张计划或是操作流程的修订等。

（3）提高员工应对工作挑战的知识与技能。组织通过工作训练、绩效评估、新知教育等来培训员工。员工能应对工作挑战，就能保住饭碗，进而提升自我，发展自我，为组织做出更大贡献。

（4）透过沟通技巧来让员工知道一项重要的信息：组织的确一直在满足他们最基本的需求，也保证能满足他们最基本的需求。这是内部公关人员重要的公关任务。为了让员工知道组织一直在确保他们这些基本的需求，组织必须通过内部刊物、小册子等内部沟通媒介，持续不断向员工保证可以满足其基本的需求。

二、确保组织成员能进行双向沟通

双向沟通应该是"彼此坦承、互相倾听"，一是组织的使命或任务能够顺畅下达；二是员工对组织的意见和想法能及时反映上来。许多组织为此设有申诉部门。事实上，申诉部门所能处理的问题，只是组织双向沟通的一部分，并不是全部，双向沟通应该全面扩展到各部门，包括营销部门、仓储部门、研发部门等，每一部门都应秉持双向沟通的原则，进行内部沟通。同时，组织高层也应该安排定期或不定期的约谈或餐叙，以期"下情"能确实"上达"，进而展现组织对员工心声的重视与解决诚意。这样，员工对某事有意见，可以通过公司内部的沟通渠道投诉，以便组织及时给予回应。公司若不重视员工投诉或没有基本的回应，这位员工很容易就产生"公司不重视我的意见"等负面看法。

三、就组织发展策略进行内部沟通

公关人员必须认识到，组织所进行的每一项变革或采取的每一项新的企业策略选择，或多或少都会产生内部沟通上的问题，为了让组织顺利发展，公关人员须确保内部成员能接受新的观念、适应组织的新变革。

四、妥善处理组织内部谣言

各组织内部都可能产生谣言，若从管理者的角色来思考，对谣言往往只会产生一个结论："严格禁止员工讨论、散布谣言。"但是这种做法事实上并不能获得太好效果。

公关人员应认识到谣言的产生往往是因为信息不够公开，换言之，人们不会因为正确的信息太多而产生谣言，谣言的产生是因为信息不正确或信息太少。管理者与被管理者之间不对称的信息状态，往往让彼此产生心理上的紧张、猜疑，进而瓦解最初培养起来的信任，甚至危及组织本身。因此，提供足够且正确的信息，是制止谣言、预防危机的最佳策略，如果员工能知道更多的信息，就不会相信或散布谣言。

五、提供保护员工健康的机制

组织对成员的身体健康有义务予以保护与关切。组织应该将员工健康问题列为内部公关项目，并且能够审慎以对，通过体贴关怀、安排检验、宣传教育、提供辅导或提供安全、卫生、健康的工作环境等方式，保护组织成员的健康。

六、妥善处理内部的社会性问题

组织内部有可能发生社会性问题，影响社会大众对组织的观感。组织内部的"性别歧视"可能直接冲击组织的声望，损及组织形象。

七、适时支持员工的生活大事

员工生活中的事件，组织也需适时扮演援助或参与的角色：一是表达组织对员工的重视和照顾，二是提高员工对组织的向心力。例如，员工结婚、生子、大病等，对于员工个人来说都是人生大事，组织应适当协助、参与并给予必要支持。

八、激励员工

激励的一种做法是鼓励员工对公司发展提出创意，并给予员工奖励。这是提升组织生产力的一种策略，也可以视为一种沟通的过程，这种沟通过程可能带来组织的创新，开发出极具市场性与创新性的产品，不仅让员工认识到自身的价值和意义，更能体现公司对人才的尊重和鼓励。激励的另一种做法是设立组织的"标杆"，亦即建立组织内的行为典范，让其他人产生"见贤思齐"的想法。例如，有些公司强调创业历史、组织内部名人的传奇故事、光荣事迹，或以定期颁奖等方式肯定组织内部成员的贡献。

任务实训

【实训目的】加深学生对公关专题活动组织工作的认识

【实训安排】

1. 将学生分8个组，每组收集一类公关活动举办的案例。
2. 讨论公关活动组织的成果，并做成PPT演示分享。

【实训评价】

1. 教师制订评价标准。
2. 由学生组成评价小组对各组的展示进行评价并计入平时成绩。

综合练习

一、单项选择题

1. 组织开业典礼应遵循（　　）原则。
   A. 热烈　　　　　　B. 隆重　　　　　　C. 节约　　　　　　D. 热烈、隆重、节约

2. 开业典礼活动的形式不要复杂，历时不宜过长，一般控制在（　　）小时。

        A. 0.5～1　　　　B. 1～1.5　　　　C. 1～2　　　　D. 2～2.5

3. 在整个开业典礼活动过程中，组织公关人员应注重礼仪规范，对所有宾客无论地位高低均不得怠慢，对围观群众要（　　）
        A. 以礼相待　　B. 以诚相待　　C. 热情接待　　D. 维持秩序

4. 发布新闻和回答问题应（　　）并与组织一贯的宣传口径保持一致。
        A. 自由发挥　　B. 字斟句酌　　C. 口径统一　　D. 严格规范

5. 会议主持人、发言人应精神饱满、落落大方、风趣幽默、热情自信，以自身的（　　）增强信息的可信度。
        A. 人格魅力　　B. 风趣幽默　　C. 热情自信　　D. 落落大方

6. 展览会组织的成功与否、质量好坏，与（　　）有很大关系。
        A. 工作人员的素质高低　　　　B. 现场布置
        C. 展品　　　　　　　　　　　D. 宣传力度

7. 组织公关人员筹办展览会应准备好（　　），以保证展览活动集中、高效率地进行。
        A. 辅助设施　　B. 配套服务　　C. 辅助设施与配套服务　　D. 相关资料

8. 在实施赞助的过程中，公关人员要充分利用有效的（　　），尽可能扩大赞助活动的社会影响。
        A. 公共关系技巧　　B. 新闻宣传　　C. 人脉资源　　D. 广告宣传

9. 任何一次开放参观，都应确定一个（　　），并力图通过这次活动达到理想的效果，给参观者留下美好印象。
        A. 明确的时间　　B. 明确的主题　　C. 精心的布置　　D. 热情的招待

10. 开放参观日期不应确定为（　　）
        A. 重要节日　　　　　　　　　B. 本组织的周年庆典
        C. 本组织的喜庆日子　　　　　D. 阳光明媚的日子

11. 企业在选择公关广告媒体时，要根据特定（　　）对媒体的不同接触习惯，选择其愿意接受的广告媒体。
        A. 目标公众　　B. 组织员工　　C. 政府部门　　D. 消费者

12. 公关广告对标题的要求是（　　）能吸引人。
        A. 醒目、通俗、自然　　　　　B. 醒目、自然、亲切
        C. 醒目、通俗、亲切　　　　　D. 醒目、通俗、自然、亲切

二、多项选择题

1. 公共关系专题活动的主要类型有（　　）
        A. 开业典礼　　B. 新闻发布会　　C. 赞助　　D. 网络公关

2. 开业典礼的筹备工作包括（　　）。
        A. 制订严密的开业典礼计划　　B. 拟订邀请典礼名单并发请柬
        C. 准备讲稿　　　　　　　　　D. 确定主持人

3. 进行开业典礼的流程有（　　）。
        A. 主持人宣布典礼开始，鸣炮或奏乐　　B. 宣读重要来宾名单
        C. 来宾代表致贺词　　　　　　　　　　D. 本单位领导致谢词

E. 剪彩

4. 新闻发布会在筹备期间要明确新闻发布会的（　　）。
   A. 时间和地点　　　　　　　　　　B. 主题
   C. 会议主持人和新闻发言人　　　　D. 应邀请者的范围

5. 会议主持人、发言人应善于把握主题，对无关或太长的提问，要通过（　　）等技巧有礼貌地转移话题。
   A. 李代桃僵　　　B. 避正答偏　　　C. 诱导否定　　　D. 正面拒绝

6. 工作人员的（　　），都影响着展览活动的成功。
   A. 公关素质　　　B. 接待礼仪　　　C. 讲解技巧　　　D. 身高长相

7. 展览时间依据展览内容和规模而定。切记（　　）。
   A. 避开高温季节　　　　　　　　　B. 最好与社会上重大活动同步举行
   C. 避开社会上重大活动　　　　　　D. 避开严寒季节

8. 联谊活动结束时，工作人员需要做好（　　）工作。
   A. 发放纪念物品　B. 送别相关人员　C. 处理遗忘物品　D. 打印会议文件

9. 组织要开展赞助活动，进行赞助调研是非常重要的一步，要研究赞助项目的（　　）
   A. 必要性　　　　B. 可行性　　　　C. 有效性　　　　D. 宣传性

10. 赞助计划主要是对（　　）等内容进行制订。
    A. 赞助的目的　　　　　　　　　　B. 赞助的对象
    C. 赞助的形式　　　　　　　　　　D. 赞助的费用预算
    E. 赞助的具体实施方案

11. 一般来说，社会组织要优先赞助（　　）。
    A. 社会慈善事业　B. 福利事业　　　C. 公共市政建设　D. 文化教育活动

12. 开放参观活动的邀请对象主要有（　　）。
    A. 员工家属　　　B. 逆意公众　　　C. 新闻媒体　　　D. 政府部门

13. 进行参观活动，以（　　）来展示组织的内在面貌。
    A. 实物　　　　　B. 图片　　　　　C. 视频　　　　　D. 员工实际行动

14. 公关广告不同于商品广告的是（　　）
    A. 目的不同　　　B. 内容不同　　　C. 效果不同　　　D. 制作过程不同

15. 公关广告应用的主要媒体是（　　）
    A. 报纸　　　　　B. 广播　　　　　C. 电视　　　　　D. 互联网

三、判断题

1. 负责剪彩的礼仪员的人数应与剪彩领导相等。
2. 剪彩其间可安排一些节目，如盘鼓、歌舞表演，或播放喜庆音乐渲染气氛。
3. 新闻发布会需要下发的资料应在充分讨论、统一认识、统一口径的前提下，由专门的班子负责起草，并在会前打印好分发给与会记者。
4. 新闻发布会要有正式的结尾，主持人应对会议做高度概括。
5. 主题应是展览目的的概括体现，是展览会的精神核心和指导宗旨，通常用一两句语言高度概括出来。

6. 展览举办前视情况对展览工作人员进行培训。
7. 展览前应组建专门的新闻部门，负责展览活动的新闻宣传，如新闻处、秘书处等。
8. 新闻处负责为新闻记者采访提供一切方便和相关资料。
9. 联谊活动是健康、品味高尚的，不损人利己，也不损害社会公众利益。
10. 组织进行赞助活动的目的就是提高组织的声誉，增进公众的理解，塑造良好的组织形象。
11. 开展赞助活动必须着眼于社会效益与经济效益。
12. 开展赞助活动应当量力而行。
13. 参观活动是一种自由、随便的活动，参观者可随意走动。
14. 参观接待中，组织负责人没必要亲自陪同参观。
15. 接待人员要妥善安排好参观活动的每一个细节，防止出现不必要的失误，并做好各种应急准备，确保及时妥善处理。
16. 企业公关人员一旦发现不实传言或恶意中伤的话，就应该抢在媒体报道前在网站上展开澄清、反击的动作。
17. 商品广告是让公众买我，公关广告是让公众爱我。
18. 商品广告侧重于其营业效果，公关广告侧重于提高组织的知名度、美誉度。
19. 员工对组织的基本期望，最主要的是"工作上的保障"及"能应急的财务支持"。
20. 组织通过工作教育训练、绩效评估、新知教育等方法来培训员工以提高员工的工作保障。
21. 为了让组织顺利发展，公关人员须确保内部成员能接受新的观念、适应组织的新变革。
22. 公关人员对内部谣言的处理应本着"严格禁止员工讨论、散布谣言"的原则进行。
23. 提供足够且正确的信息，是制止谣言、预防危机的最佳策略。

四、简答题

1. 如何组织开业典礼？
2. 组织新闻发布会应注意哪些事项？
3. 展览的组织实施技巧有哪些？
4. 举办一次成功的联谊活动，需要注意哪些环节？
5. 查阅资料总结赞助的类型。
6. 简述公关广告与商业广告的区别？

模块五 05 预防与处理公共关系危机

学习任务

1. 了解公共关系危机的含义及类型；
2. 掌握公共关系危机发生的原因及过程；
3. 树立预防公共关系危机的意识，掌握公关危机预防的必要措施；
4. 熟悉处理公共关系危机的原则；
5. 掌握处理公共关系危机的程序。

案例导入

一位美国女记者到外国度假，并到商场选购了一套音响，挑选完毕后，营业员按照挑好的品牌到仓库取出货品并交给这位顾客。女记者回到宾馆后，打开一看，发现买来的音响只是一个空心货样，根本无法使用。对这种明显的欺诈行为，女记者火冒三丈，准备第二天一早就去商场交涉，并迅速写好一篇新闻稿，题目是《笑脸背后的真面目》，打算第二天送到报社。

然而，第二天早上她动身之前，忽然收到商场打来的道歉电话。不一会儿，这家商场的经理和营业员就出现在她的面前，首先送上一台真正的音响，又附送一张经典唱片，再就是一份关于此事的备忘录。在这个备忘录里，记录了商场追踪她的全过程：营业员发现失误——电话告知各大门保安"堵截"未果——上报经理——从顾客遗漏的一张快递单据查出其父母在美国的电话——查出其在本国的电话——查出其居住的宾馆。这期间所打的紧急电话，合计35次！

这一切使女记者深受感动。她立即重写了新闻稿，题目为《35次紧急电话》。

任务一　公共关系危机的含义及类型

在企业经营过程中，由于种种原因总是会不可避免地遭遇一些危机事件，危机是经营活动的影子。一项对世界500强企业董事长和总经理的调查报告指出，约80%的企业家认为现代组织面对危机是无法避免的事情。既然危机不可避免，那么正确地处理各种危机事件就成为组织的必然选择。树立科学的公共关系危机观念，掌握公共关系危机的处理技巧与艺术，是有效清除危机影响、塑造组织形象、强化公共关系效用的基础。

一、公共关系危机的含义及特征

公共关系危机指突然发生的、严重损害组织形象、给组织造成重大损失的事件，如恶性事故等。公共关系危机并非单独出现，有时会和其他类型的危机交织在一起，比如人力资源危机、销售危机等。公共关系危机使组织面临严重的困难，陷入舆论压力之中，影响组织的生存和发展。公关危机无论发生在何时何地，往往具有以下特点。

1. 突发性

突发性指危机在组织（主要是企业）毫无察觉或防备的情况下发生，对组织产生冲击和造成混乱。无论是人为因素还是自然因素导致的公关危机，都在很短的时间内发生，令组织猝不及防，措手不及。

从突发性的角度来说，组织及其成员都要时刻有危机防范的意识，做到临危不乱。

2. 叵测性

公关危机事件是许多未知因素相互作用形成的突发事件，它往往使人意想不到，难以预测和防范。事实上，组织危机事件是系统性问题，局部原因会导致危机问题的发生，大的系统问题更是危机问题发生的原因。

3. 危害性

公关危机的爆发必然给组织造成实质性损害，有时甚至危及组织生存，这也是要特别关注公共关系危机的原因所在。公关危机的破坏力是巨大的，必须尽力防范和阻止。

4. 普遍性

由于客观环境的复杂性，任何组织都有可能发生或遭遇公关危机。换言之，公关危机可能隐藏在组织的生命周期的任何阶段，无法回避。

5. 关注性

公关危机发生后往往成为舆论关注的焦点和热点。原因有两点：①公关危机事件与公众利益密切相关，公众基于自身利益需要关注；②现代媒体和网络的发展，使得密切关注成为可能。成为舆论的焦点和热点，组织面对和处理公关危机的时候就应该更加谨慎小心。

二、公共关系危机发生的原因

1. 组织行为不当引起公关危机

组织行为不当引起的公关危机指在组织发展过程中，由于组织指导思想、工作方式、运行机制等组织本身原因引起的公关危机。比如，过度追求经济利益而不顾公众利益和社会利益造成的环境污染；宾馆酒店发生的食物中毒；产品质量引起的信誉下降；政策失误引起的舆论谴责等。这类原因引起的公关危机完全是组织自身的责任。此种危机比其他类型的危机化解起来难度要大。其表现形式见表5-1。

表5-1 组织行为不当引起公关危机的形式

表现形式	举例
严重的内部事件	如劳资矛盾引起的罢工、示威游行等
工作失误	如因管理机制不健全导致浪费、产品质量不合格等
决策失误	如商业企业有意出售假冒产品、饮食企业经营不卫生食品、侵犯公众权益等
纠纷事件	如消费纠纷、经济合同纠纷等

2. 突发事件引起公关危机

突发事件引起的公关危机指由于非预见性、外在因素引起的突然发生的事件导致组织形象受损的危机。其常见的表现形式见表 5-2。

表 5-2　突发事件引起公关危机的形式

表现形式	举例
不可抗力导致的重大伤亡事故	如地震、洪水、飞机失事、火山爆发等
外在因素引起的事故	如环境污染导致无法开展正常工作、伪劣产品导致工伤等
外来的故意行为	如恐怖行为、政变、战争、投毒（人为加害）等

3. 失实报道引起公关危机

失实报道引起的公关危机指由于新闻部门的报道失实，导致公众对组织的误解，使组织形象受损的危机事件。大众传播已深入百姓生活，新闻媒体极易制造舆论轰动，失实报道常常导致组织危机见表 5-3。

表 5-3　失实报道引起公关危机的形式

表现形式	举例
失实和不全面的报道	如新闻界不了解事实的全貌和真相，导致报道以偏概全，引起公众误解
曲解事实	如新科技、新思想、新方法未被广泛认知，按旧观念、旧态度进行分析和报道，曲解事实，引起组织危机
报道失误	如其他组织或人为的诬陷编造，使新闻界被蒙蔽，报道失误，使组织产生危机

组织在面临危机的时候，一定要在广泛收集、分析有关信息的基础上，对造成组织危机的原因进行深入分析，才能把握公关危机的症结，做到对症下药，有效解除危机。

任务二　预防公共关系危机

公共关系危机发生以后再来解决，无论解决的如何，都不可避免地会给企业带来损害。因此，最明智的做法是及时发现可能引起公共关系危机的各种端倪和征兆，把危机化解在"萌芽"状态。这就需要对公关危机产生的原因、过程进行科学的分析，以制订切实可行的预防措施。

一、公共关系危机的过程

危机是一种不稳定的、异常的状态。斯蒂文·芬克在 1986 年提出了危机传播四阶段模式的理论，也称为 F 模型，揭示了企业危机的生命周期，其全过程从酝酿到解决一般要经历

4个不同阶段，也适用于公共关系危机。

1. 潜伏期

即"危机发生前"的阶段。该阶段为危机处理的易控期，在这一阶段，某些导致危机爆发的因素已经悄悄产生。如果这些因素不能被及时发现，或虽然被现却被忽视，那么这些"病源"就会迅速扩展，最后引发危机。所以，组织成员，尤其是高层决策者，应该树立危机意识。

2. 爆发期

这一时期危机急速发展，严峻形势出现，表现为危机事态从不为人知扩大到媒体广泛报道、公众广泛关注；危机已经影响到组织的正常活动、正面形象及声誉。此阶段，危机管理者面临的巨大威胁在于危机的发展速度和巨大的破坏力。危机爆发期主要有4个特征：①事态严重程度逐渐升级；②事态发展吸引越来越多的媒体介入；③社会组织相关的正常活动难以开展；④事态发展对社会组织的形象和声誉造成严重不利影响。

3. 蔓延期

此阶段是危机突发之后的蔓延扩大期，也是4个阶段中持续时间较长的一个阶段，但如果管理得力，会大大缩短危机的持续时间和危机对组织的损害。此阶段，组织一般已经度过最危险的时刻，处于重要的危机管理时刻。

4. 解决期

此阶段，组织一般已从危机影响中解脱出来，但组织相关部门仍需保持高度警惕，因为危机有可能会去而复返。组织更需总结经验，设计制度预防危机反攻，为下一步的危机管理做好规划和控制。

应该指出，并非所有的危机都是按照上述4个阶段发展的，但大体都会经历这样一个过程。

二、公共关系危机的预防

公共关系危机的发生虽然具有突发性，但其内在孕育还是有一个过程的，越早采取措施，越有机会转危为安。为此，组织应做的工作有以下几个方面。

1. 树立危机意识

组织的全体员工，上到领导决策层，下至员工，都应居安思危，要有危机感。要教育员工认清每个人的行为都与组织形象密切相关，危机的预防有赖于全体员工的共同努力。全员危机意识能提高公司抵御危机的能力，有效防止危机的发生，即使发生了危机，也会把损失降低到最低程度并很快解决。

【小贴士 5-1】

三名旅行者同时住进了一家旅店。早上出门的时候，一名旅行者带了一把伞，另一名拿了一根拐杖，第三名旅行者什么也没有拿。

晚上归来的时候，拿伞的旅行者淋得满身是水，拿拐杖的旅行者跌得满身是伤，而什么都没拿的旅行者却安然无恙。前两名旅行者很纳闷，问第三名旅行者："你怎么会没事呢？"

第三名旅行者没有回答，而是问拿伞的旅行者："你为什么会淋湿而没有被摔伤呢？"

拿伞的旅行者说:"当大雨来到的时候,我因为有了伞,就大胆地在雨中走,不知怎么就淋湿了;我走在泥泞的路上,因为没有拐杖,所以走得非常小心,找平稳的地方走,所以就没摔伤。"

第三名又问拿拐杖的旅行者:"你为什么没被淋湿而摔伤了呢?"

拿拐杖的旅行者说:"当大雨来临的时候,我因为没带雨伞,便找能躲雨的地方走,所以没有淋湿;我走在泥泞的路上时,便用拐杖拄着走,却不知为什么总是跌倒。"

第三名旅行者听后笑笑,说:"这就是为什么你们拿伞的淋湿了,拿拐杖的跌伤了,而我却安然无恙。大雨来时我躲着走,路不好时我小心地走,所以我没有淋湿也没有跌伤。你们的失误就在于有了优势便少了忧患。"

许多时候,我们不是跌倒在自己的缺陷上,而是跌倒在自己的优势上,因为缺陷能给我们提示,优势却常常使我们忘乎所以。树立危机意识是预防危机的最好方法。

2. 建立灵敏的预警预测系统。为预防危机的发生,防患于未然,组织应设立自己的情报信息网络,建立完整的预警预测系统,对公众、竞争对手、政府、有关部门以及自然环境中有可能威胁组织发展的各类信息进行归纳整理,并做出科学预测,为决策提供参考意见。

3. 完善企业的危机管理系统。企业要避免危机,仅靠预警和反映系统还不够,还要完善组织的危机管理系统,以便根据预警系统的信息制订应急措施,采取必要行动,将危机消灭于萌芽状态,或将危机的影响减到最小。为此,公共关系部门要对有可能发生的各类情况进行周密分析,与组织的其他部门紧密合作,共同制订应对方案、措施,并做好统一安排。

4. 模拟训练准备。组织要把对公关危机的预测、情况分析、应急措施用通俗易懂的方式向员工进行宣传,以提高预警效果。还可进行危机处理的模拟训练,锻炼员工处理紧急情况的能力,为处理危机积累经验。为此,组织要做好全员公关动员,做好危机处理的精神准备、物质准备、行动准备,与可能获得协作的各单位,如医院、消防队、公安局等建立联系,便于事后及时获得援助。

任务三　处理公共关系危机

处理公共关系危机指组织的公共关系人员针对突发事件引起的公共关系危机采取有力措施,以维护良好组织形象的活动过程。

处理公共关系危机有利于重塑组织良好的公众形象;有利于减少组织的损失;有利于协调组织与公众的关系;有利于增强组织内部团结。换言之,危机也是机会。

一、危机处理的原则

一旦发生突发事件,不能等闲视之,公共关系部门必须及时加以妥善处理,努力赢得公众和社会的谅解与信任,尽快恢复组织的声誉,重新塑造组织形象。

对不同的危机态势采取的策略有所不同,但是,处理危机时坚持的原则是大体相同的,一般应坚持以下原则。

1. 预防原则

社会组织及有关人员要有忧患意识，在常规工作中注意调查研究，查漏补缺，及时发现和捕捉某些可能引起纠纷的苗头和事故隐患，制订多种可供选择的应急方案。

2. 诚实原则

当危机已经发生，无论是对内部员工还是对当事的另一方、上级部门、新闻媒体，组织都要实事求是，说明真实原委，主动承担应负的责任，争取以诚恳的态度和负责的精神获得公众的谅解和信任，为解决问题创造有利条件。反之，只能扩大事态，给组织造成更大的影响。

【案例 5-1】 本田"缺陷车事件"

日本本田公司对"缺陷车事件"的处理是一个很好的以诚相待的例子。20世纪70年代，日本本田公司发生了一次严重的危机，就是著名的"缺陷车事件"。当时的本田刚挤入小轿车市场，在几家实力雄厚的大企业的夹缝中生存。然而，其刚打开销路的"N360"型小轿车出现了严重的质量问题，用户在使用过程中出现"摇晃""打转"现象，造成了的伤亡事故。受害者及家属组成联盟以示抗议，本田一下子声名狼藉，企业岌岌可危。本田并未在舆论的重压下乱了阵脚，而是立即决定，以"诚"的态度承认错误。本田马上举行记者招待会，通过新闻媒体向社会认错，总经理道歉之后引咎辞职。同时宣布收回所有N360型轿车，并向顾客赔偿全部损失。本田还重金聘请消费者担任本田的质量监督员，经常请记者到企业参观，接受舆论监督。本田的"诚恳"在公众心中树立了"信得过"的企业形象，"以诚相待"的危机公关挽救了本田。

3. 应急原则

重大危机事件一旦发生，就会立即成为公众舆论关注的焦点，极易出现人心涣散、流言纷飞的局面。对此，公共关系工作人员必须果断采取措施，及时控制事态，紧密与新闻界联系，注意引导舆论，稳定人心，为妥善解决问题、渡过危机奠定基础。

4. 强控原则

即对发生的危机实行强力控制。一是遏止事态发展；二是对危害性进行控制，减少损失。对此，组织有必要组成临时专案小组，实行专人专管，严密监控环境变化，及时采取有力措施。

5. 一抓到底的原则

组织对事故后果应予负责，敢于承担责任，积极进行赔偿，安抚受害公众，认真做好一切善后工作，主动策划一系列进攻性公共关系活动，弥补与公众在感情上的裂痕，重新赢得信任，再塑组织形象。

6. 灵活原则

由于危机多具突发性，不可能有既定的应对措施，因此，在组织危机管理预案之外，还应根据实际情况灵活处理。

7. 公众原则

在处理危机的过程中，应把公众的利益放在首位，将公众的利益作为处理危机的前提和出发点。只有这样，组织才能圆满、有效地解决问题。

8. 人道主义原则

在某些情况下，危机会造成生命财产的损失。这时，危机处理首先要对受害者进行人道主义帮助，只有这样才能安抚受害者，尽快化解危机。

9. 维护声誉原则

保护组织的声誉是危机处理的出发点和归宿，一切应急措施和活动必须围绕维护组织声誉展开。在危机处理全过程中，公关人员都要努力减少危机给企业信誉带来的损失，争取公众的谅解和信任。

以上基本原则之外，2012年游昌桥先生提出"危机公关5S原则"，即权变原则，包括承担责任原则、真诚沟通原则、速度第一原则、系统运行原则、权威证实原则（见图5-1）。

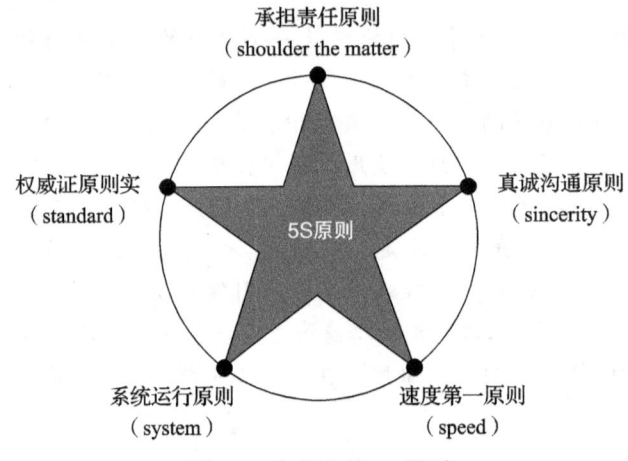

图 5-1　危机公关 5S 原则

1. 承担责任原则

危机发生后，公众会关心两个方面的问题。一是利益问题，利益是公众关注的焦点，组织应该承担相关责任。即使受害者在事故中有一定责任，组织也不应先追究其责任，否则会各执己见，加深矛盾，引起公众的反感，不利于问题的解决。二是感情问题，公众很在意组织是否重视自己的感受，因此组织应该注重处理情感关系问题，从而赢得公众的理解和信任。应在受害者的立场上表示同情和安慰，并通过媒体向公众致歉，解决深层次的心理、情感关系问题。

2. 真诚沟通原则

组织处于危机漩涡中时，便成为公众和媒体的焦点，组织的每一举动都将受到质疑，因此不要有侥幸心理，企图蒙混过关，而应该主动与媒体联系，尽快与公众沟通，说明事实真相，促使双方互相理解，消除疑虑与不安。沟通要做到诚意、诚恳、诚实。

3. 速度第一原则

俗语说"好事不出门，坏事行千里"，在危机出现的最初12～24小时内，消息会像病毒一样高速传播。这时候，社会上充斥着谣言和猜测，媒体、公众及政府都密切注视着组织的声明或行动。组织必须当机立断，快速反应，果断行动，与媒体和公众进行沟通，从而迅速控制事态，否则会扩大危机的影响范围，甚至可能失去对全局的控制。

4. 系统运行原则

在进行危机管理时必须系统运作,绝不可顾此失彼。只有这样才能整体把握,创造性地解决问题,化害为利。系统运行包括组织上下、内外力量的整合,组建班子专项负责,合纵连横、借助外力等内容。

5. 权威证实原则

在危机发生后,组织不宜以一个声音向外发布信息,应争取政府主管部门、独立专家或机构、权威媒体及消费者代表的支持,请他们替组织说真话,这样更容易使消费者解除对组织的戒备心理,重获公众的信任。

【案例 5-2】 百事可乐流言危机

1993 年 7 月,美国百事可乐公司突然陷入一场危机。流言说在罐装百事可乐内接连出现了注射器和针头,人们立刻把此事与艾滋病联系起来。

百事可乐公司即刻(速度第一)采取系列措施。一是通过新闻界向投诉的消费者道歉,感谢其对百事可乐的信任,并给予其一笔可观的奖金以示安慰,还邀请其到生产线参观。二是百事可乐公司不惜代价反复辟谣,并播放其罐装生产线和生产流程录像,使消费者确认不可能有注射器或针头进入(承担责任、真诚沟通)。百事可乐司与美国食品与药物管理局(权威证实)密切合作,积极调查真相,最后揭穿这是一件诈骗事件。

二、公共关系危机的处理程序

危机发生时,组织需要迅速采取一系列行动,以便将危机带来的损失降到最低程度。正确的工作程序,对危机事件的有效处理十分重要。

1. 迅速组建处理事件的专职部门

由本组织一名主要负责人任危机处理部门负责人,公共关系部门会同各有关职能部门的人员组成有权威性、高效率的工作班子。根据危机事件的不同情况还可设立领导小组、调查小组、接待小组等。

2. 对危机事件进行全面调查

通过调查,查明事故的基本情况、发展趋势、损失及影响范围。调查包括以下几个方面的具体内容。

(1)危机事件的基本情况。包括危机事件发生的时间、地点、原因、事件所处的周围环境。

(2)危机事件的现状和发展趋势。包括危机事件目前的状况,是否还在发展,采取了什么措施及措施的实施情况。如果危机事件仍在恶化,需要调查恶化的原因及可能造成的后果和影响。

(3)危机事件产生的原因和影响。包括引发危机事件的原因,伤亡情况,财产损坏的种类、数量、价值,危机事件涉及的范围,危机事件在经济上、社会上,甚至政治上带来的影响等。要通过周密调查,迅速查明情况,判断危机事件的性质。

(4)查明危机事件涉及的公众对象。包括直接公众、间接公众,与事件有关的组织或个人,以及事件的见证人等。

3. 迅速隔离危机

在调查的同时，要迅速隔离危机，以免危机事件蔓延扩大。隔离危机有两方面的工作要做。

（1）人员隔离。即把组织员工临时进行新的分工，划分为处理危机和维持日常工作两部分。既不能因危机发生造成日常管理无人负责，也不能因为维持日常工作而对处理危机人力投入不足。

（2）危机隔离。即明确和限制危机发生的范围，将危机与其他尚属正常的工作范围区分开来，以控制危机的扩展，并保持其他部分的正常工作秩序。

4. 采取危机处理措施

值得注意的是，由于危机事件出现的情形、背景、原因以及面对的公众不同，组织要具体问题具体分析，选择适当的工作策略、方式、方法，才能取得良好的效果，消除危机事件带来的影响。

（1）对上级有关部门。危机发生后，组织要及时、实事求是地汇报情况，以求得上级有关部门的指导和帮助。

（2）对组织内部。如属内部事故，在稳定情绪、稳定秩序的基础上要向职工告知事故真相和组织采取的措施。如有伤亡应立即通知伤亡人员亲属，做好抢救和治疗，并做好善后处理工作，安抚和慰问有关人员。如属外部事故，应首先判明情况，制订对策，通告全体人员，统一口径，协同行动，并做好各种服务工作。如属不合格产品引起的恶性事故，要立即收回不合格产品，停止销售，追查原因，停产检修。

（3）对受害者。组织公关人员要以同情的态度耐心听取受害者的意见，实事求是地承担责任，并诚恳道歉。要努力做好解释工作，特别是受害方对处理结果不满意时，公关人员应努力做好协调工作，争取对方的理解；要尽可能提供优良、周到的服务，努力做好善后工作，并尽快落实对家属的补偿。如无特殊情况，在事故处理过程中，不要随意更换工作人员，应由专人与受害方接触。

（4）对新闻界。要统一对新闻媒体的口径，注意措辞，由专人负责发布消息和接待媒体人员，向记者提供权威性的资料。对事实已完全明了的事件，应主动向新闻界提供真实、准确的消息，公开表明组织的立场和态度。对事实未完全明了时的事件，不轻易对事件原因、损失以及其他方面做推测性说明，不轻易表示赞成或反对。对新闻界要采取主动、合作、信任的态度，对有些不便立即发表的消息，应说明理由，求得理解。除新闻报道外，组织可在发布有关事件消息的媒体上，以公正的立场和观点进行说明和发表道歉公告。当媒体人员发表不符合事实真相的报道时，应尽快提出更正要求，指出不实之处，并提供真实材料，要注意避免产生对立情绪。

除上述关系对象外，还应根据具体情况，与事件有关的交通、公安、市政等部门加强联系，通报情况，调动各方力量，协助组织尽快渡过危机，使组织形象的损害降至最低。

5. 总结检查，公布于众

这是危机处理结束阶段必不可少的工作。危机管理小组应对危机处理情况全面检查、评估，并将检查结果向董事会和股东报告，向公众和新闻界公布。有些重大事故也可采取广告形式在媒体上发布，表明组织敢于承担责任，一切从公众利益出发，认真做好善后工作。

任务实训

【情景设计】

某单位生产的产品被新闻媒体报道为不合格，含有害物质。假如你是该公司公关部门的负责人，请你组织本部门的员工应对此次突发事件。

【角色扮演】

以3～5人为单位，扮演不同角色，分析如何处理此次危机。

【实训安排】

1. 按照个性特点选择角色，确定负责人与助手；
2. 分组讨论如何处理公共关系危机；
3. 写出详细的危机管理策划书。

【实训评价】

教师教学点评、打分。

综合练习

一、单项选择题

1. 危机对组织而言（   ）。
   A. 可以避免　　　　　　　　　　B. 大部分组织可以避免
   C. 大部分组织不可避免　　　　　D. 是不可避免的

2. 如果组织发生了重大的公共关系危机，公共关系人员面对记者时（   ）。
   A. 找借口推脱组织的责任　　　　B. 避而不见记者
   C. 实事求是地说事实真相　　　　D. 寻求新的发展途径

3. 危机管理专家奥古斯丁认为，危机管理的最基本经验是（   ）。
   A. 事先消除危机隐患　　　　　　B. 说真话、立刻说
   C. 有效的危机处理能力　　　　　D. 与新闻界的良好关系

4. 危机新闻发布要坚持的原则（   ）。
   A. 及时、准确、适度　　　　　　B. 开放、透明、公开
   C. 保密、谨慎、小心　　　　　　D. 简单、明了、随意

5. 危机对企业而言，既是威胁又是（   ）。
   A. 劣势　　　　B. 机会　　　　C. 优势　　　　D. 坏事

6. 对社会稳定状态下的总体态势和重大突发性危机事件做出预测，并提出应对策略，属于公共关系危机信息管理中的（   ）。
   A. 信息收集　　B. 危机预警　　C. 信息监控　　D. 信息沟通

7. 公共关系危机的特征不包括（   ）。
   A. 突发性　　　B. 不确定性　　C. 危害性　　　D. 社会性

8. 危机管理中可合作的国际组织不包括（   ）。
   A. 联合国　　　　　　　　　　　B. 中国红十字会
   C. 国际绿色和平组织　　　　　　D. 国际劳工组织

9. 根据公共关系危机发生的领域不同，可以将公共危机分为（　　）、公共经济危机、公共卫生危机。

　　A. 公共政治危机　　　　　　　　B. 自然性公共危机
　　C. 人为性公共危机　　　　　　　D. 地区性公共危机

10. 组织发生危机时，媒体沟通无法做到（　　）。

　　A. 塑造组织形象　　B. 满足信息需求　　C. 引导公众情绪　　D. 发现危机征兆

11. 危机的内部成因关键是（　　）

　　A. 管理者公关理念淡薄　　　　　B. 人员及财产设备管理不当
　　C. 员工素质低下　　　　　　　　D. 媒介关系不佳

二、名词解释

1. 危机
2. 管理危机
3. 权变原则

三、判断题

1. 公共关系危机处理有固定的模式。
2. 在危机处理过程中，应把公众的利益放在第一位，将公众的利益作为处理危机的出发点和前提。
3. 5S 理论是游昌乔先生提出来的。
4. 内部公共关系危机发生在企业内部，主要由该企业的直接成员造成。

四、简答题

1. 有形危机与无形危机的联系和区别有哪些？
2. 如何做好危机管理工作？
3. 谈谈公共关系危机的预防办法。
4. 如何做好公共关系危机监控？
5. 新闻媒体在组织处理公共关系危机过程中扮演的重要角色，如何有效利用新闻媒体对公关危机进行控制。

模块六 塑造社会组织形象

学习任务

1. 组织形象的概念、分类及构成要素；
2. 熟悉 CIS 的导入时机和关键点；
3. 掌握 CIS 战略导入的基本程序；
4. 掌握 CS 战略与 CIS 战略的差异。

案例导入

绿色麦当劳

环境污染和恶化问题正引起世界各行各业的关切和重视。全球闻名的麦当劳也积极、主动加入了有益于环境保护的行列。

从 20 世纪 70 年代起，美国速食业已有饱和之说，麦当劳却几乎无处不受欢迎。然而时过境迁，到了 1988 年，麦当劳因其每天都制造垃圾——废弃的包装物，又逐渐成为环保人士攻击的对象。

麦当劳采用的是"保丽龙"贝壳式包装。这种包装既轻又保温，且携带方便，是速食业理想的选择。但这种包装难以处理，加之外带食用的比例过高，废弃包装物对环境产生了威胁。富有环保意识的人们，尤其是年轻一代纷纷向麦当劳寄抗议信。麦当劳意识到这些抗议将威胁企业的生存，然而包装可以说是速食业的灵魂，其重要程度并不亚于食品的本身。

许多企业面对环保问题，应付的办法不外乎推、拖、拉，但麦当劳不仅有具体行动，而且公开实施。起初，麦当劳以为主动回收废弃的贝壳包装，就能平息消费者的不满。1988年，麦当劳在 10 个店铺做过小试验，证实将贝壳包装回收再制成塑料粒子他用，技术上是可行的。但将此设计扩大到 1000 个店铺时却出了问题，主要是外带量是店内量的 6～7 倍，这么大量的废弃物已非麦当劳所能控制。另外，店内废弃包装物虽然可以回收，但清理工作十分麻烦。回收不是灵丹妙药，而且美国有些城市已全面禁止使用贝壳包装。在很难满足不同环保目标要求的情况下，麦当劳不得不寻求外援。1990 年 8 月，麦当劳和"环境防卫基金会"（EDF）签署了协议。EDF 确信减少包装才是治本之道，自此，麦当劳宣布取消贝壳包装，取而代之的是夹层纸包装。随后，麦当劳进行了一项研究，发现贝壳包装从制造到废弃的全过程，耗费的天然资源比夹层包装纸大。夹层包装纸虽然无法回收再制，但不像贝壳那样蓬松，储运与丢弃所占的空间只是贝壳的十分之一。研究得出的结论是：减废比回收更重要。

取消贝壳包装只是整个环保努力中的一个小进步，主要的成就还是在实现环保目标上。为了实现环保计划，按减废、重复使用、回收再制的顺序进行。在减废上从3个方面着手：①减少包装；②减少使用有损环境的材料；③使用较易处置，能物化成肥料的材料。

思考：
1. 有人说"企业形象是现代企业的巨大财富"，结合本案例谈谈你对此的理解。
2. 如何提高我国企业绿色公关的意识？

任务一 树立组织形象意识

一、组织形象的概念、分类及构成要素

（一）组织形象的含义

组织形象又称公众形象或公关形象，指一定的组织或个人在社会公众心目中相对稳定的地位和整体印象，具体表现为社会公众对组织机构或个人的全部看法、评价和整套要求及标准。

组织形象的含义包含了组织形象必须具备的3个条件。

（1）组织形象必须是相对稳定的形象。

（2）组织形象是整体性的。

（3）组织形象表现为公众舆论，但并不等于公众舆论。

组织形象的具体状况（好坏程度）是组织自身的行为和政策造成的。其运行模式可描述为：组织采取一定的政策和行为对公众产生一定的影响，公众在接受和了解这些影响后便用他们自己的标准、要求和价值观评判组织的政策和行为，并通过评判产生一定的观点、意见和看法，这就导致了公众舆论产生。一旦这种舆论稳定化、系统化、定型化，就形成相应的组织形象（好的或坏的）。而这种形象的好坏反过来又会影响组织的政策和行为，组织形象的形成就是这样循环往复不断变化的。

由此可见，组织形象的好坏首先源于组织自身的行为和政策，即对待公众的态度。组织形象下降，说明组织与公众的关系失调，公众对组织不满意。这就要求组织对自身的态度、行为、政策进行合理调查和自我反省。所以，公共关系有句行话"公众永远是正确的"，从组织形象的变化规律不难看出这一点。组织形象实际上是组织和公众互惠互利的结果，是双方利益结合与和谐程度的指示器。为防止组织形象下降，避免公共关系失调，必须对公众评价和舆论进行监测、了解。

（二）组织形象的分类

组织形象是多层次、多维度的，因此可以从不同的角度对组织形象进行分类。

1. 按照组织形象形成的过程可分为组织内部形象和组织外部形象

组织内部形象指组织内部员工对组织的看法和评价。组织通过自己的经营活动使所属员

工对组织产生认同感、归属感、自豪感和荣誉感，愿意成为其中的一员并为之贡献自己的力量，这就是组织追求的内部形象。

组织外部形象指组织的外部公众对组织的看法和评价。组织通过自己卓越的经营管理活动，为公众及整个社会做出贡献，给外部公众留下可以长期信赖的印象，并为全社会所肯定，这就是组织追求的外部形象。

一般来说，组织的内部形象是外部形象的基础。如果组织内部公众对本组织都没有很好的认同和评价，那么外部公众也不会形成对组织的良好印象。因此，组织首先要处理好同内部公众的关系，增强组织的凝聚力和向心力，树立良好的内部形象，这是建立组织良好形象的基础。

2. 按照组织形象的现实性可分为实际形象和自我期望形象

组织的实际形象是公众对组织的真实看法和评价，是组织形象的客观状态，组织的实际形象是组织制订公共关系目标的基本依据。组织的历史、领导者素质、员工素质、组织制度、组织文化、管理水平、经济实力、经营状况等均是影响组织实际形象的要素。

组织的自我期望形象是组织自己的预期形象，它是组织发展的内在动力，能促使组织开展各种有效的公共关系活动。一般来说，理想往往高于现实，应当将组织的自我期望形象作为组织发展的动力，从组织的实际形象出发，谋求组织自我期望形象和组织实际形象的统一。

3. 按照组织形象的内容可分为整体形象和特殊形象

组织整体形象指公众对组织的全部看法和综合评价。组织特殊形象指与组织有特殊利益关系和对组织有特殊要求的公众对组织的看法和评价。

组织在塑造自身形象时，一方面要注意塑造自身的整体形象，即应该找出各类公众对组织要求的共同点，并根据这些共同点，制订组织公共关系的一般目标，设计组织的整体形象。为此，须将不同公众对本组织机构的相同或相近的要求总结出来。比如，提高产品质量、保证产品安全、公平竞争、环境保护等是各类公众对生产企业的共同要求。

另一方面，一个组织的形象实际上不可能适应所有公众的要求，这就要求组织根据自身的特征及目标公众来塑造自身的特殊形象，即应该选择与本组织的信念和发展利益相同、相近或利益关系特别重要的公众对象，作为公众关系的主要对象来塑造组织的特殊形象。

组织的整体形象和特殊形象是密切联系的，组织必须善于处理特殊公众和其他公众的关系，使特殊形象与整体形象达到和谐统一，以保证组织形成良好的生存和发展环境。

4. 按照组织形象的真实程度可分为真实形象和虚假形象

真实形象指组织留给公众的符合组织实际情况的形象；虚假形象指组织留给公众的不符合组织实际情况的形象。虚假形象形成的原因是多方面的，既有传播过程中的失真，也有公众评价的主观性、片面性等原因。但是需要注意的是，真实的形象不一定就是好形象，虚假的形象也未必等于坏形象。比如，企业生产的不合格产品被曝光，企业就在公众中形成了一个不好的真实形象；一个经营假冒伪劣产品的企业在被曝光之前的公众认可形象往往是虚假的形象。对组织来说，应追求真实的、良好的形象，避免虚假的、不好的形象。

5. 按照组织形象的可见性可分为有形形象和无形形象

有形形象指可以通过公众的感觉器官直接感知的组织形象，包括产品形象（如产品质量、性能、外观、包装)、办公场所环境、员工的精神面貌等,它是通过组织的经营行为、经营成果、社会贡献等形象因素体现出来的。

无形形象指通过公众的抽象思维和逻辑思维形成的观念形象,这些形象虽然看不见,但可能更接近组织形象的本质,是组织形象的最高层次。对组织而言,无形形象包括企业的经营宗旨、经营方针、经营哲学、价值观念、企业文化等。对很多企业来说,无形形象往往比有形形象更有价值。比如,对可口可乐、麦当劳、奔驰等企业而言,其企业信誉等无形资产比机械设备、厂房等有形资产更具价值。

(三) 组织形象的构成要素

组织形象是一个完整的系统,它由各个形象的子系统有机构成。任何一个形象的子系统出现问题都会对整个组织形象构成影响。就组织形象的共性而言,组织形象的构成大致包括以下7个方面。

1. 组织的产品形象

即公众对组织的产品形成的认知和评价。包括质量、性能、款式、包装、品牌商标等。

2. 组织的管理形象

即公众对组织的管理行为形成的认知和评价。包括组织的管理体制、方针政策、规章制度、办事程序、工作效率、服务态度、人事政策、财政资信、信誉、技术实力、营销能力、参与社区活动的影响等,它们综合反映一个组织的管理形象。

3. 组织人员形象

即组织"主体代表形象"。包括领导者的形象、公关人员形象、组织内部典型人物形象等。

4. 组织的环境形象

即公众对组织的内外环境所形成的认知和评价。包括组织的门面、招牌、厂容店貌、展览室、会客室、办公室、生产场地以及橱窗、指示牌的陈设、装修等,属于组织形象的"硬件"之一,是构成现代办公文明、生产文明、工程文明,商业文明的一部分。

5. 组织的文化形象

即公众对组织的特定文化形成的认知和评价,是通过组织文化系列要素展现出来的形象,是构成组织形象的"软件"部分。包括组织的价值观念和管理理念、组织的历史与传统、组织的榜样人物和标志性事件、组织的职业意识与职业道德、组织的礼仪与行为规范,以及组织的口号、厂训、厂歌、厂旗、厂服、各种宣传品等,它们均鲜明地体现一个组织的形象内涵。

6. 组织的社区形象

即公众对组织的社区活动形成的认知和评价。组织需要对社区的经济发展、劳动就业、文化教育、社区福利、慈善事业、环境保护等承担必要的社会责任和义务,树立"合格公民"的社区形象。

7. 组织的标识形象

即公众对组织的标识形成的认知和评价。包括组织的名称、产品的品牌、商标或徽记、广告代言人、宣传的主题词和典型音乐、标准字体和标准色彩、包装的风格、宣传的格调等。这些视觉形象或听觉形象的基本要素是组织形象识别系统(Corporate Identity System,CIS)的基本构件。

【小贴士 6-1】

可口可乐的百年之道

1993 年,《金融世界》公布了部分世界级商标的含金量,"可口可乐"价值 344 亿美元。可口可乐所产生的价值、功能和魅力已经为企业赚得了巨额的无形资产。

"可口可乐"已有百年历史,在 20 世纪 20、30 年代,可口可乐公司每年花费巨额资金把可口可乐宣传为一种年轻向上的产品,喝者都将拥有快乐、充满活力、风度优雅的形象。在 20 世纪 60、70 年代,公司又决定把企业塑造成年轻歌手般的新形象,饮用可口可乐者将获得自信、更加受欢迎、变得年轻。可口可乐公司还聘请美国 Lippincott & Marmlies 公司为其革新世界各地的"可口可乐"标志。L&M 公司经调查确立了 4 个设计要素:①可口可乐品牌名;②可口可乐书写字体;③红色标准色;④独特的瓶形轮廓。

革新的可口可乐标志采用红白相间的波纹,表现出流动感和韵律感,此标志获得了世界各地消费者的一致认同,可口可乐也因此享有"美国国民共有的财产"之称。

下面是可口可乐成立至今的经营战略。

1896—1929 年:市场确定,定位尝试

1930—1945 年:国际化经营尝试(销售渠道)

1946—1970 年:跨国生产、经营,东道国核心

1971—1998 年:多角化经营,项目融资

1999 年至今:占领全球市场定位

此外,可口可乐享誉百年与它的经营哲学是分不开的。可口可乐的经营哲学集中体现为 3 点:①忽略文化差异;②将产品和生活相联系;③始终坚持美好生活不能离开"可口可乐"的企业使命。

这就是可口可乐的百年之道。

二、组织形象分析

组织形象的分析方法主要有以下 3 种。

(一)象限图法

即在对公众调查的基础上,综合分析公众的评价和意见,根据知名度和美誉度两项指标在现实中的不同构成,将组织的实际形象分为 4 种状态,运用组织形象的评估坐标图来分析组织的实际形象。

知名度主要衡量公众舆论评价"量"的大小,美誉度主要衡量舆论评价"质"的好坏。

良好的组织形象应该是知名度与美誉度的有机统一,缺一不可并高度统一。知名度需要以美誉度为客观基础,才能产生正面积极的社会效果;美誉度需要以一定的知名度为前提,才能充分显示出其社会价值。

组织形象评估坐标图是由两个维度构成的一个坐标系,以知名度为横坐标,以美誉度为纵坐标。根据组织形象的不同坐标位置,把坐标平面分为四个象限,分别表示组织形象的不同状态(见图 6-1)。组织形象位于不同的象限内,意味着组织处于不同的公众关系状态中,面临不同的公共关系任务。

象限 I 表示高知名度,高美誉度。处于该区域的组织,知名度和美誉度均较高,组织的

实际形象处于较好的状态。

象限Ⅱ表示低知名度，高美誉度。处于该区域的组织大多是一些封闭保守型的组织，宣传力度不够，知名度较低，但这类组织有良好的基础，公共关系工作难度不大。这类组织公共关系活动的重点应放在维持美誉度、提高知名度上。

象限Ⅲ表示低知名度，低美誉度。处于该区域的组织往往基础比较薄弱，公共关系形象较差。这类组织的公共关系工作需从零开始，首先完善自身，在传播方面暂时保持低姿态，当组织享有较好的美誉度时，再加大知名度的宣传力度。

象限Ⅳ表示高知名度，低美誉度。处于该区域的组织多为一些产品或服务质量差，管理水平低的组织。由于名声不佳，这类组织的公共关系工作难度较大。这类组织的公共关系工作首先应从扭转已经形成的不良形象开始，努力降低不良形象的传播度和知名度，同时从内部着手，积极提高组织的美誉度，然后再展开宣传工作，塑造组织的良好形象。

（二）语意级差法

即根据公众对组织看法的差异程度来了解组织在公众心目中的形象。

（1）制作调查表（见表6-1）。即将代表组织形象的要素，如顾客满意度、公众对组织的知晓度等作为调查项目，分别用正反相对的形容词表示好和坏两个极端，并在这两个极端之间设置若干程度有差别的中间档次，以便公众根据自己的看法进行选择。

（2）进行公众意见调查。请公众根据自己的看法，在能代表自己意见的档次上打钩。

（3）回收并统计调查表。回收所有的调查表，并计算每一个调查项目中公众各种不同程度的评价所占的百分比。

（4）分析调查结果。通过分析可以得出公众对组织形象不同态度的分布情况，从而可了解组织形象在公众心目中的实际情况。

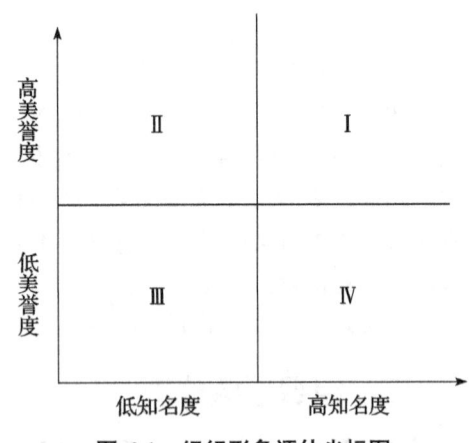

图 6-1　组织形象评估坐标图

表 6-1　组织形象要素调查表

正评价	非常	相当	一般	相当	非常	负评价
产品质量好						产品质量差
促销活动好						促销活动差
导购标志清晰						导购标志不清晰
服务态度好						服务态度差
售后服务好						售后态度差

（三）组织形象差距分析法

即将组织的实际形象与组织的自我期望形象做比较分析，找出两者之间的现实差距。

其具体做法是：采用语意级差法，将代表组织形象的要素，如知名度、美誉度等具体项目制成调查表，分别在组织和公众两个群体中进行调查，然后回收并统计调查表，分析组织与公众之间的现实差距。

将调查表上表示不同程度的档次数字化，转化成为数值标尺。如设定第一档次"非常"为"7"，第二档次"相当"为"6"，第三档次"稍微"为"5"等，以此类推。根据调查统计结果，计算公众对每一个调查项目评价的平均值。

用同样的方法对组织内部进行调查，也可得到一个调查结果，将这两个调查结果的数字用曲线形象地表示出来（见图6-2），图中实线部分是该组织的实际形象，虚线部分是该组织的自我期望形象，两条曲线之间的差距就是组织的形象差距。

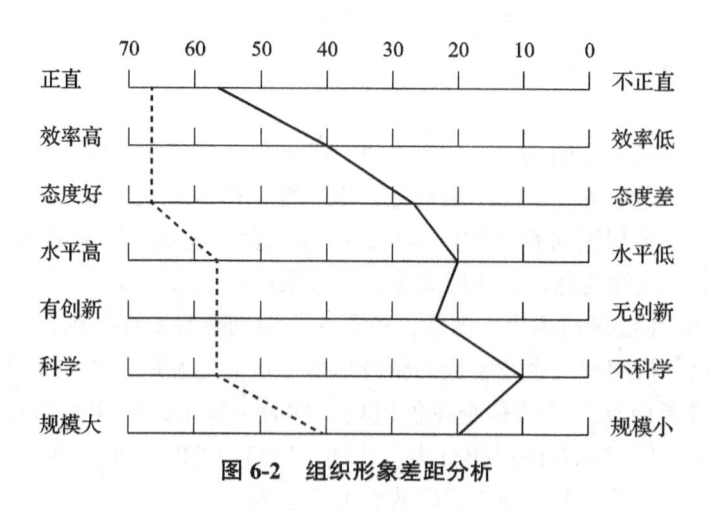

图 6-2　组织形象差距分析

任务二　实施 CIS 战略

一、CIS 概述

（一）CIS 的概念及构成

CIS（Corporate Identity System，CIS 或 CI）包括企业理念识别（MI）、行为识别（BI）和视觉识别（VI）三个子系统。CIS 起源于 19 世纪的欧洲，是市场经济的产物。CIS 把企业文化、经营理念、管理行为融入现代商业策划设计和企业管理活动中，使之系统化、规范化、标准化。对内规范企业行为，强化员工的凝聚力和向心力，形成自我认同，提高工作热情，降低经营成本；对外传播企业理念和树立品牌形象，使社会公众对企业确立牢固的认知与信赖，避免认同危机，提高沟通的效率和效果，以之取得更大经济效益与社会效益。

1. 理念识别系统（Mind Identity System，MIS 或 MI）

是现代企业管理学用语，主要指企业价值观、企业文化、社会责任和发展愿景等。MI 确立企业独具特色的经营理念，属于企业文化的意识形态范畴。

2. 行为识别系统（Behavior Identity System，BIS 或 BI）

是以企业实际经营理念与创造企业文化为准则，对企业运作方式做统一规划而形成的动态识别形态。它是以经营理念为基本出发点，建立完善的组织体系、行为规范、职员教育和品牌传播方式，再通过企业公益性文化活动、公共关系、营销活动等方式传达企业理念，以获得社会公众对企业识别认同的形式。

3. 视觉识别系统（Visual Identity System，VIS 或 VI）

是以企业标志、标准字体、标准色彩、象征图形为核心展开，静态的、完整的视觉传达体系，VI 将企业理念、文化特质、服务内容、企业规范等抽象语意转换为具体符号的概念，塑造独特的企业视觉形象。VI 分为基本要素系统和应用要素系统两方面。VI 在 CIS 系统中最具有传播力和感染力，最容易被社会大众接受。

（二）CIS 的功能

1. 识别功能

识别功能是 CIS 最基本的功能。CIS 识别的优势在于将整个企业作为营销对象，将企业的理念、文化、产品等形成统一的形象概念，借助视觉符号表现出来，全方位传播，可以让社会公众从多视角、多层面对企业加以鉴别，决定取舍，公众不管从哪个角度，哪个方面，都能感受相同的、一致的信息，最终形成统一的形象评价结果。

CIS 的识别功能主要通过语言、图像，色彩 3 个识别要素发挥作用。

（1）语言识别。指用象征企业特征的精神口号，产品与品牌广告语等达到识别目的。其中，最具魅力、最具鼓动意义的是企业价值观，称为关键语，即用言简意赅的语句表达企业形象、经营理念，代表企业的思想行为。比如：IBM"IBM 就是服务"、润华"诚心润中华"、海尔"真诚到永远"，太阳神"我们的爱天长地久"。

（2）图像识别。指用象征本企业的图形，如标志、辅助图案、吉祥物等图案，形象地达到识别的目的。这是建立企业知名度和塑造独特企业形象最有效的方法，也是企业导入 CIS 普遍重视企业标志等的原因所在。比如，麦当劳大写的"M"标志、太阳神用人字托起太阳的标志，都产生了巨大的视觉冲击力，具有良好的识别功能。

（3）色彩识别。指企业用象征自己特征的色彩（企业标准色）达成识别。它利用了人们对色彩普遍具有的审美心理，并能引起愉悦、联想、美好的印象效果，设计出符合企业理念个性特征的标准色，起到强烈的区别性识别作用。如海尔蓝、太阳神红黑反差标准色等。

2. 管理功能

CIS 不仅在对外传达企业形象方面发挥强烈的识别功能，在规范企业内部管理方面也发挥着有力作用。

企业制订的《CIS 手册》就是从思想、行为到传播，进行全方位标准化管理的企业内部规则。其中，理念系统更像企业的"宪法"，不可随意更改。所以我们说，CIS 手册的主要功能之一，是规范企业内部的管理系统，使之统一化、标准化，规范化，系统化。因此，导入 CIS 是推动企业实现管理创新的有效途径。

CIS 的管理功能，还体现在给管理者确定了一个明确的企业形象塑造目标，提供了一套处理纷繁杂务的既定原则，使管理人员能迅速准确地做出正确的决定。但是，CIS 的管理功能不是独立存在的，它要与企业原本的质量管理、成本管理、财务管理等结合，相辅相成，才能有效发挥作用。

【小贴士 6-2】

麦当劳的行为规范

麦当劳依靠餐厅经理和员工把麦当劳的 O（品质）、S（服务）、C（清洁）、V（价值）传递给客户。因此对餐厅经理和员工的训练是必不可少的，所有的经理都从员工做起，必须高标准掌握所有基本岗位操作并通过《岗位检查手册》（SOC）。麦当劳系统专门为餐厅经理设计了一套《管理发展手册》（MDP），《管理发展手册》分 4 册，采用单元式结构，循序渐进。《管理发展手册》中既介绍各种麦当劳管理方法，也布置大量的作业指导学员阅读《运营训练手册》和实践。与《管理发展手册》配合的还有一套经理训练课程，包括基本运营课程、基本管理课程、中级运营课程、机器课程、高级运营课程。餐厅第一副经理在完成《管理发展手册》第三册后，将有机会被送到美国麦当劳总部的汉堡包大学学习高级运营课程。上一级的经理要对下一级的经理和员工进行一对一的训练。通过这样系统的训练，麦当劳的经营理念、行为规范就深深地渗透到麦当劳员工的行为之中。

3. 传播功能

导入 CIS 塑造企业形象的过程，主要是通过传播予以实现。正是因为 CIS 设计系统有准确、有效、经济、便捷传播的功用，才能达到树立组织优良形象的目的。

4. 协调功能

企业导入 CIS 有助于增大信息传播的可信性，真实性和统一性，使企业的公共关系活动顺利发展，达成企业与社会各方面的协调与平衡。

企业的公共关系包括员工关系、顾客关系、金融界关系、政府关系、新闻界关系、社区关系等，也包括合作关系和竞争关系。各种关系形成原因不同，但 CIS 均能发挥独特作用。CIS 的贯彻能进一步改善与发展企业与政府、社区、新闻界等的关系，创造企业与社会协调一致的外部经济环境。

5. 竞争功能

在竞争激烈的市场中提高企业的竞争能力，是 CIS 的核心功能。

以上 5 大功能在一定程度上都是为提高企业的竞争功能服务的。

（三）CIS 的基本特征

1. 战略性

CIS 是对企业理念、行为方式和视觉表现进行统一识别策划设计、统一传播，进而增强企业竞争力的现代经营战略，因而战略性是 CIS 的生命和灵魂。换言之，应该将导入 CIS 作为企业一项长远的战略来实施。

2. 系统性

CIS 系统涵盖了企业的各个方面，是一项系统工程。

CIS 是软件系统（MI、BI）和硬件系统（VI）的集合，是基本系统和应用系统的集合。所以 CIS 工程各个部分必须在企业统一的理念指导下，进行统一的规范。标准化地表现企业整齐划一的形象识别，是 CIS 工程的关键所在。CIS 的成功开发和实施，是与企业的内在结构、运行机制和精神文化紧密相关的。因此，由 CIS 识别系统工程策划形成的优秀企业形象，是企业哲学、文化、管理、经营、美学理念综合构成的体系。

3. 差异性

差异性又叫个性，是 CIS 的最本质特征。企业导入 CIS 的根本目的，是全方位塑造个性鲜明的企业形象，因此 CIS 归根结底是一种差异化战略。

4. 竞争性

CIS 战略的竞争性指成功地导入 CIS 可提高企业的形象力，在竞争日趋激烈的市场经济环境中立于不败之地。

二、CIS 的导入时机

企业导入 CIS 因内部自觉需求与外部市场压力等因素各异，实施的方式与时机也不尽相同。一般而言，最佳导入的时机有以下几个。

（1）新公司设立，合并成企业集团；
（2）创业周年纪念；
（3）扩大企业业务内容，迈向多角化经营；
（4）进军海外市场，迈向国际化经营；
（5）新产品的开发与上市；
（6）改善经营危机，活络事业停滞；
（7）消除负面印象，统一企业实态与企业形象的关系；
（8）企业改组或经营高峰更换，创新作风；
（9）提升品牌与企业的共同性或品牌升格为企业标志；
（10）企业情报组织不一，管理系统欠缺；
（11）经营理念的重整与再出发；
（12）竞争产品性格模糊，品牌差异性不明确。

三、CIS 导入的关键

导入 CIS 成败的关键在于以下 5 点。

1. 企业最高领导人要对导入 CIS 有坚定的意志

导入 CIS 是关系到企业前途与命运的大事，应由企业最高领导层决定和推动。必须先在企业内部各管理层达成共识，并使各层管理者掌握 CIS 的基本知识，坚定信念积极配合，这样才能借助 CIS 从根本上解决企业存在的问题，发挥 CIS 真正的功效。

2. 必须成立热心又有能力的 CIS 执行委员会

CIS 是全企业的运动，需要全体员工的支持和共同努力。CIS 委员会的责任就是协助领导层调动全体员工对 CIS 热情支持，形成有利气氛。CIS 委员会成员必须具备优秀的办事能力和计划推进能力。

3. 员工的认同感是导入 CIS 成功的重要因素

导入 CIS 常要借助外界力量，但主体仍是企业本身。在导入之初，应由企业领导层做 CIS 宣言，表现决心，以激发全体员工的士气，并使员工认识导入 CIS 的必要性以及与自己切身利益的联系等。从主观上调动士气、形成共识，使员工积极参与 CIS 导入，上下齐心协力，真正做到活化企业内部，调动员工积极性，提升现有企业形象，展现 CIS 特有的魅力。

4. 对 CIS 有正确的认识

（1）CIS 是在运动中发展，并呈螺旋式上升的。CIS 导入一般从理念识别（MI）开始，通过行为识别（BI）和视觉识别（VI）有效地在企业内部、外部进行推广，具体导入时应结合企业现状，及时补上所缺环节。CIS 导入顺序也不一定完全遵从 MI—BI—VI 模式，可根据具体情况从任何环节入手或互为补充；也可以再度整合、循环往复。

（2）CIS 不仅指 VI。VI 只是 CIS 的一部分，企业形象的建立还离不开 MI 和 BI。如果企业为节省开支急功近利，在无 MI、BI 时，只做 VI 部分，则不能从根本上解决企业的实际问题。因为，没有企业理念，难以从根本上落实企业的"本"。应正确认识 MI 和 BI 的重要作用，合理应用 VI，才能事半功倍从根本上树立企业形象。

5. 企业内部和专业 CIS 公司的关系

企业在选择 CIS 公司时，应以设计水准为主要条件，而不应以费用高低为原则。导入 CIS 的企业才是主角，CIS 公司担当的只是助产士的角色，两者须积极配合推动，并进行有效沟通，以利于正确进行企业实态分析。此外，两者应密切合作、携手共进。

四、CIS 导入的基本程序

（一）策划准备

1. CIS 策划的准备

以企业经营者为中心的筹划委员会，先研究 CIS 计划，慎重讨论企业必须实施 CIS 的理由，了解实施 CIS 的意义和目的。再决定 CIS 计划的大概范围：是只改良企业标志、象征造型，还是要彻底、重新检讨整个企业理念？

CIS 筹划委员会的成员，一般都是从企业各部门的中级主管中选出，以 5~10 人为最适合。同时，企业还可以请专家来企业讲课，或派人到已经实施 CIS 的企业听取经验和建议。一旦决定要导入 CIS，就要组织 CIS 委员会，设计操作时间表，并同时决定选择哪一家专业 CIS 公司。

2. 企业现状分析

企业现状分析包括企业内部环境分析和外部环境分析。

进行企业内部环境分析，必须先进行意识调查，即企业最高负责人必须与各部门主管会谈，甚至和员工面谈，再进行企业形象调查、视觉审查等活动，找出公司当前的问题，使 CIS 计划的主题明确化。

企业外部环境的分析指对社会现实的分析，如当前市场状况的分析、其他企业形象的分析等，以确实掌握本企业在行业中的地位，并探索、检讨企业今后发展的方向。

3. 理念和领域的确定

根据对企业现状的把握，可进而重新审视企业的理念和事业领域。

以企业的经营意志和社会市场背景等为基础，预测 10 年后，甚至 20 年后的情况，以确定企业的事业领域。同时，将现有的企业理念对照现在和未来的规划，规划企业的活动范围。

4. 企业结构的调整

根据企业理念、事业领域来审视企业内部的结构之后，就必须展开改善企业素质的工作，在外部 CIS 专业公司或咨询人员的协助下，设定企业内的组织和体制以及信息传递系统。

5. 表现整合

"表现"包括行动表现和视觉表现两方面。行动表现指通过企业结构的调整过程，必然会表现出来的新企业活动。关于员工行动方面，可积极推行内部促进运动，展开企业理念浸透计划，使企业整体的行动统一化。企业在视觉上的表现，也必须加以统一。根据统计，在人的生理性情报的摄取机能中，视觉情报约占 80%，必须特别重视。

设计表现的综合是传递企业形象的利器，和信息传递的效率化、媒体制作的效率化也有密切关系。

以上 5 个阶段只是 CIS 计划的基本程序。CIS 计划中各阶段和程序的配合，依企业情况而异，企业一定要考虑自身的需要和状况才能发挥 CIS 的效果。

(二) 调查与分析

建立 CIS 的过程，是一连串相当缜密的作业。在这一过程中，必须确立 CIS 的施行步骤，以作为具体实施的依据。调查与分析，就是 CIS 导入作业的第一步。

1. 企业实态调查

调查的第一步，是展开企业实态调查，可从企业内部与外部两方面着手。

企业内部的调查工作，包括企业经营理念、运营方针、产品开发策略、组织结构、员工、现有企业形象等，这些方面都需要逐一检讨、研判、分析，整理出企业经营的理想定位，再由外部方面进行调查。

企业内部调查的重点之一，是和高阶层主管人员的沟通，沟通应以相互信赖和共同发掘问题为基础，对企业各方面正负面问题深入检讨，将开发设计导入正确的方向。

内部员工的认知，也是调查的工作重点之一。因为员工的忠诚度、归属感、向心力等足以决定企业经营的成败。员工对内部工作环境、待遇福利、工作流程、管理体制等问题的反应与看法，也是开发新 CIS 最佳的参考资料。

对外方面，有关消费市场与特定对象的分析研究，尤其是竞争对手情报的收集与分析，是调查工作的重点。

首先，必须找出消费者对企业现有的产品与服务具有何种印象；其次，依照市场需求与未来走向设定相应的战略，并兼顾竞争企业的经营战略和形象定位，分析判断其相关经营问题点，采取相应的措施，创造有利的经营环境。

调查工作是否完善、准确，是决定 CIS 成败的关键。因此，想要引入 CIS 的企业，应先组织优良的调查系统，再根据调查结果进行设计开发，确立施行方针。

2. 企业形象调查

塑造良好的企业形象，是 CIS 作业的主要任务之一。但在展开作业前，必须了解对本企业而言，什么样的企业形象才是良好的，形成信赖感和好感的具体因素又是什么。另外，对目前市场的活动情况及特色，也应仔细研究、分析，进行广泛的调查工作。完备而客观的事前调查，将有助于了解未来 CIS 作业的方向，不但能提高工作效率，也是 CIS 成效的有力保证。

企业形象的调查，可以运用"关键语"法：让取样的消费者见表 6-2 的 24 个形象项目，选择适合该企业的关键语。

表 6-2　企业形象项目表

（1）技术优良	（13）对新产品的开发很积极
（2）新鲜感	（14）善于宣传、广告、促销
（3）未来性	（15）具有健康的形象
（4）积极性	（16）研究开发能力很强
（5）企业规模大	（17）国际竞争力很强
（6）传统性	（18）对顾客的服务很重视且周到
（7）信赖感	（19）认真考虑消费者问题
（8）稳定性高	（20）销售网相当完善
（9）合乎时代潮流	（21）希望子女在此公司任职
（10）公司风气良好	（22）要购买此公司的股票
（11）具有现代感	（23）对社会有贡献并尽社会责任
（12）经营者很优秀	（24）对防治公害工作很热心

根据这些关键语，可以将构成企业形象的因素归纳为下列 7 种。

（1）市场形象。认真考虑消费者问题，对顾客的服务重视且周到，善于宣传、广告、促销，销售网相当完善，国际竞争力很强。

（2）外观形象。信赖感，稳定性高，传统性，企业规模大。

（3）技术形象。研究开发能力很强，技术优良，对新产品的开发很积极。

（4）未来性形象。合乎时代潮流，新鲜感，积极性，未来性。

（5）经营者形象。经营者很优秀。

（6）公司风气形象，具有体康的形象，具有现代感，公司风气良好。

（7）综合形象。一流的企业，国际竞争力很强，对社会有贡献并尽社会责任，对防治公害工作很热心，希望子女在此公司任职，要购买此公司的股票。

3. 用归纳法定位

对市场活动做初步的企业机会的评价是活用企业形象调查的最普遍情况。

首先，企业应先确认本身在社会分工的体制中扮演的角色；然后，将角色内容广泛地让一般民众了解，通过企业的信息传递活动，大众才获得"某某企业是属于某一种行业的企业"的形象，之后就自然地会以此种企业形象来设定自己的行动。

到目前为止所整理出来的调查报告，可以归纳成两种报告。一是资料明细的报告，这是调查小组做的第一次报告，说明各个调查的明细资料，当然也包括小组间的比较资料。二是以明确报告为基准的调查概略报告，主要内容是概要列出调查种类、提出简单结论。

【小贴士 6-3】

索尼的名称设计

日本的 SONY（索尼）公司原名东京通信工程公司，这个名字的英文译名太啰唆，简称 ttk（东通工）人们又不知怎么念，公司不得不改名。为什么选择 SONY 呢？公司创始人解释：新名字的好处是没有含义，用任何语言念出来都很响亮，而且好记，并且它是用字母写成，很多国家的人都觉得它是本国语言。这样，认识这家公司和其产品的人越来越多。改名也是 SONY 发展为大型跨国公司的原因之一。

(三)企划方案

企业参考调查的结果来重新评估企业理念,构筑新的企业经营战略,也就是形成 CIS 计划的方针,并作为未来的管理作业方向,这一连串的构思,统称为总概念。CIS 范围的扩大、成就、效果好坏,完全取决于 CIS 总概念的整理和企划方案。

1. 总概念整理

总概念报告,就是有关 CIS 的初级企划书,主要是根据企业的具体情况,提出适合企业的理念,也可说是对企业最高主管的建议书,因此,必须具有解决问题、改善体质、引导方向的功能。

总概念必须能针对调查结果,表现出正确的判断,进而提供有关 CIS 的活动指向和改良建议,深入浅出地指出未来企业应该具有的形象,并明示往后一连串的 CIS 作业和管理办法。

总概念的内容大致如下。

(1)调查结果的要点。扼要地整理出调查的结果,对其中的重点加以解说。

(2)企业的 CIS 概念。包括企业未来的作风、理念、形象、活动领域、方针、重要概念等。总之,必须把企业未来的概念做完整而扼要的叙述。

(3)具体可行的策略。为了具体地表达上述概念,应列出实际可行的做法。

(4)CIS 的设计开发要领。具体详细地描述 CIS 设计开发计划,能立刻展开作业。

(5)和 CIS 有关的补充计划。为了顺利达成 CIS 的目标,除了必须设计开发计划外,还得配合企业对内、对外的信息传递计划,以及各种相关计划。

总概念的整理,可交由企业内部的专业人员完成,或是聘请外部专家,但无论执行者是谁,真正的重点在于内容。

2. 制订企划方案

总概念报告完成后,就必须根据这份报告规划 CIS 蓝图,也就是企划方案。

CIS 企划方案由 3 大部分构成。

(1)企业实态的检讨和分析,也就是事前调查报告。

(2)根据调查结果,展开企划,CIS 的设计开发也属于这部分。

(3)实施管理部分。

企业经营者在推行 CIS 时,应按照上述的 3 大部分,循序渐进,确实执行,才能真正发挥 CIS 的效果。

在提出 CIS 企划方案的构想之前,企业应先自问一个问题:引进 CIS 的真正目的是什么?是不是认为企业本身存在着某些问题,必须加以改善。换个角度讲,是不是企业已经看出 CIS 能解决自身面临或即将面临的问题。

因此,企划方案的内容应该清楚地标示问题和问题解决办法两大重点,并且对具体的实行步骤、方法和预期成果加以说明。一个完整的"引进 CIS 企划方案",必须包括下列项目:标题,提案的目的,引进 CIS 的理由和背景,引进计划,CIS 的计划方针,具体的施行细则,CIS 计划的推动、组织、协办者,实施 CIS 计划所需的费用与时间。

在上述各项目中有两大重点:提案的目的和引进 CIS 的理由与背景。尤其是引进 CIS 的理由,一定要说明清楚,因为它可能决定了企业 CIS 系统的运作方向。

3. 执行工作大纲

在事前调查完成之后,CIS 规划的方向就会浮现出来。此时要根据调查结果,拟出具体提案内容；在提案内容确定之后，即可研拟 CIS 引进的执行工作大纲。

一般而言，执行工作大纲包括以下内容。

（1）主题明确化。

（2）拟订具体实施活动方式。

（3）编列导入时间预定表。

（4）拟订作业组织功能。

（5）编列经费。

（四）设计开发

1. 基本要素开发

在 CIS 开发计划上，首先必须从企业的第一识别要素——基本要素的开发着手。基本要素的重点如下。

（1）企业标志。

（2）企业名称标准字。

（3）品牌标准字。

（4）企业的标准色。

（5）企业标语。

（6）专用字体。

2. 设计与开发

CIS 的设计与开发，包括下列 3 点。

（1）设计开发的委托方式。

包括总体委托方式、指名委托方式、指名设计竞赛方式、公开设计方式。

（2）设计开发的工作分配方式。

包括基本设计要素及基本设计系统，应用设计要素及应用设计系统。

（3）CIS 设计开发的程序。

①制作设计开发委托书。

②说明设计开发要领，依调查结果订立新方针。

③探讨企业标志要素概念与草图。

④企业标志设计方案的展现。

⑤选择设计方案及测试设计方案。

⑥企业标志设计要素的精致化。

⑦展现基本要素和系统提案。

⑧编辑基本设计要素和系统提案手册。

⑨企业标准应用项目的设计开发。

⑩一般应用项目的设计开发、测试与打样、开始新设计的应用、编辑设计应用手册。

（五）问题及注意事项

很多企业相信 CIS 是企业活动所不可或缺的，在实施 CIS 时却发现并没有产生预期的效果，推敲其原因，有下列几点。

1. CIS 和高级主管的管理有密切的关系

员工按部就班地推行 CIS 计划时，会发现一个事实，CIS 活动中发现企业问题越多，得罪主管的危险性也越大。这个事实,自然使推行 CIS 的阻力加大。

一般而言,高级主管不会当面拒绝员工的建议。一个聪明的主管,在了解 CIS 的重要性后,一定不会责怪提案者的建议或批评。因为,企业的管理层是期盼企业发展和进步的,所以,他们对员工提出的有利于企业的提案,当然会欢迎。况且,CIS 施行成功后,最先受益的还是高级主管。

2. CIS 涉及多种不同性质的科学技术的结合

视觉上的设计开发、判断、选择等工作都会涉及感性。要使这类理性、感性交杂的工作顺利进行,就必须依靠先进的管理技术。

3. 企业本身往往成为推行的障碍

CIS 是企业本身形象的革新,要使自己由消极转向积极、由老化转向年轻,是不容易做到的。因为大多数企业并不知道自己的老化程度。

在 CIS 的科学技术中,"设计"会带来年轻的力量,消灭老化现象,使人有焕然一新之感。企业可以利用 CIS 设计造型的力量,潜移默化,以独特的、全新的造型来改变自身形象。

CIS 的价值在于其内含的资产价值。CIS 活动是一种从头到脚彻底改变企业体质的行为。借着新企业形象的推出,改善企业的现况,这样一个充满前景与信心的计划,任何企业都不会有拒绝的理由。

也正因为如此,CIS 更需要企业全体员工在意识形态上的革新,所以如何使员工进行自我革新,也是一项极为重要的工作。

企业若能克服这个困难,必然能收到 CIS 带来的惊人成效,企业也必将充满活力与希望。

4. 计划阶段注意事项

CIS 导入计划有它预定的实施期限,其中包括许多复杂的项目,因此,必须循序渐进,才能得到合理有效的结果。CIS 推行计划阶段应注意下列事项。

(1)不可仓促进入实施阶段。

(2)设计开发的时间必须有弹性。

(3)重视逻辑性,循序推进 CIS。

(4)变更公司名称、品牌、商标时,必须尽快办理相关手续,避免 CIS 导入延误。

(5)发现 CIS 计划不合理时,应尽快重新修订。

五、CS 战略导入

CS 战略是一位美国心理学家在 1986 年首次提出的。1991 年,美国营销学会召开了第一次 CS 战略会议,讨论如何以 CS 战略应付竞争日益激烈的市场,自此以后,CS 战略在全球发达国家流行开来。1996 年,当 CS 战略在发达国家盛行 10 年的时候,我国企业开始把目光投向 CS 战略。

(一)战略的概念及主要内容

1. CS 战略的概念

CS 战略即顾客满意战略(Customer Satisfaction Strategy),指以顾客满意为核心、以信息技术为基础发展起来的一种现代企业管理的观念和手段。要理解 CS 战略,首先必须明确顾客满意（Customer Satisfaction，CS）的概念。顾客满意指顾客接受企业有形产品或无形产品后感到需求满足的状态。顾客满意的指导思想是将顾客需求作为企业进行产品开发或服务设计的源头，在产品设计、价格设定、分销环节建立、售后服务系统设置等方面以顾客需求为导向，最大限度地使顾客感到满意。其目的是提高顾客对企业的总体满意程度，营造适合企业生存发展的内外部环境。

通常，顾客的满意状态可用顾客满意级度（Customer Satisfaction Measurement，CSM）和顾客满意指数（Customer Satisfaction Index，CSI）两个标准来衡量。CSM 是为了表示顾客满足状态的程度提出的评估衡量方法；CSI 是衡量顾客满意程度的量化指标，由该指标可以直接了解企业或企业产品在顾客心目中的满意级度。值得注意的是，在 CS 理论中，顾客已不是传统意义上的顾客，而是内部员工和外部客户的总和。将内部员工视为顾客，其实就是把企业内部的各种关系都视为买卖关系，即顾客关系。对此，需要明确以下几点。

（1）企业的股东和员工是企业的基本顾客，即企业将投资机会出售给股东，股东花钱购买投资机会；企业将就业机会出售给员工，员工付出智慧和劳动购买就业机会，由此实质上形成买卖关系。

（2）按上述逻辑，企业的生产部是采购部的顾客，销售部又是生产部的顾客。上述 3 个部门表面上是货物转移关系，也是一种交易行为，只是这种交易以工资、资金及营业额等形式来体现。

（3）企业各职能部门之间通过提供服务完成内部协作关系，提供与被提供，即构成顾客关系。

（4）在生产环节上，下一道工序是上一道工序的顾客。只有当第一道工序的半成品被第二道工序完全接受才实现第一道工序员工的劳动价值或报酬。一旦被拒绝，就不能体现其价值或实现报酬。

2. CS 战略的主要内容

（1）理念满意（Mind Satisfaction，MS）。指企业经营理念带给顾客的满足状态，它是顾客满意的思想保障。包括企业经营宗旨满意、经营管理哲学满意、经营价值观满意等。

（2）行为满意（Behavior Satisfaction，BS）。指企业全部的运行状态带给内外满意等。

（3）视听满意（Visual Satisfaction，VS）。指企业可视性，即外在形象带给顾客的满足状态。包括企业的名称满意、标志满意、标准色满意、标准字体满意等。

（4）产品满意（Product Satisfaction，PS）。指企业产品带给顾客的满足状态，它是顾客满意的核心。包括企业产品质量满意、产品功能满意，产品外观造型满意、产品特色满意、产品价格满意等。

（5）服务满意（Service Satisfaction，SS）。指企业服务带给顾客的满足状态。包括售后服务满意、保障体系满意、对顾客方便性满意、对顾客情绪满意等。

顾客的 5 个满意在 CS 战略中又可分为 3 个层次。

（1）物质满意层。是顾客对企业提供的产品核心层的消费产生的满意。物质满意层的支持者是对产品的使用价值，如对功能、质量、设计、包装等满意。这是顾客满意中最基础的层次。

（2）精神满意层。是顾客对企业提供的产品形式层和外延层产生的满意。精神满意层的支持者是对产品外观、色彩、装潢和售后服务等满意。

（3）社会满意层。是顾客对企业提供的产品体验到的社会利益维护程度的满意。社会满意层的支持者是对产品的道德价值、政治价值和生态价值等满意。

以上3个满意层具有递进关系。人们首先寻求的是产品的物质满意层，在这一层次获得基本满意后，才会推及精神满意层，当精神满意层基本满意后，才会考虑社会满意层。

（二）CS 战略与 CIS 战略的差异

1. CIS 战略以"企业中心论"为出发点和战略重点

众所周知，企业营销观念主要经历了生产观念、推销观念和市场营销观念3个阶段。与生产观念相适应的是理性消费，顾客关注的是产品质量与服务，这一阶段产品与服务的品牌、质量对顾客的吸引力较大。与推销观念相适应的是感觉消费，顾客对产品服务的评价是喜欢或不喜欢，品牌形象对顾客的吸引力更大。与市场营销观念相适应的是感情消费，顾客把满意和不满意作为对产品与服务的主要评价标准，追求产品与服务带来的物质满足、心灵满足和个性满足，这一阶段的个性化、针对性经营对消费者更有吸引力。

根据这种分析，CIS 战略仍然停留在推销观念阶段，重视通过有效的 CIS 战略表达、推展形象，千方百计让顾客识别企业、喜欢企业，进而推销产品与服务，追求的结果是市场占有率和利润最大化，反映的是企业价值，未能跳出"企业主导理念"的思维定式。由于 CIS 反映的营销文化明显落后于时代，加之很多企业在具体操作中失误，造成 CIS 有形无魂，只成为企业包装术，效用不断递减，顾客已经反感令人眼花缭乱的视觉冲击和广告宣传。同时，CIS 也将企业带进一个陷阱：由重经营变为重形象，由重产品质量变为重产品包装，由重服务质量变为重服务形式，进而形成"一流形象、二流产品、三流市场"的不良局面。

2. CS 战略以"顾客中心论"为出发点和战略重点

CS 战略把顾客是否满意作为衡量各项经营活动和管理活动的唯一尺度，围绕顾客进行产品开发、生产、销售、服务。这种立足于顾客的营销策略，追求的结果是贡献，反映的是顾客价值，通过为顾客创造价值，实现企业价值。

CS 战略把顾客进行科学分层，即分为忠诚层顾客、游离层顾客和潜在层顾客，把重点放在巩固老顾客（忠诚层顾客）上，不断吸引游离层和潜在层的顾客，在经营中不是毫无目标地去扩大市场，这就保证了企业对顾客研究的细化和服务的针对性。

同时，CS 战略对"顾客满意"强调全过程和差异性，追求顾客在消费了企业提供的产品和服务之后的满足状态，追求在顾客总体满意的基础上，提供因人而异的差异服务。另外，CS 战略也强调在满足顾客全方位的需要的同时，满足社会需要，即一方面要满足顾客物质需要和精神需要；另一方面还要维护社会利益、社会道德价值、政治价值和生态价值。这些理念都是与具有高文化属性的市场经济相适应的，反映的是一种积极的企业营销文化。

可以说，CS 战略比 CIS 战略具有更为进步和实用的价值。但并不能因此简单地认为应由 CS 战略替代 CIS 战略。因为，这不是简单的替代问题，而应是结合，实现优势互补，在建立以顾客为中心的营销文化基础上，以 CS 战略为基本策略，同时吸收 CIS 战略中有效的经营理念和传播手段，实现 CS 战略与 CIS 战略的有机结合，这样的实践效果才会达到最佳。

（三）CS 战略的实施

企业实施 CS 战略，要在 CS 调查和顾客消费心理分析的基础上，建立企业的理念满意系统（MS）、行为满意系统（BS）、视听满意系统（VS）、产品满意系统（PS）和服务满意系统（SS）5 大子系统。

1. 理念满意系统（MS）的构建

企业理念满意系统的核心是确立以顾客为中心的企业理念，它具体地表现和反映在企业的经营宗旨、经营方针和经营哲学上，并贯穿于企业的质量观念、服务观念、社会责任观念、人才观念等各种经营理念中。

从 CS 角度设定和概括企业理念，必须体现如下基本点。

（1）企业最基本的价值观是什么。

（2）企业希望成为什么样的企业，社会对企业的努力如何期望、评价。

（3）企业经营如何反映顾客的价值观。

（4）每一个人在企业理念中的定位是什么。

2. 行为满意系统（BS）的构建

（1）行为机制满意即企业行为系统要获得顾客满意，必须建立一套完善的和行之有效的机制。只有当这套机制正常运行，行为满意才会产生。企业的行为机制主要包括 3 大系统。感觉系统即企业建立的对内外顾客发出的关于企业产品、服务的信息进行全面感知的机制。传入系统即在顾客信息被接收之后，向企业运行中枢传入并进行加工处理的系统。反馈系统即对企业行为转换带给顾客满意级度进行全面调查、了解，检查企业行为的正确与否。反馈信息由感觉系统完成，两者是合二为一的。

（2）行为规程满意即企业必须建立一整套规范企业行为的规程和制度。包括人事管理规程、生产管理规程、财务管理规程、事务管理规程 4 项内容。

（3）行为模式满意指企业行为是不能用规程予以规范的，但可采用行为模式予以标准化。行为模式是根据环境需要形成的稳定的行为结构形式和适应形式。行为模式规范员工的行为，使员工的行为自觉、自愿、自我控制、自我调节，从而展示出企业的行为美、心灵美和个性美，展示企业不凡的气质和高尚的情操，有利于员工形成整齐和谐的相互关系，有利于提高企业内外顾客的满意级度。

3. 视听满意系统（VS）的构建

在 CS 战略里，将企业 CS 系统中的视觉识别系统称为视听满意系统，除了强调顾客认识企业直观化、简单化和快速化，更强调顾客的认可、认同和接受，强调各视听要素带给顾客的满意程度。因此，顾客的认可、认同和接受是影响顾客对企业满意级度的重要因素。

视听满意系统包括：企业名称满意、企业标志满意、企业标准字体满意、企业标准色满意、企业歌曲满意、视觉整合满意。各项满意的目的就是让顾客满意，帮助顾客认识企业、识别企业，监督企业。

4. 产品满意系统（PS）的构建

产品满意是 CS 战略的核心。如果企业不能为顾客提供满意的产品，就不可能求得顾客的满意，产品满意系统就是在这个认识基础上建立起来的，包括以下内容。

（1）以顾客需求为导向。

（2）质量仍然是企业永恒的主题。

（3）产品功能满意。

（4）产品设计满意。

（5）产品包装满意。

（6）产品价格满意和产品品牌满意。

5. 服务满意系统（SS）的构建

服务满意系统即企业提供的服务让顾客满意。美国波士顿的福鲁姆咨询公司在调查中发现，顾客从一家公司转向与之竞争的另一家公司的原因，10人中有7人是因为服务问题。美国马萨诸塞州沃尔瑟姆市一家销售咨询公司调查证实，公司服务质量每提高1%，销售额即增加1%，调查同时显示，服务人员怠慢一位顾客，会影响40个潜在顾客。

因此，服务满意已成了企业争取顾客、求得生存、发展和壮大的关键。服务满意系统的内容包括要树立"顾客第一"的观念，建立完整的服务指标，服务满意级度的考查和服务满意的行为强化4项内容。

综合练习

一、单项选择题

1. 按照组织形象形成的过程可分为（　　）。
   A. 组织内部形象和组织外部形象　　B. 实际形象和自我期望形象
   C. 整体形象和特殊形象　　　　　　D. 真实形象和虚假形象

2. 组织的整体形象和（　　）是密切联系的，组织必须善于处理特殊公众和其他公众的关系，使特殊形象与整体形象达到和谐统一，以保证组织获得良好的生存和发展环境。
   A. 真实形象　　B. 特殊形象　　C. 自我期望形象　　D. 真实形象

3. 处于（　　）状态下，公共关系形象较差，其公共关系工作需从零开始，首先完善自身，在传播方面暂时保持低姿态。
   A. 高知名度，高美誉度　　B. 低知名度，高美誉度
   C. 低知名度，低美誉度　　D. 高知名度，低美誉度

4. （　　）即根据公众对组织看法的差异程度来了解组织形象在公众心目中的地位。
   A. 文献资料研究法　　B. 语意级差法
   C. 象限图法　　　　　D. 组织形象差距分析法

5. 导入CIS塑造企业形象的过程，主要是通过（　　）予以实现。
   A. 传播　　B. 协调　　C. 竞争　　D. 识别

6. （　　）是CIS的最本质特征。
   A. 差异性　　B. 系统性　　C. 战略性　　D. 竞争性

7. 根据统计，在人的生理性情报的摄取机能中，视觉情报约占（　　），必须特别重视。
   A. 60%　　B. 70%　　C. 80%　　D. 90%

8. 顾客的满意状态可用（　　）两个标准来衡量。
   A. 顾客满意级度　　　　　　　　B. 顾客满意指数
   C. 顾客满意级度和顾客满意指数　D. 顾客满意级度或顾客满意指数

9. CS战略把顾客进行科学分层，分为（　　）。
   A. 忠诚层顾客、游离层顾客　　　　B. 游离层顾客、潜在层顾客
   C. 忠诚层顾客、潜在层顾客　　　　D. 忠诚层顾客、游离层顾客和潜在层顾客

10. 美国马萨诸塞州沃尔瑟姆市一家销售咨询公司调查证实，公司服务质量每提高1%，销售额即增加（　　），调查同时显示，服务人员怠慢一位顾客，会影响（　　）个潜在顾客。
　　A. 1%，40　　　　　B. 2%，20　　　　　C. 3%，30　　　　　D. 5%，40

二、多项选择题

1. 组织形象必须具备（　　）条件。
   A. 必须是相对稳定的形象　　　　　B. 整体性
   C. 表现为公众舆论　　　　　　　　D. 是公众舆论
2. 一旦公众舆论（　　），就形成相应的组织形象（好的或坏的）。
   A. 稳定化　　　　B. 系统化　　　　C. 定型化　　　　D. 知名化
3. 对组织而言，无形形象包括企业的（　　）企业文化等要素。
   A. 经营宗旨　　　B. 经营方针　　　C. 经营哲学　　　D. 价值观念
4. 组织需要对社区的经济发展、劳动就业（　　）等，承担必要的社会责任和义务，树立一个"合格公民"的社区形象。
   A. 文化教育　　　B. 社区福利　　　C. 慈善事业　　　D. 环境保护
5. 企业开发CIS除内部自觉需求与外部市场压力等因素外，由于企业经营状况各异，实施的方式与时机也不尽相同。以下（　　）是导入的最佳时机。
   A. 新公司设立，合并成企业集团　　　B. 创业周年纪念
   C. 扩大企业营业内容，迈向多角化经营　D. 新产品的开发与上市
6. 导入CIS成败的关键在于（　　）。
   A. 企业最高领导人要对导入CIS有坚定的意志
   B. 必须设置热心又有能力的CIS执行委员会
   C. 员工的认同感是导入CIS成功的重要因素
   D. 对CIS有正确的认识
7. 设计开发的委托方式，包括（　　）。
   A. 总体委托方式　　　　　　　　B. 指名委托方式
   C. 指名设计竞赛方式　　　　　　D. 公开设计方式
8. 企业的（　　）是企业的基本顾客。
   A. 股东　　　　　B. 员工　　　　　C. 采购部　　　　D. 生产部
9. 顾客的5个满意在CS战略中又可分为（　　）层次。
   A. 物质满意层　　B. 精神满意层　　C. 社会满意层　　D. 服务满意层
10. 服务满意指企业服务带给顾客的满足状态。包括（　　）等。
    A. 售后服务满意　　　　　　　　B. 保障体系满意
    C. 对顾客方便性满意　　　　　　D. 对顾客情绪满意

三、判断题

1. 组织形象的好坏首先源于组织自身的行为和政策，即对待公众的态度。
2. 组织的人员形象即组织"主体代表形象"，指领导者的形象。
3. 产品形象的基本要素包括质量、性能、款式、包装这4个要素。

4. 现代形象竞争很大程度上取决于服务的竞争，谁的服务好谁就容易赢得人心。

5. CIS 的识别功能主要是通过语言、图像、色彩 3 个识别要素发挥作用。

6. 在竞争激烈的市场中提高企业的竞争能力，是 CIS 的核心功能。

7. 调查工作是否完善、准确，是决定 CIS 成败的关键。

8. 企业各职能部门之间通过提供服务完成内部协作关系，提供与被提供，即构成顾客关系。

9. 在生产环节上，上一道工序是下一道工序的顾客。

10. CS 战略把顾客是否满意作为衡量各项经营活动和管理活动的尺度之一，围绕顾客进行产品开发、生产、销售、服务。

四、简答题

1. 如何进行组织形象的分类？
2. 组织形象的构成有哪些要素？
3. 简述 CIS 的基本特征。
4. CIS 导入的关键有哪些？
5. 简述 CIS 计划的基本程序。
6. CS 战略的主要内容有哪些方面？

模块七　评估公共关系效果

学习任务

1. 了解评估公共关系效果的意义及内容；
2. 掌握评估公共关系效果的标准；
3. 熟悉评估公共关系效果的步骤；
4. 认识评估公共关系效果的依据；
5. 学会评估公共关系效果的方法；
6. 了解发展公共关系评估的途径。

案例导入

"40年真情不变"庆典交响乐——北京王府井百货大楼企业形象案例

闻名中外的北京王府井百货大楼，被誉为"新中国第一店"。1995年，王府井百货大楼迎来了40华诞。公司推出了"40年真情不变"系列活动，把企业的庆典活动与塑造企业新形象结合起来，借以宣传。

1. 方案策划

（1）围绕组织形象研究策划方案。公司一方面设计内部活动以培养内部家庭式氛围，增加内聚力。另一方面，在外部活动设计上，首先与新闻媒体保持多种形式配合，尽可能地让其全面、客观、形象地反映企业历史与现实，制造人和的舆论氛围。其次是方案策划中作为主体对象的消费者参与内容，促进其深入企业，进一步宣传企业对消费者的服务宗旨和一片深情，赢得市场。

（2）精心设计系列主题活动。公司"40年真情不变"的主题，既宣传了企业40年的历史，注重历史资源的利用，又表达了大楼人"一团火"热情服务恒久不变的真情。庆典活动在文字标题上避免了过去使用的"节""月""潮"等俗套，并把分项活动都冠以同类名称，形成统一整体，体现企业形象策划的整体系统和一定的文化品位。

（3）统一领导，系统运作。1995年3月21日公司成立了40年庆典领导小组，公共关系部负责总体策划和企业形象宣传，党委系统部门负责落实内部庆典工作，外部活动以总经办、公共关系部、业务部为主。各部门的工作重点转向以庆典工作为中心展开，将整体形象塑造与内外部活动、营销、管理等要素紧密结合。

2. 方案实施

（1）强化主体活动信号。公共关系部把"40年真情不变"作为活动口号和广告语，从楼体包装到购物纪念袋、画册、贺卡,乃至各类广告、POP等,都使用这句话。并采用红色为宣传主色调,象征"一团火"精神和红红火火的事业。"40年真情不变"巨幅创作画悬挂在楼体正面,宫灯、彩旗和营业员接待顾客时脸上的笑容,使现场到处洋溢着人和业兴的喜庆气氛。

(2)"情聚一家"。百货大楼是全体职工的家,一定意义上也是顾客的家。围绕"情聚一家"这一创意思路,公共关系部制作了"家"字照,组织了"我爱我家"摄影专版活动。以"家"字照的征集为开场锣,组织"我爱我家"的摄影活动,从300余幅作品中选出获奖作品,刊登在北京晚报摄影专版上。举办"企业40年回顾展"让参观的人领略企业历史风采。"故园40年百名创业者回娘家"活动让新一代大楼人背负起老一辈大楼人期望,强化企业使命感。

(3)强化责任。"六·一"儿童节来临,大楼以少年儿童作目标受众,以"健康的六·一算数竞答"和向山区孩子捐书活动影响成年顾客,旨在唤起全社会的责任感。从5月20日至6月1日,大楼为孩子们准备了以"1955.9.25""1995.9.25"等几组由大楼营业40年重要日期数字组成的算数题,让孩子们把算好的答案和准备向山区孩子捐赠的图书一起送到大楼广场前的捐书台。把有趣的智力游戏与爱心公益活动联系在一起,增加了活动意义。最后共计捐书5万余册,分赠给数所山区学校建立希望图书室。

(4)服务监督。"3·15",大楼向顾客发放了10万张"消费者权益卡",内容包括大楼投诉电话、满意工作实施条例等,把保护权益和监督的武器交给了消费者。4月,在报纸上公开招聘公众质量监督员。5月,正式成立百货大楼公众质量监督委员会,从上千名志愿报名者中,挑选出代表各界人士的40名顾客作为正式委员。召开了监督委员会成立大会,颁发聘书,按照委员会章程定期召开会议,履行委员职责。至10月底,共接到委员会对企业质询调查45件,已经解决10件。8月,在《北京日报》刊登活动通知,再次邀请广大消费者监督建议,开展为期5天的"请您为百货大楼支招"活动。

(5)庆典火炬。3月25日的火炬传递仪式把庆典活动推向高潮,也使大楼的企业形象得到了升华。全体员工整齐地排列在商场内外,在企业歌曲"一团火之歌"的背景音乐声中,象征着一团火精神的火炬在职工手中依次传递着。职工们说:"这个生日过得有意义,传递火炬特别神圣,仿佛注入了新的力量。"

3. 效果评估

1995年大楼获得了开业以来最好的经济效益。全年销售额达到18.63亿元,实现利润总额1.25亿元。在"40年真情不变交响乐"系列活动中,以总投入70万元的活动费用创造了日销售835万元,月销售19900万元的历史最好的成绩。取得了一系列荣誉,树立了良好形象。

任务一 评估公共关系效果的意义及内容

公共关系效果评估是根据公共关系认知度、美誉度、和谐度构成的特定的标准,对公共关系的策划、实施及效果进行对照、检查、评价和估计,以判断其优劣的过程。

在公共关系工作程序中,公共关系效果评估是最后一个环节,也是一个很重要的环节,它不仅可以考察组织当前公共关系工作状况，而且可以为组织下个阶段的公共关系工作的开展提供参考性的依据。

一、公共关系效果评估的意义

1. 通过公共关系效果评估，可以对组织内部公众起到很好的激励及提高能力与水平的作用。

一项公关计划实施后，由有关人员对该项公关计划的目标、措施、实施的过程和所获得的成就向内部员工宣传，可以使内部公众了解组织拥有的良好社会声誉及在社会中的地位。这无疑使内部公众获得鼓舞，增强他们的自信心和荣誉感，使他们对组织充满信心，自觉将本企业的战略目标与自己的本职工作紧密地联系在一起，并变为一种行动。

2. 通过公共关系效果评估，可以使公共关系工作不断得到完善。

公共关系效果评估工作，一方面是肯定成绩，以此来鼓舞全体职工；另一方面，也可以检查和发现公共关系工作中存在的不足以便于汲取经验完善下一步公关活动。公共关系效果评估对后续的公共关系工作起到借鉴的作用，使后续的公共关系工作少走弯路，效率更高、更完善。

3. 通过公共关系效果评估，可以展现公关魅力，以争取领导的支持。

通过公关效果评估，可以使领导看到公关工作的明显效果，认识公关活动对塑造组织形象，提高组织效益的作用，从而使他们更加重视公关工作，积极支持组织的各项公关活动，为组织创造良好的公关条件。

4. 通过公共关系效果评估，为组织决策层的其他决策提供依据。

组织的其他决策，无不与组织的公共关系状态有关。以企业为例，企业领导层对企业的发展战略进行决策时，他们的依据是什么呢？是企业的内部环境与外部环境的实际状况。内部环境的重点是员工的状况，即员工的素质、员工对企业的认同感。其次还有企业文化，也就是内部公共关系状态。外部环境的重点是企业的知名度和美誉度，即社会公众对企业的了解和赞同的程度，也就是外部公共关系状态。因此，任何组织在制订发展战略时，都应该对自身的公共关系状态做全面的评估，有针对性地制订发展战略。

二、公共关系效果评估的内容

公共关系效果评估的目的，是获得关于公共关系工作或公共关系专项活动过程、工作效率和公共关系效果的信息，并依此总结成功的经验、吸取失败的教训，为制订后续的公共关系工作计划提供依据。公共关系效果评估的内容包括以下3个方面。

1. 公共关系策划过程的评估内容

（1）背景资料是否翔实、全面。
（2）收集的信息是否适合、能被接受。
（3）目标公众是否正确完整。
（4）信息的表现形式是否恰当。

2. 公共关系实施过程评估的主要内容（见表7-1）

（1）信息传递的评估。
①制发信息。包括公关活动中组织所进行的电视广播次数，向社会发送的信件、新闻稿

件、宣传资料等数量，召开新闻发布会的次数等，总之，就是了解所有信息的制作情况和其他宣传活动的进行情况。

②传播信息。组织信息被媒介采用的次数。通常，报刊索引和广播记录被用来作为检查传播媒介采用信息资料数量的依据；其他活动，如展览、公开讲话的次数，也反映组织为有效利用各种渠道将信息传递给目标公众的努力程度。

表 7-1　传播沟通评估效果

内容	具体指标
信息制作	新闻稿件撰写数量、专题报道数量、其他传播资料的制作数量、图片和信件的数量等；检测制作的表现形式是否合适、表现手法和质量是否很高等；信息是否准确、易懂
信息曝光度	信息得以传播的覆盖面、数量，比如，发稿量多大、被媒体采用的数量多大、信息被哪家传播媒体采用效果更好、传播是否充分、传播是否浪费
传播效果	公众对信息本身的了解情况，比如，有多少公众了解、了解程度如何；公众接受情况，包括是否接受、承认信息内容，接受的比例多大；公众接收信息后的态度情况，包括多少公众赞同信息内容、多少公众对组织形成了很好的印象；公众行为效果的情况，包括多少公众对信息产生相应反应、多少公众达到公共关系目标的期望水平、传播沟通方案如何，目标是否得体、策略是否得当、媒体选择是否合适、信息策略是否合适、目标对象状况如何

③接收信息。主要是接收信息的目标公众数量及公众的注意度。这里需要注意的是，应将接收信息的各类公众进行分类统计，看有多少真正需要这些信息资料的目标公众收到了这些信息资料。通过评估，如果发现目标公众对企业信息资料接触不足，可积极采取补救措施，如可以把这些传播媒体上发表的材料复制出来，并将之送到目标公众中的关键人物手中。

（2）公共关系实施方式的评估。

评估时主要从新闻媒体对活动的注意度，目标公众对组织开展的活动是否有热情，参与度如何，组织的活动能否在实施时成为所在地的新闻热点等几个方面着手。

3. 公共关系实施效果评估

（1）组织形象的评价。主要从"公关三度"，即知名度、美誉度、信誉度的改善情况入手，详细了解公共关系活动后组织"公关三度"的实际情况。

（2）公众的观点、态度、行为是否朝着对组织有利的方向转变。主要是统计"有多少人改变了他们对企业的态度"。

（3）组织既定目标的实现程度。主要是评估"是否达到计划或方案的目标"以及"计划和目标解决了什么问题？"。

任务二　评估公共关系效果的标准

公共关系效果评估是一种总结性的评估，是对公共关系活动成效的一次全面结论式的评估。建立正确的评估体系，是确保评估客观性和有效性的基础。公共关系效果评估标准的制订，又因组织的公共关系工作或专项的公共关系活动的目的、内容、方式、对象等不同而不同，必须区别对待。公共关系效果评估标准见图 7-1。

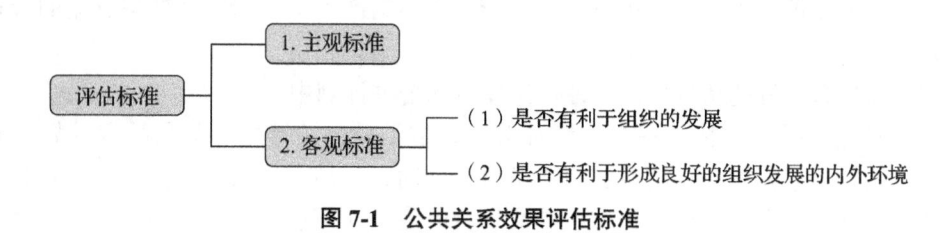

```
评估标准 ─┬─ 1. 主观标准
         └─ 2. 客观标准 ─┬─ （1）是否有利于组织的发展
                         └─ （2）是否有利于形成良好的组织发展的内外环境
```

图 7-1　公共关系效果评估标准

一、主观标准

主观标准就是公共关系工作或公共关系专项活动的计划（方案、策划书）中制定的目标。目标是经过深入的公共关系调查，经过反反复复的推敲、筛选后形成的，它是公共关系活动的出发点和归宿点。

用既定的活动目标作为公共关系效果的评价标准具有直接性。目标制订越具体，评估越容易操作。同时，用目标作为评估依据，有时有一定的局限性。有的大型的公共关系工作或专项的公共关系活动时间周期较长，因而原定的公共关系目标随时间的推移会出现不适应或欠缺。因此，我们应尽可能用修订后的目标作为评估依据或采用客观标准评估。

二、客观标准

客观标准就是以公共关系实践活动的社会效果为标准。用这一标准，既可以判明组织在公共关系工作或公共关系专项活动计划（方案、策划书）中制订的目标是否符合实际，又可以判明组织的公共关系活动是否对社会公众产生积极的影响，以及影响的程度如何。这是一种全面的公共关系效果评估。

1. 是否有利于组织的发展

这是考虑一切问题的出发点和检验一切工作的根本标准。组织之所以投入一定的人力、物力开展公共关系工作或策划专项的公共关系活动，都是有追求的价值目标的。那就是通过塑造组织形象，提高组织的形象力，实现组织的发展。

2. 是否有利于造成良好的组织发展的内外环境

这是组织公共关系评估的最直接客观标准。因为组织的公共关系的一个重要任务是，通过有效的公共关系活动优化自身生存和发展的环境。

任务三　评估公共关系效果的步骤

公关人员可从以下 10 点中清楚地了解一项公关方案的评估工作原则及程序，以便对评估工作有总体了解。

1. 确定评估目标

统一的评估目标是检验公关工作的参照物。有了参照物才能通过比较来检验公关计划实施的结果，才能使评估工作顺利进行，也才能将枪口对准目标，精确地搜集有用的资料，提高评估效率。

2. 取得高层管理者的认可后，将评估工作纳入公关计划中

这一步是公关效果评估的一个关键环节。评估不是公关计划的附属品或计划实施后的补救措施，而是整个公关计划的重要组成部分。同时，评估本身又必须投入人力及金钱，因此，对评估应该给予足够的重视，在取得高层管理者的认可后，对评估的方法、程序等方面予以充分的考虑和周密的筹划。

3. 统一评估意见

我们应认识到，只有公关人员实际参与公关活动，才能对评估工作有深层的体会与认识。因此要给公关人员足够的时间认识效果评估的作用和现实性，并允许他们通过自己的亲身体验加深这一认识。

4. 细化评估项目

缺少具体的评估项目，就无法进行评估工作，因此在项目评估中，首先就应该把各个评估的项目予以具体化、可测量化。

5. 量化评估标准

评估的标准必须是能测量的。

6. 选择最佳途径

调查并非总是了解公关效果的最佳途径，有时组织经营的活动记录也能提供这一方面的大量材料。在有些情况下，小范围的试验也是十分有效的。在搜集有关评估资料方面没有绝对正确的唯一的最佳途径。在这一方面，方法选择取决于评估的目的、提问的方式，以及已经确定的评估标准。

7. 完整记录执行的细节

这些资料能够充分反映公关人员的工作方式和工作效果，尤其重要的是反映计划的可行性程度，哪些策略是有效的，哪些策略是无力的或者无效的，哪些环节衔接比较紧密，哪些环节还有疏漏或欠缺。

8. 使用评估结果

评估的主要目的之一，是作为下次计划的参考依据，作为顺利推动下次公关方案的重要支持。

9. 制作评估报告

通过评估报告将评估情况告知决策层应该成为一项固定的制度。其作用是一方面可以保证组织管理者及时充分地掌握公关方案的运作情况，有利于进行全面的协调；另一方面也可说明公关活动与组织目标保持一致及其在实现组织目标过程中的重要性。

10. 丰富专业知识

从公共关系的策划、执行、资源整合管理到效果评估，让公关人员对这一活动及效果有了更多的理解与认识，效果评估的成果又进一步丰富了公共关系专业知识的内容。对具体效果评估的资料抽象化分析，可以得到对指导这一活动有普遍意义的思想、方法与原则。这些原则与知识，不断丰富了公共关系行业的理论与实践内容。

任务四　评估公共关系效果的依据

公关评估的依据主要有媒体情况、企业内部资料、企业外部资料几方面。

一、媒体情况

通过观察新闻媒体对企业的报道情况，可以分析企业形象，测量公关活动效果。

1. 报道的数量

大众传播媒体报道的次数越多，篇幅越大，频率越高，引起公众注意和兴趣的程度就越高。

2. 报道的质量

大众传播媒体对企业公关工作的成就、经验、发展情况报道质量越好，越有利于塑造组织的良好形象。

3. 媒介的影响力

一般来说，发行量大、覆盖面广、权威性强的新闻传播媒体影响力较大，能提高公关活动效果。但公关主管在重视新闻媒体的发行量、覆盖面、权威性的同时，还应当重视其是否面向本企业的目标公众。

4. 资料的使用方法

正面报道还是反面报道，是全面报道还是摘要报道，是重要报道还是一般报道，是主要版面还是次要版面，是黄金时间还是一般时间，均会使报道的效果产生差异，从而影响公关活动效果。

5. 报道的时机

新闻媒体报道是否及时、适时，是否能配合企业的实际发展，也会影响企业公关活动的效果。

二、企业内部资料

（1）公关人员从企业经营管理过程中观察到特定时期公关目标达到的程度与效果。

（2）企业成员以亲身体验，从各个不同的角度，对公关活动的成效做评价。

（3）业务人员及产品销售人员通过自己的经营销售活动，对公关工作的效果进行评价。

（4）股东对企业的公关活动的效果也会有较客观的评价。

（5）企业内部的各种资料，如资金平衡表、统计报表、财务活动分析以及公众的来信来访记录、企业各种会议记录等，都是检验与分析评价公关效果的重要资料。

三、企业外部资料

（1）顾客与用户。对企业来说，顾客与用户是公关活动的主要对象，公关目标直接、间接地与顾客和用户相联系，因此，顾客和用户的反应是评估公关效果的重要资料。

（2）相关企业。企业在生产经营中有许多经营伙伴，如原料供应者、产品经销者等，他们与企业交往频繁，与企业生产经营密切相关，并且与大批消费者和用户发生关系，相关企业的信息反馈是评估公关效果的重要资料。

（3）主管部门。上级主管部门对企业行为的支持程度反映出公关的社会效果。

（4）社区公众。企业与社区公众由于地域上的接近而关系密切，易相互了解，企业可从社区公众那里较快得到反馈信息。

任务五　评估公共关系效果的方法

公共关系效果评估实际上是对整个公关活动过程的评估。可以随着公关工作的进展，根据要求随时评估，根据评估的内容不同采取不同的方法进行评估。

1. 公共关系工作总结法

这是实际工作中最常用的方法。通过总结可检查和了解公共关系目标的实现程度，各部门的配合协调情况，取得哪些成就，存在哪些差距。工作总结一般分公共关系工作按年度的总结和公共关系专项活动按活动完成周期的总结。

2. 公共关系调查法

公共关系调查法包括访谈法、观察法、问卷法等。公共关系调查用在公共关系工作程序之首，是为公共关系策划提供依据；用在公共关系工作程序的最后阶段，是为公共关系效果评估提供依据。单纯地从一次公共关系工作或活动上看公共关系调查具有两种不同的职能，但如果把公共关系工作看成是连续不断的行为，那么公共关系调查所起到的作用则是相同的，因为公共关系评估的结论，正是为后续的公共关系策划提供依据。

3. 民意测验法

这是由公共关系活动的对象通过亲身感受对公共关系活动给予评定的方法。主要是选择一定数量的调查对象，用问卷、表格、访谈的方式，了解他们对一定问题的意见、态度和倾向，再加以分析、统计及说明，借以了解公关活动效果。

采用民意测验法要特别注意问卷或提问的方式，对敏感的问题宜采用灵活、委婉的方式进行调查。

【案例 7-1】

某日用化学品厂推出一项旨在宣传普及美容知识的公共关系活动，在这次公共关系活动中，该厂特意举办了一个美容技巧培训班。为了评估这次公共关系活动的实施效果，公共关系人员请参加这个美容技巧培训班的学员评定对这次公关活动的满足感，估量自己学到的知识和技能，评价该次活动是否增加了其美容知识等。这种方法的缺点是有时可能产生不真实的测量结果，尤其是向调查对象提出一些比较敏感的问题时更是如此。

4. 专家评估法

这是由各学科、各领域的专家会同公共关系人员组成专门评议组，对公关效果进行评估，接受质询，予以论证的方法。专家评估法的价值，完全取决于专家所具备的专业知识，如果他们对公共关系活动涉及的某些领域的知识不足，那么他们也无法做出正确的评估。因此，采用专家评估法时，一定要聘请在该项公共关系活动涉及的知识领域里名副其实的专家。具体步骤如下。

（1）拟定调查项目并给出评估标准。

（2）邀请相应数额的公关专家、管理专家、心理传播专家、社会学家。

（3）请专家以不记名方式，独立发表意见。若意见分散，则将上一轮意见汇集整理，再反馈给每一位专家，请他们重新发表意见，直至意见趋于一致。

（4）分析、研究专家的意见，得出代表大多数专家意见的结论，作为专家集体对公关效果的权威性评估。

5. 实施人员评估法

公共关系计划的实施人员经常自行对公共关系计划和实施的进展情况进行评估。这种评估能够及时充分地根据实施过程中的实际情况对该项活动的影响效果进行判断。实施人员的评估也有缺陷，主要是实施人员对其实施计划可能会尽量报喜不报忧，从而无法真实反映公共关系活动的真实影响。另外，实施人员忙于实施任务，没有更多的时间和精力进行评估研究。

在对实施效果进行评估时，应该意到：理想而科学的评估，最好能尽量排除公共关系活动本身之外的因素以显示公共关系活动真正的影响力。

6. 实验法

用以上方法可了解公关活动是否产生了效果，但不能证明如果没有这些活动，这种效果就不会产生。要解决这个问题，还需要使用实验法。公关效果评估实验中常采用以下两种方法。

（1）测量法。即选取一定对象，用比较的方法对其变化进行度量。常用的方法有3种（见表7-2）。

表 7-2 常用测量法

方法	具体内容
单组测量法	随机选一组被实验者，在实验前后分别测量被实验者，然后比较两者的差异，如果实验前后的成绩不同，就说明实验条件对被实验者产生了影响
后测法	随机选两组被试者，使两组的条件尽量对等，一个做实验组，一个做控制组，在实验前不对其进行测量，施加条件后再进行测量比较，看两者成绩是否有差异
复杂的前测、后测法	对实验组和控制组分别进行前测、后测实验，然后把两组的成绩放在一起比较，从中发现实验条件所起的作用

（2）非均衡控制法。这是在不能随机选取被试者时使用的一种方法，如为改善企业内部领导与员工的关系进行一系列公关活动，但不一定能找到两个条件完全相同的企业进行比较研究，因而只能在非均衡条件下进行实验，评估结果。

7. 反馈直接统计法

这是通过企业销售额和利润等数据的统计来描述公关绩效的一种方法。现代企业的销售额及利润的增减受市场环境和企业内部因素的影响很大，不完全是公关活动的效果。但是，在一定时期内公关活动的市场效果还是明显的。在这种情况下，就可采用反馈直接统计法。

如知名度和美誉度低的企业，虽有优质的产品，但销售仍受到限制，一旦加强公关活动，企业的销售额迅速上升，提高了经济效益，这时则可用一定时期的销售额、利润率说明公关活动的效果。

任务六　发展公共关系评估的途径

一、公共关系评估面临的困难

良好的公共关系评估必须同时具备两个条件：适当的评估标准和适当的评估方法。但是，由于公共关系活动涉及的公众广泛众多，问题复杂多变，公共关系评估常常遇到许多障碍，面临许多难题。

1. 公共关系目标存在不确定性问题

公共关系评估必须以明确的公共关系目标为依据。但是，由于各方面原因，要使公共关系目标具有很高的确定性并不是一件简单的事。主要表面在：①有些公共关系活动具有多重目标，而且有些目标之间还存在着矛盾，在实施过程中，目标还可能被修正。②人们习惯用模糊的不太确定的形式来表达和说明公共关系目标，以此增加某种应变能力。这些情况都会给衡量和评价公共关系活动完成目标的程度造成很大的困难。

2. 存在有关人员抵制问题

任何类型的公共关系评估都包括对计划制订过程和实施过程的优劣功过的评判，因此，在对存在问题的公共关系活动进行评估时，有时会受到有关人员的阻挠和抵制。这时，一些决策者为了避免引起有关人员的反对而给自己带来压力，就会取消评估或隐瞒一些存在的问题。

3. 信息系统存在不完备问题

信息是进行研究和分析的基础，没有足够的、适用的信息，公共关系评估就很难进行。长期以来，有些部门和人员不重视信息管理、信息系统不完备，造成了信息的收集和分析非常混乱，使公共关系评估成了少米或无米之炊。

4. 存在支出混乱问题

不同的公共关系活动项目有不同的资金来源，但有时项目的资金来源纠缠在一起，统支统付，以致无法清楚地区分一笔经费支出属于何种项目，归于哪个公共关系活动。这样就使公共关系活动的成本不易确定，影响评估的进行及评估的结果。

5. 存在评估结论难以发挥影响力的问题

评估的结论，特别是对有争议的公共关系活动进行评估的结论，往往也会引起争论。一般情况下，对评估结果不满意的人可能会提出：公共关系的影响有时是长期的、广泛的，不能用一时一事的情况和一两项简单的标准给予否定，另外，评估本身也存在着失误的可能性。总之，评估的结论如果被人们忽视或受到抵制、批评，就很难发挥应有的作用了。

二、发展公共关系评估的途径

由于公共关系评估面临着很多困难和问题，评估在许多公共关系过程中都是一个薄弱环节。随着公共关系实践的发展，人们越来越清楚地认识到，在发展和完善公共关系计划的制订与评估的过程中，公共关系评估占有重要的地位。发展公共关系评估的途径需要通过改进公共关系评估活动本身来解决。这些途径主要包括以下几个方面。

1. 明确公共关系工作的目标

要依靠在制订计划阶段对公共关系活动的方案、环节、方法、步骤明确公共关系工作目标。这时需要研究回答下列问题。

（1）公共关系活动的目标公众是谁？这些目标公众的特点是什么？公共关系活动通过何种传播媒介来影响这些目标公众？

（2）公共关系活动期望发生的变化何时产生？追求的公共关系目标是长期的、中期的还是短期的？是立竿见影的还是渐进的？

（3）公共关系活动的目标是单一的变化，还是一系列的变化？这些变化对所有的目标公众具有相同的作用还是对不同目标有不同的作用？

（4）公共关系活动追求的是单一的成效还是多方面的成效？有无衡量公共关系活动的特定标准？

（5）哪些手段和方法可促使公共关系活动成功？公共关系活动的成功是源于目标公众的合作还是对他们的制裁？

上述方法只是提供了一般性的意见，在评估实践中，还需要针对具体的公共关系活动，根据不同的目标特点，灵活地选择运用于该目标的特定方法。

2. 选择公共关系评估的项目

在进行公共关系评估之前要对项目进行选择，下述情况都是选择的标准。

（1）公共关系活动与社会环境的变体之间具有明显的因果关系。这种因果关系如果不明显，那么评估的设计与对项目评估结果的解释就会比较困难。

（2）具有价值，又能在短期内产生效益的项目。一个项目如果能在相当短的时期内实现，其评估就比较容易，成本也较少。反之，则较难评估。

（3）决定项目效益的因素可以得到控制。有些公共关系活动的变化，其决定因素超出了人们控制的范围，对这类项目进行评估，可以使人们发现问题所在，但实际解决问题时就会束手无策。

（4）进行项目评估的结果具有推广价值。如果一项公共关系活动的评估条件不成熟或不具备，活动本身也不具备推广的价值，那么该项目不宜进行评估。

3. 健全公共关系信息系统

公共关系信息系统就是收集、整理、加工和使用信息，为公共关系的计划、实施和评估服务的系统。

有效的信息系统应当确保公共关系活动中的各个环节都及时得到所需要的全部信息。但是，一方面要避免信息不足，使活动缺乏依据；另一方面又要防止信息过多，加重相关人员负担，降低效率。另外，要保证信息系统的有效性且要合理地控制信息流动，提高信息交流与传递的效率。必须明确确定合理的信息流程，根据不同的层次和范围需要，分级传递，避免信息传递到不相干的部门，同时尽量减少信息传输的环节和层次。

　　4. 重视对评估结果的解释和利用

　　评估是为了获得反馈的信息，利用其结果作为改进工作的依据。但是对一项评估结果常常产生误解，如在评估过程中发现活动的期望结果没有发生，这时人们常常不能正确地确定其原因。因此，对于评估结果的解释必须持谨慎的态度。那么，究竟应该如何对评估的结果进行解释呢？如果在评估中发现活动的期望结果没有发生，则需要做如下3种解释。

　　（1）公共关系活动出现了战略上的失误，即可能只从自己的一方情况出发，没有充分考虑外界环境的各种复杂因素以及它们对组织公共关系活动的综合影响力量。

　　（2）准备工作不充分和公共关系活动实施过程中的偏差，造成期望结果没有发生。

　　（3）评估本身的失误。可能所期望的结果已经出现，但是由于评估测定样本选择得不恰当或使用方法不当而没有测定出来。因此，在评估中必须采用一系列科学先进的调研方法，仅仅运用传统的调整方法进行效果评估往往不能得到预期效果。

任务实训

【实训目的】

加深学生对公关专题活动组织工作的认识。

【实训安排】

1. 将学生分8个组，每组收集一类公关活动举办的故事或案例。
2. 讨论公关活动组织的成果，并做成PPT演示分享。

【实训评价】

1. 教师制订评价标准。
2. 由学生组成评价小组对各组的展示进行评价并计入平时成绩。

综合练习

一、单项选择题

1. (　　) 是公共关系工作程序的最后一步，也是最容易被忽视的一个环节。
　　A. 公共关系调查　　B. 公共关系实施　　C. 公共关系策划　　D. 公共关系评估

2. 公共关系评估活动中，评估人不包括下面哪一个（　　）。
　　A. 公共关系活动的主办者　　　　B. 公共关系活动中的公众
　　C. 公共关系活动的观看者　　　　D. 公共关系专家

3. (　　) 是公共关系工作程序的第一步，也是开展其他公关活动的必要前提。
　　A. 公共关系策划　　B. 公共关系调查　　C. 公共关系实施　　D. 公共关系评估

4. 公共关系活动效果评估的方法不包括（　　）。
　　A. 专家评估法　　B. 观察法　　C. 公众评价法　　D. 新闻媒体推断法

5. 传播沟通的评估研究不包括（　　）。
　　A. 信息制作的评估研究　　　　B. 信息曝光度的评估研究
　　C. 信息传播有效性的评估研究　　D. 信息制作费用的评估研究

6. 公共关系评估的作用不包括（　　）。
   A. 公共关系评估是改进公共关系工作的重要环节
   B. 公共关系评估是开展后续公共关系的必要前提
   C. 公共关系评估是无法鼓舞士气和激励内部公众的形式
   D. 公共关系评估是有效提高公共关系部门效率的手段
7. 公共关系评估不包括（　　）。
   A. 对公共关系的整体策划进行评估　　B. 对实施过程进行评估
   C. 对实施效果进行评估　　D. 只对失败的进行评估，对成功的不进行评估
8. 公共关系工作实施过程的评估标准不包括（　　）。
   A. 发送信息的数量　　B. 信息的制作费用
   C. 信息被传播媒介所采用的数量　　D. 接收信息的目标公众数量
9. （　　）是由主持或参与公共关系计划实施的人员凭自我的感觉来评估工作效果。
   A. 自我评价法　　B. 专家评价法　　C. 公众评价法　　D. 媒体推断法
10. （　　）是对公共关系战术效果的评估。
    A. 常规公共关系活动效果评估　　B. 单项公共关系活动效果评估
    C. 长期公共关系活动效果评估　　D. 年度公共关系活动效果评估

二、名词解释题

1. 公共关系评估
2. 新闻媒体推断法

三、判断题

1. 公共关系活动评估是某项公共关系活动终了时对其活动结果的评价。
2. 公共关系活动评估可以增强公共关系人员的公共关系意识，提高工作信心。
3. 公共关系活动评估标准是活动所得与所费之比。
4. 公共关系活动的效果难以量化是公共关系评估面对的主要难题之一。
5. 评估人是公共关系评估工作的主体，由公共关系活动的主办者来评估是最佳选择，因为他们的评估最客观、最全面。

四、简答题

1. 公共关系评估的作用是什么？
2. 公共关系评估的标准有哪些？
3. 公共关系效果评估的主要方法有哪些？
4. 公共关系活动效果评估一般经历哪几个程序？

模块八 08 认识商务礼仪

学习任务

1. 了解现代商务礼仪对个人及组织的作用，建立并改善个人第一印象；
2. 理解商务礼的特征及原则，加深商务礼仪的认识；
3. 掌握商务礼仪的构成要素，学习如何塑造专业的商务形象；
4. 通过学习通用商务礼仪，帮助建立及维护良好的商务关系；
5. 了解商务礼仪的学习方法，帮助学好商务礼仪。

案例导入

某医疗设备厂准备引进大输液管生产线，欲与国外某厂合作。经过一天的详细考察，外商对该企业的发展和管理都很满意，同意长期合作，双方决定第二天正式签订合作协议。看天色还早，厂长请外商到无菌车间参观。见车间秩序井然，外商赞许点头。突然，厂长感到嗓子不适，本能地咳了一声，走到车间的墙角吐了一口痰，然后用鞋擦去，油漆地面留下一块痰迹。

第二天一早，翻译送来外商留下的信，信中表示，厂长的卫生习惯可以反映一家工厂的管理素质，而他不能接受在车间随地吐痰的行为。

任务一 了解商务礼仪的基本概念

一、中国礼仪的起源与发展

礼仪的历史漫长久远，它随着人类社会的产生而产生，随着经济的发展、社会的进步不断前进。

原始社会人们对许多自然现象无法解释，就把"天""神"作为宇宙间最高的主宰，对之顶礼膜拜，进行祭祀，这时就产生了最早的以祭天、敬神为主要内容的"礼"。

奴隶社会，"礼"开始打上阶级的烙印，礼的含义也有所变化。在周代，礼除了用于祭祀之外，还作为治国之本。孔子认为"为国以礼"。周礼内容大为增加，包含着社会政治制度的结构形式和社会生活行为规范。礼已成为阶级统治的工具，成为社会等级制度的表征，成为区分贵贱、尊卑、顺逆、贤愚的准则。

封建社会，礼仪逐渐成为统治阶级进行统治的工具，有些还以法律的形式固定下来，形成"礼制"，成为束缚人们行为的工具。

辛亥革命在推翻了帝制的同时，也结束了礼制。

二、礼仪的含义

礼仪指人们在各种社会的具体交往中，为了相互尊重，在仪表、仪态、仪式、仪容、言谈举止等方面约定俗成的、共同认可的规范和程序。

从广义的角度看，礼仪泛指人们在社会交往中的行为规范和交际艺术。狭义上通常指在较大或隆重的正式场合，为表示敬意、尊重、重视等所举行的合乎社交规范和道德规范的仪式。

三、商务礼仪的含义

商务礼仪指人们在从事商务交往中应遵守的交往艺术。

商务礼仪与一般的人际交往礼仪不同，它体现在商务活动的各个环节之中。对企业来说，从商品采购到销售，从商品销售到售后服务等，每一个环节都与本企业的形象息息相关。因此，企业的每一个成员，如果能够按照商务礼仪的要求去开展工作，对于塑造企业的良好形象，促进商品销售，将会起到十分重要的作用。

四、商务礼仪的作用

当今社会，商务礼仪之所以普及，之所以被重视，主要是因为它能够内强素质，外塑形象。其具体作用如下。

1. 有助于提高商务人员的自身修养

在商务交往中，商务礼仪往往是衡量一个人文明程度的准绳。它不仅反映一个人的交际技巧与应变能力，而且还反映着一个人的气质风度、阅历见识、道德情操、精神风貌。因此，在这个意义上，完全可以说礼仪即教养，而有道德才能高尚，有教养才能文明。也就是说，通过一个人对礼仪运用的程度，可以察知其教养的高低、文明的程度和道德的水准。

【小贴士 8-1】

修养的作用

有一批应届毕业生22个人，实习时被导师带到北京某部委实验室参观。全体学生坐在会议室等待领导到来，这时有秘书给大家倒水，同学们表情木然地看着她忙碌，其中一个还问了句："有绿茶吗？天太热了。"秘书回答说："抱歉，刚刚用完了。"林晖看着有点别扭，心里嘀咕："人家给你水还挑三拣四。"轮到他时，他轻声说："谢谢，大热天的，辛苦了。"秘书抬头看了他一眼，满含着惊奇，虽然这是很普通的客气话，却是她今天听到的唯一一句。

门开了，领导走进来和大家打招呼，不知怎么回事，静悄悄的，没有一个人回应。林晖左右看了看，犹犹豫豫地鼓了几下掌，同学们这才稀稀落落地跟着拍手，由于不整齐，越发显得零乱。领导挥了挥手："欢迎同学们来参观。平时这些事一般都是由办公室负责接待，因为我和你们的老师是老同学，所以这次我来给大家讲一些情况。我看同学们好像都没有带笔记本，这样吧，王秘书，请你去拿一些我们部里印的纪念手册，送给同学们作纪念。"接下来，更尴尬的事情发生了，大家都坐在那里，很随意地用一只手接过领导双手递过来的手册。领导脸色越来越难看，来到林晖面前时，已经快要没有耐心了。就在这时，林晖礼貌地站起来，身体微倾，双手接过手册，恭敬地说了一声："谢谢您！"部长闻听此言，不觉眼前一亮，伸手拍了拍林晖的肩膀："你叫什么名字？"林晖照实作答，部长微笑点头，回到自己的座位上。早已汗颜的老师看到此景，才微微松了一口气。

两个月后，毕业分配表上，林晖的去向栏里赫然写着某部委实验室。有几位颇感不满的同学找到老师："林晖的学习成绩最多算是中等，凭什么选他而没选我们？"导师看了看这几张尚稚嫩的脸，笑道："是人家点名来要的。其实你们的机会是完全一样的，你们的成绩甚至比林晖还要好，但是除了学习之外，你们需要学的东西太多了，修养是第一课。"

由此可见，学习商务礼仪，运用商务礼仪，有助于提高个人的修养，有助于"用高尚的精神塑造人"，真正提高个人的文明程度。

2. 有助于塑造商务人员的良好形象

个人形象对商务人员十分重要，因为它体现着每个人的精神风貌与工作态度。商务工作向来以严谨、保守著称，假如一名商务人员在商务交往中对个人的仪容、表情、举止、服饰、谈吐等掉以轻心，那么就会直接影响其所在企业的形象。正像一位公共关系大师说的那样："在世人眼里，每一名商务人员的个人形象如同他所在企业生产的产品、提供的服务一样重要。它不仅真实地反映了每一名商务人员本人的教养、阅历以及是否训练有素，而且还准确地体现着他所在企业的管理水平与服务质量。"

商务人员在日常的工作和生活中，要塑造好、维护好自身形象，就必须懂得商务礼仪。一名商务人员即使知识再多，专业能力再强，如果不懂得商务礼仪，在商务活动中要树立起良好的个人形象，也是非常困难的。

3. 有助于塑造良好的组织形象，从而提高组织的经济效益

良好的组织形象是任何组织所着意追求的目标，组织形象塑造处处都需要礼仪。比如，你想和某单位联系业务，当你拨打对方办公室电话无人接或铃响很久之后才有人接时，你会对该单位产生印象——工作效率不高，制度不健全，员工素质差……反之，当你拨打电话，听到对方和蔼可亲的问候、得体的称谓、礼貌的语言、简捷干练的回答、热情的接待、你立即会产生一种亲切感。

因此，企业中的每一名商务人员，在与他人接触的过程中，其仪容仪表、言谈举止、礼貌礼节等礼仪都是塑造组织形象的基础。任何不讲究礼仪的组织，都不可能拥有良好的社会形象。

4. 有助于商务人员改善人际关系

商务人员在商务活动中，难免碰到纠纷，如果处理不当，不但会影响商务人员的形象，还会影响企业的形象。商务礼仪能起到化解矛盾、消除分歧的作用，使商务活动的双方能够相互理解，达成谅解，从而妥善地解决商务纠纷。

5. 有助于沟通交流

礼仪与礼貌，用现代人的眼光，是一种信息传递，它能以闪电般的速度把你的尊重之

情准确表达出来并传递给对方，使对方立即获得情感上的满足，与此同时，礼貌又反馈回来——对方以礼貌回敬。于是双方热情之火点燃了，支持与协作便开始了。

商务活动是双向交往活动，交往成功与否，首先要看双方是否能够沟通，或者说，是否能取得对方的理解。交往的对象是人，而不是物，人有自己的思想、情感、观点和态度。由于立场不同，观点不同，人们对同一个问题会有各自不同的理解和看法，这就使交往双方的沟通有时变得困难。若交往双方不能沟通，不仅交往的目的不能实现，有时还会导致误解，给企业造成负面影响。因此，商务礼仪旨在消除差异，使双方相互接近，达到情感沟通。

任务二　理解商务礼仪的特征与原则

一、商务礼仪的特征

1. 规范性

规范性就是标准化要求。商务礼仪的规范是一种舆论约束，与法律约束不同，法律约束具有强制性。讲不讲规范，是这个人懂不懂规范的问题；讲不讲规范，是这个单位有没有规范的问题。这种规范在交往中是很强调的。比如：吃自助餐要多次少取，几次都可以；喝咖啡时调匙的使用；介绍人的先后顺序遵循客人有优先了解权，这是客人至上原则的体现。

2. 时效性

商务活动的时效性很强，时过境迁，就会失去良机。在商务活动中，如果说话做事恰到好处，问题就会迎刃而解。有的商务人员坚持"不见兔子不撒鹰"，可能会失去一次成功的商业合作机会。

3. 对象性

对象性就是跟什么人说什么话。比如，引导者客人时，客人认识路则领导和客人走在前面，不认识路时则要在左前方引导；宴请客人时优先考虑的问题是"对方不吃什么，有什么忌讳"。

4. 技巧性

比如，台上领导的站位的三项基本原则，前排高于后排，中央高于两侧，左侧高于右侧。涉外交往和商务交往是讲国际惯例的，国际惯例正好相反，右高左低。

二、商务礼仪的原则

1. 接受对方

接受对方就是宽以待人，不要求全责备。具体地说，跟别人打交道时，如果不是原则问题，要有这样的理念：客人永远是正确的，客人没有错，交谈时不要打断别人；不要轻易补充对方；不要随意更正对方。

2. 重视对方

欣赏的重视，不是找人家毛病，而是欣赏。比如：接过名片一定要看；客人来了要说

"坐""请坐""请上坐"；要善于使用尊称，如行政称呼、技术职称、泛尊称。

3. 赞美对方

在商务交往中，要善于发现别人所长并加以赞美。赞美对方的时候一定要注意：一是实事求是；二是适应对方，夸到点子上。

任务三　熟悉礼仪的构成要素

随着时代的变迁、社会的进步和人类文明程度的提高，商务礼仪也不断推陈出新，内容更完善、更合理、更丰富多彩。商务礼仪的构成要素主要有以下几个方面。

一、礼节

礼节是人们在交往过程中逐渐形成的约定俗成的和惯用的各种行为规范总和。礼节是社会外在文明的组成部分，具有严格的礼仪性质。它反映一定的道德原则的内容，反映对人对己的尊重，是人们心灵美的外化。现代商务礼节主要包括介绍、握手、打招呼、鞠躬、致意、名片、电话、宴会等方面。

当今世界是多元化世界，不同国家、不同民族、不同地区的人们在各自生存环境中形成了各自不同的价值观、世界观和风俗习惯，礼节从形式到内容都不尽相同。

二、礼貌

礼貌指商务人员在社会交往过程中良好的言谈和行为。主要包括口头语言、书面语言、态度和行为举止。礼貌是人的道德品质修养的最简单、最直接的体现，也是人类文明行为的最基本的要求。在现代社会，商务人员使用礼貌用语，对他人态度和蔼，举止适度，彬彬有礼，尊重他人已成为日常的行为规范。

三、仪表

仪表指商务人员的外表。包括仪容、服饰、仪态等。仪表属于美的外在因素，反映人的精神状态。端庄的仪表既是对他人的尊重，也是自尊、自重、自爱的表现。

四、仪式

仪式指行礼的具体过程或程序。它是礼仪的具体表现形式。仪式是一种比较正规、隆重的礼仪形式。商务人员在社会交往过程中或是组织在开展各项专题活动过程中，常常要举办各种仪式，以体现对某人或某事的重视，或纪念等。常见的商务仪式包括开业或开幕、闭幕、欢迎、入场、签字、剪彩、揭匾挂牌、颁奖授励、宣誓就职、交接、奠基、捐赠等。仪式往往具有程序化的特点，这种程序有些是约定俗成的。在现代商务礼仪中，有些程序是必要的，有些则可以简化。仪式大有越来越简化的趋势。但是，有些仪式的程序是不可省略的，否则就是非礼。

五、礼俗

礼俗即民俗礼仪，指各种风俗习惯，是礼仪的一种特殊形式。礼俗是由历史形成的，普及于社会和群体之中，并根植于人们心中，是在一定环境经常重复出现的行为方式。不同国家、不同民族、不同地区在长期的社会实践中形成了各具特色的风俗习惯。"十里不同风，百里不同俗"，不但每一个民族、地区，甚至一个小村落都可能形成自己的风俗习惯。

任务四　掌握商务礼仪的学习方法

一、加强道德修养

道德品质也称品德或德行，是社会道德现象在个人身上的具体体现，指一定的社会道德原则和规范在个人思想行动中表现出的某种比较稳定的特征和倾向。道德品质的修养和礼仪行为的养成有着密切的联系，二者存在相辅相成的统一过程。礼仪行为从广义上说是一种道德行为，处处渗透和体现着一种道德精神。一个人想要在礼仪方面达到较高的造诣，离开道德品质方面的修养是不可能的；一个人要形成一种高尚的道德品质，就应该从日常礼仪规范这一基础的层次做起。

二、提高文化素质

礼仪学是一门综合性的专门学科，它和公共关系学、传播学、美学、民俗学、社会学等许多学科都有密切关系，一个人只有具备广博的文化知识，才能深刻理解礼仪的原则和规范。只有具备较高的文化层次，才能更加自如地在不同场合具体运用礼仪。要提高自己的礼仪修养，必须有意识地广泛涉猎多种科学文化知识，使自己具备见多识广的综合知识素养，提高文学、艺术欣赏能力，提高审美能力。这样，就会有意无意地按照美的规律来认识生活和改造周围的环境，同时，在人际交往中，自己的言行也更具美感。

三、主动接受商务礼仪教育

各国的礼仪风俗千种万类，各民族礼节习俗也各不相同。在涉外工作和商务工作中，如对其他国家或某一具体活动的礼仪知识不了解，只凭经验办事，轻则闹笑话，重则影响工作效果，甚至造成误解。我们应该注意收集、学习和领会各种礼仪知识并在实践中运用，久而久之，不但自己在礼仪方面博闻多识，在礼仪修养的实践上也能提高到新的高度。

四、自觉养成文明习惯

礼仪是人们交际活动中的一种行为模式。这种行为模式只有通过长期的自觉练习，变成自身自动的动作，形成习惯，才能在交际活动中更好地发挥作用。礼仪修养实际上就是人自觉地用正确的思想战胜不正确的思想，用良好的行为习惯纠正不良行为习惯的过程。检验一个人的礼仪修养如何，很重要的一条标准就是看他是否已把交际礼仪规范变成自身个性中的稳定成分，是否能在各种交际场合自然而然地遵循交际礼仪要求。

在商务礼仪的教育中，要认真组织受教育者进行行为演练，使他们通过严格的训练，掌握调节行为的能力，自觉地养成良好的行为习惯。

五、积极参与社会实践

学习商务礼仪，仅仅从理论上明白商务礼仪的含义和内容是远远不够的，还需要在实践中运用，在文明气氛较浓的环境中接受感染和熏陶，自觉增强文明行为，培养礼貌的行为、抵制各种粗俗不雅的不良习惯、提高礼仪修养水平是大有好处的。"习惯成自然"，愿大家从现在起都能积极投身丰富的社会实践，不断完善自身，从而提升自己的商务礼仪修养和思想道德修养。

要在实习职业岗位上，时时处处自觉从大处着眼、小处着手，以礼仪的规范来要求自己的言谈举止，在社交场所多听、多看、多学，通过各种人际交往的接触强化，不断提高自己的礼仪修养。

【案例8-1】 小节的象征

一位先生要雇一个没带任何推荐信的小伙子到他的办公室做事，先生的朋友挺奇怪。先生说："其实，他带来了不止一封推荐信。你看，他在进门前先蹭掉脚上的泥土，进门后又先脱帽，随手关上了门，这说明他很懂礼貌，做事很仔细；当看到那位残疾老人时，他立即起身让座，这表明他心地善良，知道体贴别人；那本书是我故意放在地上的，所有的应试者都不屑一顾，只有他俯身捡起，放在桌上；和他交谈时，我发现他衣着整洁，头发梳得整整齐齐，指甲修得干干净净，谈吐温文尔雅，思维十分敏捷。难道你不认为这些小节是极好的推荐信吗？"

任务实训

让学生分组，以小组为单位参与当地企业的公共关系调研项目，写出调研体会。

提示：在企业人员带领下，能够运用适当方法收集信息。

综合练习

一、单项选择题

1. 最早的礼仪是以（　　）为主要内容的"礼"。
   A. 祭天　　　　　B. 祭祖　　　　　C. 敬神　　　　　D. 祭天敬神
2. 商务礼仪与一般的人际交往礼仪不同，体现在商务活动的（　　）环节之中。
   A. 商品采购　　　B. 商品销售　　　C. 售后服务　　　D. 各个
3. 当今社会，商务礼仪之所以普及，之所以被重视，主要是因为它能够（　　）。
   A. 内强素质　　　　　　　　　　　B. 外塑形象
   C. 内强素质，外塑形象　　　　　　D. 提升自己

4. 商务礼仪的规范是一种（　　　）约束。
   A. 舆论　　　　　B. 法律　　　　　C. 道德　　　　　D. 纪律
5. 以下（　　　）不是商务礼仪坚持的原则。
   A. 接受对方　　　B. 重视对方　　　C. 约束对方　　　D. 赞美对方
6. 赞美对方的时候一定要注意（　　　）。
   A. 实事求是　　　B. 适应对方　　　C. 夸到点子上　　D. 以上都是
7. 为使国际社会交往顺利进行，必须讲究（　　　）。
   A. 礼貌　　　　　B. 礼宾次序　　　C. 仪表　　　　　D. 以上都不是
8. （　　　）的原则，指在一切正式的国际交往之中，都必须认真而严格地遵守自己的所有承诺。
   A. 信守约定　　　B. 尊重隐私　　　C. 不卑不亢　　　D. 女士优先
9. 在确定"女士优先"原则的适用范围时，关键是要把握好（　　　）。
   A. 地区差别　　　B. 场合差别　　　C. 个人差异　　　D. 以上都是
10. 一个人要形成一种高尚的道德品质，就应该从日常（　　　）这一基础的层次做起。
    A. 礼仪规范　　　B. 文化素质　　　C. 生活习惯　　　D. 文明习惯

二、多项选择题

1. 商务礼仪有助于（　　　）。
   A. 提高商务人员的自身修养　　　B. 塑造良好的组织形象
   C. 商务人员改善人际关系　　　　D. 沟通交流
2. 以下（　　　）是商务礼仪的特征。
   A. 规范性　　　　B. 时效性　　　　C. 对象性　　　　D. 技巧性
3. 当今世界是个多元化世界，不同国家、不同民族、不同地区的人们在各自生存环境中形成了各自不同的（　　　），其礼节从形式到内容都不尽相同。
   A. 价值观　　　　B. 世界观　　　　C. 风俗习惯　　　D. 文化环境
4. 礼貌指商务人员在社会交往过程中良好的言谈和行为。它主要包括（　　　）的礼貌。
   A. 口头语言　　　B. 书面语言　　　C. 态度　　　　　D. 行为举止
5. 在现代社会，商务人员使用礼貌用语，对他人（　　　），已成为日常的行为规范。
   A. 态度和蔼　　　B. 举止适度　　　C. 彬彬有礼　　　D. 尊重他人
6. 端庄的仪表既是对他人的一种尊重，也是（　　　）的一种表现。
   A. 自尊　　　　　B. 自重　　　　　C. 自爱　　　　　D. 自信
7. 国际社会交往中应遵循的商务礼仪通则包括（　　　）。
   A. 不卑不亢　　　B. 信守约定　　　C. 尊重隐私
   D. 女士优先　　　E. 以右为尊
8. 坚持求同存异，有三项具体要求（　　　）。
   A. 承认差异　　　B. 入乡随俗　　　C. 区别对待　　　D. 以我为尊
9. "女士优先"的含义是：在一切社交场合，每一名成年男子都有义务主动自觉地以自己的实际行动（　　　），并且想方设法、尽心尽力地为妇女排忧解难。
   A. 尊重妇女　　　B. 照顾妇女　　　C. 体谅妇女　　　D. 保护妇女

10. 尊重个人隐私已经逐渐成为一项国际社会交往的惯例。以下（　　）属于个人隐私。
 A. 收入支出、年纪大小
 B. 恋爱婚姻、健康状态
 C. 个人经历、政治主张、生活习惯、所忙何事
 D. 家庭住址

三、判断题

1. 礼仪的历史是漫长而久远的。它随着人类社会的产生而产生，随着经济的发展、社会的进步而不断前进。
2. 周代，礼除了用于祭祀，还作为治国之本。
3. 礼仪泛指人们在社会交往中的行为规范和交际艺术。
4. 在商务活动中，如果说话做事恰到好处，问题就会迎刃而解。
5. 接受对方要有这样一个理念：客人永远是正确的，客人没有错。
6. 礼节是人们在交际过程中逐渐形成的约定俗成的和惯用的各种行为规范的总和。
7. 仪表美是一个人心灵美与外在美的和谐统一。
8. 仪式往往具有程序化的特点，仪式的程序是不可省略与简化的。
9. "十里不同风，百里不同俗"说明不同民族、不同地区形成了自己的风俗习惯。

四、简答题

1. 简述商务礼仪的作用。
2. 商务礼仪的原则有哪些？
3. 国际商务礼仪有哪些具体的通则？

模块九 09 培养个人基本礼仪

学习任务

1. 了解仪容仪表的含义、基本要求及原则；
2. 面部修饰化妆的基本程序以及面部化妆礼仪需注意的问题；
3. 熟悉发型修饰依据的原则及应注意的问题；
4. 熟悉身体局部修饰的基本要求和方法；
5. 熟悉站姿、坐姿、蹲姿、走姿的基本礼仪；
6. 熟悉眼神、笑容、手势的基本礼仪；
7. 掌握男士西服着装规范和女士西服套裙着装规范；
8. 鞋袜、手表、眼镜、帽子、头巾、手镯、手链的佩戴要求；
9. 了解男士饰品与女士饰品的佩戴要求。

案例导入

姜某是某市财政局干事，一次，他与同事一道外出参加宴会，因为举止不雅，招致了大家的非议。

宴会开始时，姜某还能正襟危坐，斯斯文文地用餐。过了一会儿，为了吃得畅快，姜某便开始一再减轻自己身上的"负担"。他先是松开自己的领带，接下来又解开领扣、松开腰带、卷起袖管，到了最后，竟然又悄悄地脱去自己的鞋子，并将脚踩在座椅上。姜某在吃东西时，总爱有意无意地咂巴滋味，吃东西的响声"一波未平，一波又起""一浪高过一浪"。姜某在宴会上的此番作为，不仅令在座的人瞠目结舌，也让他的同事无地自容。

现代人生活在社会交往日益密切的地球村，人们比以往更加注重自己的着装打扮，因为这些"简单小事"如同一扇窗口，真实地反映着一个人的经历、精神状态、内在文化素质和审美情趣的高低雅俗。

任务一 培养仪容仪表礼仪

一、仪容仪表的含义

仪表是人的外表，包括仪容、服饰、仪态，是一个人教养、性格内涵的外在表现。整洁大方的仪表，不仅能展示自己的个性魅力，更能体现对他人的一种礼貌，在个人整体形象中具有显著地位。良好的社交仪态表现在对细节的严格要求上，失礼的穿着与仪表，不仅有失身份，更显得缺乏修养，是人们在社会交往中的大忌。

仪容通常指人的容貌，是个人仪表的重要组成部分，指发式、面容以及人体所有未被服饰遮掩的肌肤部分。不同的仪容修饰不仅能表现个人的审美修养、生活品位和个性气质，更体现一个人的精神状态、文明修养程度和对个人和社会的尊重。随着现代文明程度的不断提高，仪容礼仪也越来越多地受到人们的重视。

二、仪容仪表的基本要求

1. 要有注重仪容仪表的强烈意识

爱美之心，人皆有之。成功的交往一般是从良好的第一印象开始的，而第一印象的形成往往取决于对方仪表传递出的信息。同样一个人，同样的场所，当他分别以西装革履、风度翩翩或衣衫不整、萎靡不振的面貌出现时，势必形成判若两人的印象，所受的待遇必是截然不同的。

2. 要经常检点自己的容貌举止

人际交往过程中，一个人如果能随时保持端庄得体的仪容仪表，处处注意自己的容貌举止，注重培养彬彬有礼的风度，就能始终保持光彩动人的形象。

3. 保持整洁的形象

要塑造良好的自我形象，整洁卫生是前提。讲究个人卫生，保持衣着整洁是仪表美的基本要求。在社交场合，不管你形体如何动人、面容怎样美丽、服饰何等高档，如果以肮脏邋遢、汗臭扑鼻的形象出现，必然会大煞风景，使形象黯然失色。因此，在日常生活中，只要有条件，就必须勤于梳洗，讲究卫生，尤其是在社交场合，务必要穿戴整齐，精神振作。另外，还要正确认识自己，不要盲目地赶时髦，要注意装扮适宜，举止大方，态度亲切，秀外慧中，个性鲜明。

三、仪容仪表修饰的原则

要展示仪容美，适当的面部修饰美化是十分必要的。但是要使面部修饰美化达到最佳效果，必须遵循以下原则。

（1）洁净。面部干净清爽公认的标准是无灰尘、无泥垢、无汗渍、无分泌物、无其他一切被视为不洁之物的杂质。要做好这一点，必须养成平时勤于洗脸的良好习惯。

（2）卫生。主要是要求注意个人面容的健康状况。

（3）自然。面部修饰化妆的目的是给人清洁、健康、漂亮的印象，所以美容要真实、自然、恰到好处，要符合自己的年龄、身份和职业，要符合礼仪场合。

（4）适度。面部化妆要适度，要根据自己的特点，采用不同的妆容，表现不同的风格。

（5）协调。化妆时除了要注意粉底霜、眼影色、胭脂、口红等颜色与个人的皮肤颜色、服装颜色协调，还应注意与年龄相符合，与身份职业一致，与季节、时间协调，与所要表现的风格一致。

（6）个性。化妆要因人而异，因形不同，努力通过化妆进行自我形象塑造，扬长避短，充分展现自己的气质和性格。

四、面部修饰化妆

（一）面部修饰化妆的基本程序

1. 清洁面部

面容清洁和皮肤保养是仪容美的关键，是讲究礼仪的基本要求。化妆前要用温水清除面部的污垢、污渍等不洁物，在全面化妆前应再用清洁霜清洁一次，用清水洗净，然后涂上护肤类化妆品。皮肤越洁净，妆面效果越好。

2. 保养皮肤

就是保持面部皮肤的洁净、润泽并富有弹性。正确的皮肤保养，有助于面容的娇美。不过，不同的皮肤性质和特点应该采用不同的保养措施。肌肤性质诊断测试见图 9-1，面部护理与皮肤保养见图 9-2。

肌肤性质分类

| 中性肌肤 | 干性肌肤 | 油性肌肤 | 混合性肌肤 | 敏感性肌肤 |

肌肤性质诊断测试		
清洁皮肤 3 小时后	根据问题做出适当的选择	结果
皮肤泛出油光？	A 从不　　B 很少　　C 经常　　D 总是	
渗油部位？	A 多在 T 字形区　　B 整个面部	
您的皮肤看起来如何？	A 脱皮、干裂 B 略干、毛孔不明显 C 发亮、T 字区毛孔较粗 D 油腻、毛孔明显	
您的皮肤感觉如何？	A 略干或紧绷 B 舒适 C T 字区油腻、两颊略干 D 油腻	

图 9-1　肌肤性质诊断测试

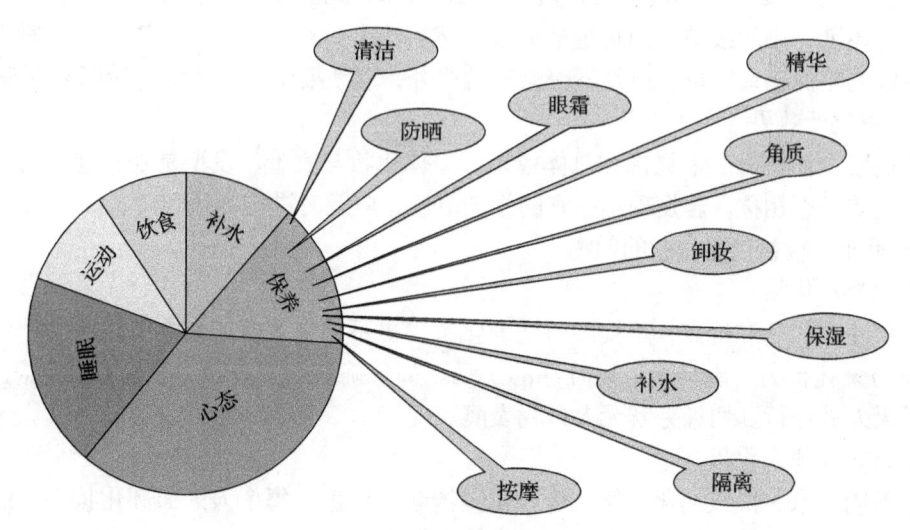

图 9-2　面部护理与皮肤保养

3. 基面化妆

基面化妆又叫打粉底，目的是调整皮肤颜色，使皮肤干滑。

4. 定妆

为了固定底色和使妆色柔和，要用粉饼或散粉定妆，粉的颗粒越细越自然越好。粉要涂得薄些，而且要均匀。

5. 眉毛整饰

整饰眉毛时应根据个人的脸形特点，确定眉毛的造型。画眉应从内眼角的眉端开始，经眉峰在眉毛的三分之一处一直画到眉尾为止。一般是先用眉笔勾画出轮廓，再顺着眉毛的方向一根根地画出眉形。最后把杂乱的眉毛拔掉。女士的眉形切忌过宽。眉形的确定方法见图9-3。

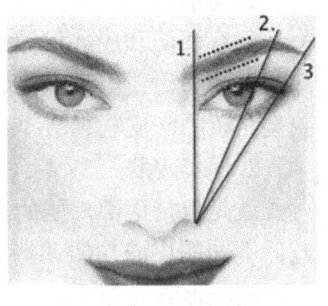

图9-3 确定眉形

6. 眼部修饰

画眼线主要是为了突出眼睛的轮廓，增强眼睛的外观效果。一般是上眼线要比下眼线画得长一些、粗一些、深一些。用黑色眼线笔或眼线液沿睫毛根部由外眼角向内眼角方向画出眼线，随后可戴上黑色的假睫毛，使眼睛显得生动温柔。

涂眼影要从眼角开始，刷到眼梢，再反手往前、往上，刷匀整个眼睑位置。重点在于上眼睑，涂眼影时要从上眼睑边缘贴近睫毛处逐渐到眉毛下缘，着色要由深到浅，然后用眼影刷轻轻扫开，并巧施亮色以加强眼睛的立体感。在贴睫毛的部位及两个眼角的部位涂重些。

7. 睫毛修饰

先用睫毛夹使睫毛卷曲，然后用睫毛刷把睫毛膏均匀地涂抹在睫毛上，但不宜抹得过厚，否则会让睫毛粘住，给人以造作之感。睫毛膏的正确使用能增强眼睛的魅力。

8. 脸颊修饰

腮红一般可以打在笑肌上，但要根据不同的脸形和不同肤色采用不同腮红，应以颧骨为中心，直到和底色自然相连，使脸形显得长一些。颜色的选用要根据肤色而定。

9. 嘴部修饰

涂抹口红时先要根据不同年龄、场合、职业、季节选择不同的颜色，再根据嘴唇的大小、形状、厚薄，用唇线笔勾出理想的唇线，然后涂上口红，唇边要涂深一些，唇内则可浅一些，唇线要略深于口红色，口红不得涂于唇线外，唇线要干净、清晰，轮廓要明显。

10. 检查化妆效果

化妆后要全面检查一下局部和总体效果，整体化妆与衣着、发型是否相宜；与自己的年龄身份、气质是否相称。若发现不适宜的修饰痕迹，应及时进行补妆和矫正。

（二）面部化妆礼仪需注意的问题

1. 不宜当众化妆

化妆要注意时间和地点，不能随时随地化妆，更不能在大庭广众之下化妆、补妆，这是没有教养的失礼行为，也会给人以轻浮的感觉。如果确有必要补妆，也应在化妆间、卧室、洗手间或无人处进行。切忌旁若无人自我表演。

2. 不要非议他人化妆

由于不同国家、民族文化传统、个人审美情趣、肤色，每个人的面部化妆不可能是完全一样的，所以切不可随意评价、议论他人化妆的得失。

3. 不要借用他人化妆品

每个人对化妆品的使用有个人的习惯，别人用起来会觉得不方便。同时，化妆品有可能传播病毒。所以，借用别人的化妆品，不仅不礼貌，而且不卫生。

4. 要适时补妆

在工作过程和社交活动过程中，可能会由于出汗、用餐等各种原因，造成面部妆面受损，应该及时自察妆容和补妆，维护好妆面的完整性，不要出现残妆现象。

五、发型修饰

发型修饰就是要通过梳理使头发起掩盖、衬托、填充的作用，力求使各种不够匀称的脸形变得和谐一些，通过修、剪、吹、烫、染等技巧，修饰出一种适合自己的庄重、简约、典雅、大方的发型，给人以美感。合宜的发型能提升人的气质与魅力、展现仪容美。

选择发型应与个人的角色、身份和职业性质相吻合。政治家、企业家、学者在非特殊情况下，选择大方的中短发型不仅给人以端庄、稳重之感，而且能体现个人的礼仪修养；商界男士可选择青年式、背头式、分头式、平头式等发型；职业女性不要留披肩发，刘海不要过低，不要染红、黄色，一般以齐耳的直发或微长稍曲的发型为宜；服务行业男性发型要前不遮眉、侧不遮耳、后不及领，不可留怪异发型，也不可烫卷发或染发；服务行业女性最规范的发型是盘发、束发，披肩发也可以。

1. 发部整洁

对任何人而言，在人际交往中，头发整洁与否，都会直接影响他人对自己的评价。社交场合的头发重点应注意以下几点。

（1）勤于梳洗，避免不洁。头发的清洗，三天左右进行一次为宜。

（2）定期修剪，避免凌乱。通常情况下，男士应半个月左右理发一次，女性可根据个人情况而定，但最长不应超过一个月。

（3）认真梳理，保养头发。一头杂乱无章、"不守规矩"的头发，会给人留下做事大大咧咧、有始无终的印象。

2. 头发保养

头发有保暖防晒、避免蚊虫叮咬、调节体温、防止意外伤害、缓冲头部撞击等作用，同时，它更是仪表美的重要组成部分。要想拥有一头秀发，必须懂得"饮食美发、科学洗发"等头发保养的知识和技巧。

六、局部修饰

（一）眼部

（1）保洁。眼部保洁最重要的是要及时除去眼角不断出现的分泌物。如果患有眼病，应自觉回避社交活动，免得使人近之难过，避之不恭，让人提心吊胆。

（2）修眉。如果感到自己的眉形不好看，可以进行必要的修饰，但不提倡"一成不变"的眉形塑造。

（3）眼镜。不论是矫正视力，保护眼睛，还是追求时尚，人们常常会佩戴眼镜。在社交场合或工作场合佩戴眼镜应注意3点：①眼镜的选择除了实用，还应注意质量是否精良，款式是否适合自己；②应随时对眼镜进行矫正和清洗；③不应在社交和工作场合佩戴墨镜，否则会让人"不识庐山真面目",有拒人于千里之外的嫌疑。

(二) 耳部

(1) 卫生。每个人的耳孔里都会有一些分泌物及粉尘秽物出现,一定要注意及时清洁,但不要在人前操作。

(2) 耳毛。一旦发现应及时修剪。

(三) 鼻子

(1) 清洁。平时应注意保持鼻腔清洁,切勿当众擤鼻涕、挖鼻孔、吸鼻子,也不要乱弹乱抹鼻垢。如果确实需要,应尽量在无人处进行,并以手帕或纸巾辅助。

(2) 鼻头。鼻子的周围容易积存一些脂肪或泥垢,因此平时应认真清洗,切勿形成"黑头"。一旦形成,可用专门的美容鼻贴处理。

(3) 鼻毛。鼻毛也长出鼻孔,有碍观瞻。应注意检查,及时修剪,千万不要置之不理,或者当众揪拔。

(四) 口部

(1) 护理。牙齿洁白,口腔无味是护理的基本要求。要做好这一点:①坚持每天定时刷牙,刷牙时要做到"三个三",即每天刷牙三次,每次刷牙在饭后三分钟进行,每次刷牙时间不应少于三分钟;②经常用爽口液、洗牙等方式保护牙齿;③注意在重要应酬之前忌烟、酒、葱、蒜、韭菜等。

(2) 异响。交际场合除了应有的谈笑之声外,应避免发出诸如咳嗽、哈欠、喷嚏、吐痰等不雅之声。

(3) 胡须。如果没有特殊的宗教信仰或民族习惯,切忌胡子拉碴地出现在公共场合。女性若因内分泌失调长出类似胡须的汗毛,应及时清除或治疗。

(五) 颈部

颈部属于面容的自然延伸部分,因此,颈部的修饰也很重要:①注意避免颈部皮肤过早老化,与面部产生较大反差;②保持清洁卫生,保持脖子、脖后、耳后干净。

(六) 手臂

正常情况下,手臂是人际交往中使用最多、动作最多的部分,被人们视为社交场合的"第二张名片"。因此,手臂的修饰与面部的修饰同等重要。

1. 手掌

(1) 清洁。日常生活中,手是接触人和物最多的部位,手部干净与否,会给人深刻的印象,特别是从事服务行业的人员,手部的干净更是至关重要的。

(2) 指甲。应定期修剪,不要无故留甲过长,这样既不美观,也不方便。修剪指甲,应以其不超过手指指尖为宜,应尽量做到"三天一修剪,每天一检查"。

(3) 死皮。发现手部有死皮,应及时修剪,但不宜当众操作,更不要用手撕或用牙咬。

(4) 伤损。手部要精心保养,不要让它带有伤残。如果皮肤粗糙、红肿、皲裂,应急时护理;如果生疮、发炎、变形、伤损应及时就诊。

(5) 艳甲。在工作岗位或社交场合,一般不要涂抹彩色指甲油,或对指甲进行艺术加工。

2. 臂部

(1) 裸露。社交礼仪规定,在正式的场合,人们不应穿着半袖装或无袖装,不应将肩部裸露在衣服之外。非正式场合则无此限制。

（2）艺术加工。工作或交际活动中，不显露手臂上的刺字、刻画等艺术加工。

（3）汗毛。因个人生理条件的不同，有的人手臂上长有过浓、过长的汗毛，最好采用适当的方法进行脱毛。腋毛属于"个人隐私"，不宜在外人或异性面前"露怯"。如果打算穿着暴露腋窝的服装，务必要先行脱毛。

（七）下肢

交际中，人们常有"远看头，近看脚，不远不近看中腰"的观察他人的习惯，因此，一个人的下肢尽管不是个人形象的主要代表，也不应忽视。

1. 脚部

（1）裸露。正式场合不宜光脚穿鞋，而拖鞋、凉鞋、无跟鞋等也不宜登大雅之堂。非正式场合，光脚穿鞋子时，要确保干净、清洁。

（2）清洁。因双脚易出汗并产生异味，因此要注意每天洗脚、换袜子，鞋子也应勤于更换。

（3）趾甲。脚指甲要勤于修剪，不仅要注意长度适中，外形美观，还应注意去除死皮。

2. 腿部

（1）在正式场合，男士不应穿短裤，女性不可穿短裤或超短裙。越是正式的场合，对女性裙装长度的要求越严格，一般情况，女性的裙长应在膝部以下。

（2）女性在正式场合穿裙子时，不宜光着大腿不穿袜子，尤其不允许将光着的大腿暴露于裙子之外。

（3）成年男子，腿部汗毛大都过重，如果在正式场合露出一截"飞毛腿"，是非常不雅观的。如果女士因内分泌失调导致腿部汗毛过浓过黑，应穿深色丝袜遮掩，或将其脱去。

任务二 培养服饰礼仪

古今中外，服饰作为一种"无声的语言"，能够很好地体现社会文化。它既可以反映一个族群的文化素养、精神面貌和物质文明的发展程度，又能反映一个人的社会地位、阅历修养、性格气质、爱好追求和审美情趣。得体的服饰可以把人体衬托得更加光彩照人，可以将女性的天生丽质和男性的健康潇洒展示得更加淋漓尽致。所以，应根据不同的时间、不同的场合、不同的目的等精心挑选、搭配和组合着装，充分展示个人的仪表美，增强自己的魅力，给人留下良好的印象。

一、男士着装

1. 男士西服的穿着

西装是交往和工作中最常见的职业装。西装的选择要求做工精细、落落大方，西装不需要准备太多套，但宜选择面料上乘、不起皱、品质好的西装。最常见的社交西装多为藏蓝色、深灰色、黑色。中度蓝色或灰色适合中下级人士，给人亲切的感觉。浅蓝、浅灰色则比较鲜明活跃。

西装就是自己的脸面，购买西装一定要认真试穿，确保尺寸适合。挑选西装时要看其衬里是否外漏，衣角是否对称，纽扣是否稳固，表面是否起泡，针脚是否均匀，外观是否平整。

西装有单排扣、双排扣之分。双排扣西装一般要求把扣子全部扣好，不可以把扣子全部打开。单排扣西装三粒扣子的只系中间一粒，两粒扣子的只系上面一粒。坐下的时候应该解开扣子。西装上部的口袋不可用来插笔，只起装饰作用，而且多用来放装饰手帕。

西装的标准穿法是衬衫之外不宜穿背心或内衣。西装不穿时要用衣架挂起来，防止变形，毛料西裤要干洗再烫平。

2. 男士衬衫的穿着

一般来讲，正装衬衫以无任何图案为佳。面料以纯棉为主。同时最好是单一色，在应酬中，海蓝色或白色衬衫应是首选。较细的竖条衬衫也可以穿着。但是，绝对不要穿着带条纹的西装，不管是织出的，还是印上去的条纹。

正装衬衫必须为长袖衬衫。不管天气多热，在正式场合，只要穿西装就必须穿长袖衬衫。穿有胸袋的衬衫，应尽量不往胸袋里放东西或少放东西。

男士在自己的办公室里，可以脱下西装上衣，直接穿着长袖衬衫，打着领带。如果外出，一定要把西装外套穿起来。这是礼貌和尊重的象征。

3. 男士领带的佩戴

西装、领带、衬衣三者的色调应该是和谐的，领带是三者中最醒目的。领带的主色调一定要与衬衫有所区别，要与西装同色系，颜色要比西装更鲜明。单色、条纹、圆点、细格、规则图案，都是常规的。如果不是特殊嗜好，最好不要用鲜红色的领带。领带的扎法有好几种，原则是衬衣的领角越大，领带结扎得越大；领角越尖，领带结扎得越小；领角适中，相应领带结也扎得适中。

领带打好后，必须长短适度。标准的长度是领带打好之后，下端正好盖住皮带扣。依照惯例，打领带时可不用任何配饰，即便使用领带夹，也不宜令其处于外人视野之内，而只宜将其夹在领带打好后的"黄金分割点"上，即衬衫自上而下的第三至第五粒纽扣之间。

男士在上班场合，以打领带为好。在参加宴会、舞会、音乐会时，一般不打领带。在其他休闲场合通常是不必打领带的。一般而言，穿西装套装时，必须打领带。穿单件西装时，领带则可打可不打。在非正式活动中穿西装背心时，可以打领结。不穿西装的时候，例如穿夹克、猎装、毛衣、短袖衬衫时，通常不宜打领带。

二、女士着装

1. 女性的社交服饰

女性在社交活动中应当注意着装，得体和谐的服饰有一种无形的魅力。社交服饰最基本的原则是协调，即服装的色彩、款式等要和体型、身份、季节、年龄、活动场所等协调。

服装的色彩分为3类：暖色调（红、橙、黄等）给人以温和、华贵的感觉；冷色调（紫、蓝、绿等）往往使人感到到凉爽、恬静、安宁、友好；中间色（白、黑、灰等）给人以平和、稳重、可靠的感觉。一般来说，色彩搭配可以采用以下两种方法：①根据色彩明暗度的不同来搭配，即把同一颜色按深浅不同进行搭配，形成一种和谐的美感；②用相近的颜色搭配，如橙与黄、蓝与绿的搭配等，但在搭配时要在明暗度或鲜艳程度上加以区别。

活动场合的协调。服装与活动场合是否协调，直接影响交际的效果。旅游时，可穿T恤配运动装式的弹力牛仔或休闲长裤，也可穿腰部有松紧带的宽松裙子。运动时，可穿棉质翻领衫或防风服配针织长裤,最好穿棉线袜平底鞋。赴宴会时,可穿黑色的服装,因为这种颜色的服装给人郑重、稳重的感觉,如果女士穿长裙或晚礼服,长裙最好是用无花边布料做成的,这样才不致显得过分华丽,而且能使你自然流露出温柔的气质。

2. 女士套裙的穿着

女士套裙要选择不起皱、不起毛、不起球的匀称平整、柔软丰厚、悬垂挺括、手感好的面料制作。色彩应当以冷色调为主,更能体现着装者的端装与稳重。女士的套裙要求上衣不宜过长,下裙不宜过短。通常套裙的上衣最短可以齐腰,而裙子最长则可以达到小腿的中部。上衣的袖长以恰好盖住手腕为好,且上衣和裙子均不可过于肥大或包身。

女士在正式场合穿套裙时,上衣的衣扣必须全部系上,不要将其部分或全部解开,不要当着别人的面脱掉上衣,更不要将上衣披在身上或者搭在身上。裙子要端端正正,上下对齐。应将衬衫下摆掖入衬裙裙腰与套裙裙腰之间,切不可将其掖入衬裙裙腰之内。

套裙上不宜有过多的点缀。女性在穿套裙时,既不能不化妆,也不能化浓妆。衬衫应轻薄柔软,色彩与外套和谐。内衣的轮廓最好不要显露出来。衬裙应为白色或肉色,不宜有任何图案,裙腰不可高于套裙裙腰暴露于外。鞋子宜为皮鞋,以棕色或黑色牛皮鞋为主要选择对象。尽量选择轻薄的尼龙丝袜或羊毛袜,切不可将健美裤、九分裤等当袜子来穿。

3. 女士的着装禁忌

女士在公众场合着装应避免出现"过于暴露、过于透明、过于短小、过于紧身"4种错误。

【小贴士 9-1】

国际通行的 TPO 原则

T(Time)表示时间,即穿着要应时。不仅要考虑时令变换、早晚温差,而且要注意时代要求。特别是随着社会的发展,人们的着装要求和观念也会发生一定的变化,尽量避免穿着与流行样式色彩格格不入的服装。

P(Place)表示场合,即着装要"因地制宜",要有"现场感"。比如,工作场合一般宜穿庄重的服装,穿休闲服就不大得体;穿着泳装出现在海滨、浴场是司空见惯的事情,如果穿着上班会令人哗然;礼服是正式场合的着装,如果穿着它去参加运动,难免会贻笑大方。

O(object)表示着装者和着装目的,即穿着要应己。就是说穿着不要盲目追赶潮流,而要根据自己的工作性质、社交活动的具体要求、形象特点、气质、年龄等来选择服装。服饰穿戴要塑造与自己身份、个性相协调的形象。

三、鞋袜的穿着

鞋子和袜子被称作"腿部时装"和"脚部时装"。鞋袜的选择要注意与整体装束搭配,其颜色应当与上衣、裤子及皮带等保持一致,这样才能体现穿着的整体美。

俗话说"脚下没鞋穷半截",可见鞋子对整体形象的影响是相当大的。鞋在整体着装中具有重要地位,不仅能映衬出服装的整体美,更重要的是还能增加人体本身的挺拔俊美。一双得体的鞋子,能为全身的服装添色增辉。在正式或半正式场合,男性一般穿着没有花纹的黑色平跟皮鞋，女性一般穿着黑色半高跟皮鞋。露脚趾的皮凉鞋是绝对禁止在礼仪场合穿着的。同时，在礼仪场合，必须保持鞋面光亮明净，这一点很重要。

袜子的穿着也是重要一环。在礼仪场合，决不能赤足穿鞋。正式或半正式场合，男性应着中长筒袜子，颜色以单色、深色为好，略带条纹、方格图案也可以；女性应着肉色长筒丝袜，配长裙、旗袍最为得体。长筒袜的长度一定要高于裙子下部边缘，且留有较大余地，否则一走动就露出一截腿，极为不雅。

四、手表与眼镜的佩戴

1. 手表

佩戴手表需要和自我风格协调。银及金属质感显得时尚、大方，完全符合现今的审美趋势。

2. 眼镜

眼镜的佩带应给人匀称协调的感觉。在选择眼镜时，要充分考虑自己的脸型和肤色。长脸形的人宜用宽边略方的眼镜框，以使脸型显得稍短。短脸型的人应选无色透明边框的眼镜，以拉长脸型。圆脸型的人宜用稍带棱角的方形镜框。面部的线条柔和圆润，应选择轻巧别致的镜框。皮肤较黑的人，应选择较为明亮的镜框。塌鼻梁的人戴高鼻托的眼镜，高鼻梁则宜用低鼻托的眼镜。

五、帽子与头巾的佩戴

1. 帽子

女性对帽子的选择，既要考虑实用性，又要考虑装饰性。选择帽子的原则必须讲究 4 种搭配原则：①要与服装色彩相协调，要有整体感，能衬托出女性的风度与个性；②要与脸型相适应，圆脸型的女性适合戴宽边较高的帽子，脸窄的人适合带窄边的帽子；③要与身材的高矮相协调，个子较矮的女性最好不要选择宽沿平顶的帽子，身材修长的女性也不一定适合窄沿圆顶的帽子；④要和身份地位相符合，端端正正显得正派，帽子稍向前倾斜显得时髦，帽子稍微歪斜一点，帽檐向下压显得很俊俏，帽檐压过眼睛显得很犹豫。

2. 头巾

人们生活水平在不断提高，生活环境也不断改善，头巾也基本上不再是御寒之物，更多的作用是作为一种装饰品，并且使用不分春夏秋冬。

从美学的观念讲，主要是根据服装的花色和风格来选择头巾，尽量与服装取同一色系，同时头巾还应与肤色配合。

六、男士饰品的选择

一般来说，男士不佩戴任何首饰之类的装饰品。但是，适当的饰品有时也可以衬托男士的阳刚之美，不失为一种"不经意"的选择。

1. 领带夹

领带夹的主要作用是把领带固定在衬衣上，免得领带摆动、晃荡。使用领带夹要求与领带大致协调。

2. 腰带

腰带有装饰美化人体的作用。男士使用的腰带一般以黑色或棕色皮革制品为佳。中年人可以使用较宽的腰带，但腰带不宜过长。

3. 皮包

男士的公文包可选用棕色、黑色等，不宜使用印满图案或广告的公文包。

七、女士饰品的佩戴

1. 项链

女性的项链要与脸型相搭配。脸部清瘦且颈部细长的女性戴单串短项链，脸部就不会显得太瘦，颈部也不会显得太长。脸圆而颈部粗短的女性，最好戴细长的项链，如果项链有一个显眼的大型吊坠，效果会更好。椭圆脸的女性最好戴中长度的项链，这种项链在颈部形成椭圆形状，能够更好烘托脸部的优美轮廓。颈部漂亮的女性可以带一条有坠的短项链，突出颈部的美丽。一般来说，上年纪的人应选择质地上乘工艺精细的项链，年轻人应选用质地颜色好、款式新的项链。

2. 耳环

女性佩戴耳环也有很大的讲究。身材矮小的女性，戴蝴蝶形、椭圆形、心形、圆珠形的耳环，显得娇小可爱。方脸的女性佩戴圆形或卷曲线条吊式耳环可以缓和脸部的棱角。圆脸的女性戴上"之"字形、叶片形的垂吊式耳环，在视觉上可以造成修长感，显得秀气。三角形脸最好戴上窄下宽的悬吊式耳环，使瘦尖的下颚显得丰满些。戴眼镜的女性不适宜戴大型悬吊式耳环，贴耳式耳环会令她们更加文雅漂亮。

3. 戒指

女性的戒指应与指形搭配。手指短小的女性，应选用橄榄形、梨形和椭圆形的戒指，指环不宜过宽，这样才能使手指看起来较为修长。手指纤细，宜配宽阔的戒指，会使手指显得更加纤细圆滑。手指丰满且指甲修长，可选用圆形、梨形及心形的戒指，也可选用大胆创新的几何图形戒指。

4. 手镯与手链

手镯与手链在一定程度上可以使女性的手臂与手指显得更加美丽。

女性在戴手镯时应注意，如果只带一个手镯，应戴在左手上；戴两个时可每只手戴一个，也可都戴在左手，这时不宜戴手表；戴三个时应都戴在左手上，不可一手戴一个，另一手戴两个。手链一般只戴一条。手镯与手链不是必要的装饰品，最好不戴。

5. 胸针

胸针是女性不可或缺的配饰，无论是艳丽的花朵襟针或是细致闪烁的彩石胸针，只要花点心思配上简洁服饰，就足以令人一见难忘。

任务三 培养仪态礼仪

仪态指一个人在日常生活中身体所呈现的姿态与风度，包括举止行为、神态、表情等，不同的仪态显示人们不同的精神状态和文化教养，形成不同的气质与风度。仪态是反映一个人涵养的镜子，也是构成一个人外在美的主要因素。

俗话说"站有站相，坐有坐相"，就是要求人们站、坐、行都要注意礼仪规范。人的相貌是无法选择的，而气质风度则是可以通过礼仪约束培养出来的。

一、站姿礼仪

站姿是人们日常所表现出的最基本的姿态，是一种静态的身体造型。优美典雅的站姿是展现人体动态美的起点，是培养一个人仪态美的基础。

（一）站姿的基本规范

站立时，应头正颈直，双眼平视前方，嘴唇微闭，下腹微收，挺胸直腰，双肩保持水平，两臂自然下垂，手指并拢自然微屈，左右手中指分别压在左右裤缝，腿膝伸直，下体自然挺拔，脚跟并拢，两脚尖张开夹角45°，身体重心落在两脚之间。站立时，竖看要有直立感，即以鼻子为中线的人体应大体成直线；横看要有开阔感，即肢体及身段应给人以舒展的感觉；侧看要有垂直感，即从耳与颈相接处至脚的踝骨前侧亦应大体成直线，给人一种挺、直、高的美感。

女士站姿主要类型（见图9-4）：前搭式、礼仪式、V字式、丁字式。女士在正式场合站立，身体重心应在两足中间脚弓前端位置，双脚呈"V"字站立；手自然下垂或交叉放置。女子应站得秀雅大方，亲切和善，姿态优美，一展贤良淑女的形象。

图9-4 女士站姿

男士站姿主要类型（见图9-5）：V字式、握手式、背手式。男士在正式场合站立时，身体重心应放在两脚中间，不要偏左或偏右；双脚与肩同宽而立；双手可自然下垂，必要时可单手或双手在体后交叉。男子应站得英俊洒脱，挺拔舒展，精神焕发。

（二）注意防止不良站姿

站立时应克服不雅的立姿，包括站立时弯腰驼背、身体倚门靠墙或靠柱、左右摇晃、歪头斜颈、撅臀屈腿、双脚交叉、叉腰斜立等。不雅的立姿给人以懒惰、轻薄、乏力、不健康的印象，有损交际形象。

（三）站姿训练方法

（1）背靠背训练法。两人一组，背靠背站立，两人的头部、肩膀、臀部、小腿、腿跟紧靠，保持在一个水平面上。

（2）顶书训练法。两人一组，头顶书背靠背站立，两人的头部、肩膀、臀部、小腿、腿跟紧靠，保持在一个水平面上。

（3）背靠墙训练法。靠墙站立，后脑、肩部、臀部、双腿、两后脚跟不能离开墙面。

（4）夹纸训练法。女士双膝夹一张 A4 纸或非常薄的书站立。

图 9-5　男士站姿

二、坐姿礼仪

坐姿是人际交往中最重要的人体姿势，端庄优美的坐姿，会给人文雅、稳重、自然大方的美感。坐姿要求"坐如钟"，即坐相要像钟那样端正。落座应该挺胸直腰，落落大方。

（一）坐姿的基本规范

人的正常坐姿，在其身后无依靠时，上身应正直而稍向前倾，头平正，两臂贴身自然，两手随意放在自己腿上，两腿间距和肩宽大致相等，双脚自然着地。背后有依靠时，背部轻挨靠背，但不要整个背部后仰。在正式社交场合或有尊长在场时，要"正襟危坐"，臀部只坐椅子的三分之二，上身与大腿之间、大腿与小腿之间均成直角，不能随意把头靠在靠背上，显出懒散的样子。就座后不能两腿摇晃抖动，或者跷二郎腿。座位前面无遮挡时，男子双脚不要超过肩宽；女子双脚应当并拢，穿裙子时更要注意。

女士主要坐姿类型：标准式、侧点式、侧挂式、交叉式、重叠式等（见图 9-6）。

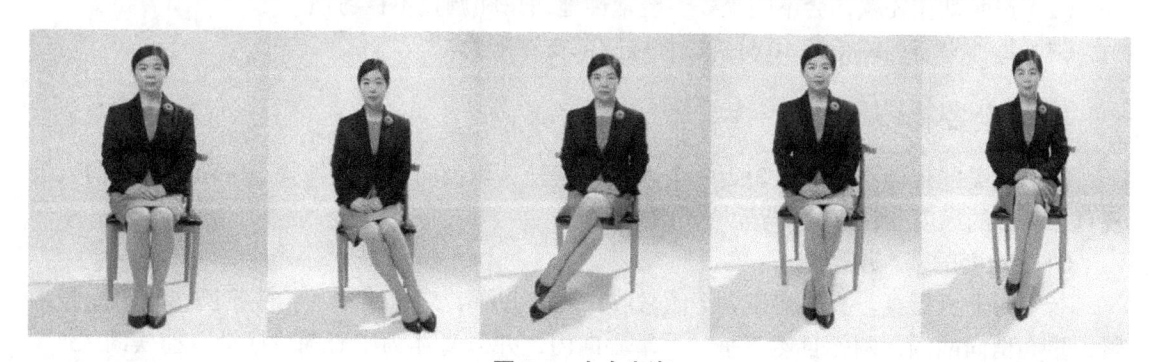

图 9-6　女士坐姿

男士主要坐姿类型：标准式、重叠式等（见图9-7）。

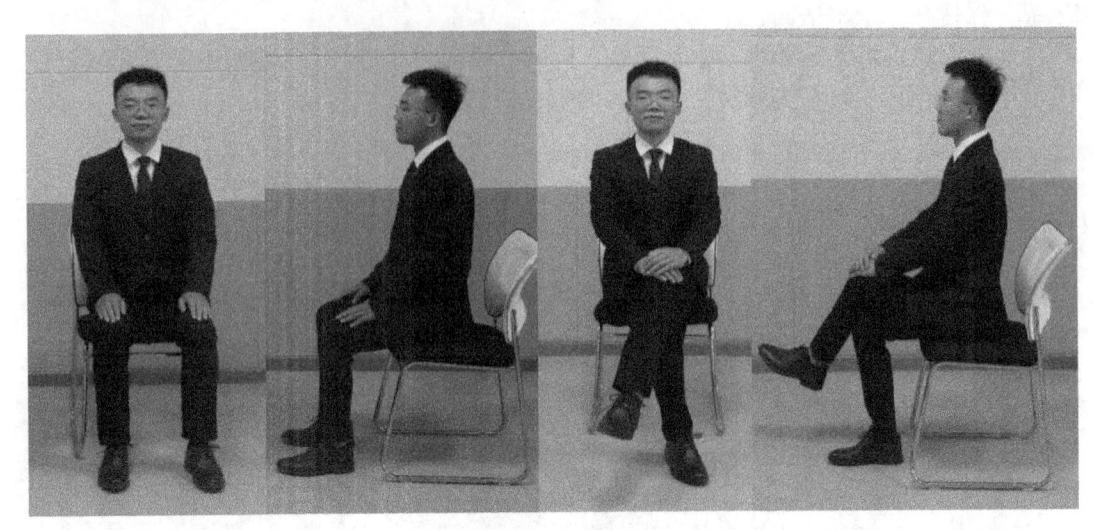

图 9-7　男士坐姿

（二）杜绝不良坐姿

不良的坐姿给人轻浮且缺乏修养的印象，不仅不美，而且会影响身体健康，是失礼和不雅之举。要坚决避免以下几种不良坐姿。

（1）就座时前倾后仰或歪歪扭扭，脊背弯曲，头过于伸向前，耸肩。

（2）两腿过于叉开或长长地伸出去，萎靡不振地瘫坐在椅子上。

（3）坐下后随意挪动椅子，跷二郎腿时摇腿。

（4）为了表示谦虚，故意坐在椅子边上，身体前倾地与人交谈。

（5）大腿并拢，小腿分开，或双手放在臀下，腿脚不停地抖动。

（6）就座时，脚尖相对或翘起，双脚踝部交叉，半脱鞋，两脚在地上蹭来蹭去；不停地摆弄手中东西，如头发、饰品、手指、戒指等。

（7）女士入座时，露出衬裙。

（三）坐姿训练

（1）加强腰部、肩部的力量和支撑力训练，进行舒展肩部的动作练习，同时利用器械进行腰部力量的训练。

（2）按照动作要领体会不同坐姿，经常性地纠正和调整不良习惯。

（3）每种坐姿训练持续10分钟，加强腰部支撑能力。

三、走姿礼仪

潇洒优美的走姿不但可以表现一个人朝气蓬勃、积极向上的精神状态，而且可以向人展现自己高雅的风度和良好的修养。

（一）走姿的基本规范

行走时上身挺直，头部端正，下颌微收，双肩齐平，双目平视，抬头挺胸，收腹立腰提臀，重心稍向前倾，两臂自然下垂，手掌心向内，并以身体为中心前后摆动，前摆约35°，后摆约15°（见图9-8）。精神饱满，表情自然，面带微笑，步态优美，步伐稳健，动作协调。一般男士行走速度每分钟110步左右，女士每分钟120步左右。

图 9-8　走姿示范

（二）矫正不良走姿

走路最忌内八字和外八字。忌弯腰驼背，歪肩晃膀。走路时不可大甩手，扭腰摆臀，大摇大摆，左顾右盼。双腿不要过于弯曲或走曲线；步子不要太大或太小。不要脚蹭地面、双手插在裤兜或后脚拖在地面上行走。男士的走姿应注意不要一步一挪，不要迈着闲散的八字步，给人萎靡不振的感觉。

（三）行姿的训练方法

（1）画直线或沿着地面砖的直线缝隙进行直线行走练习。

（2）顶书练习。要求练习者以立正姿势站好，出左脚时，脚跟着地，落于离直线5cm处，迅速过渡到脚尖，脚尖稍向外，右脚动作同左脚，注意立腰、挺胸、展肩。

四、蹲姿礼仪

蹲姿是人在低处取物、拾物或整理鞋袜时所呈现的姿态，是人体静态美和动态美的结合。蹲是由站立的姿势转变为两腿弯曲和身体高度下降的姿势。为了使蹲姿得体，应该注意蹲姿的基本规范。

（一）蹲姿的基本规范

当需要拾捡低处或地面物品时，应走到物品的左侧；当面对他人下蹲时，应侧身相向；当需要整理鞋袜或整理低处物品时，可面朝前方，两脚一前一后，一般情况是左脚在前，右脚在后，目视物品，直腰下蹲。上体要正直，单腿下蹲。女士若穿低领上装，下蹲时应注意用一只手护住胸口。

女士主要蹲姿类型：高低式、交叉式、平行式（见图9-9）。

图 9-9　女士蹲姿

男士主要蹲姿类型：高低式（见图 9-10）。

图 9-10　男士蹲姿

（二）矫正不良蹲姿

（1）切勿突然下蹲。

（2）不要离人太近。

（3）不可弯腰撅臀。

（4）不要平行下蹲。

（5）方位不能失当。

（三）蹲姿的训练方法

（1）加强脚踝、膝盖等关节的柔韧性，练习提腿、压腿、活动关节等动作。

（2）蹲姿控制练习。要有意识地控制平衡，保持蹲姿，形成好习惯。

五、面部表情礼仪

表情主要指面部情感体验的反应，是人们内心世界的外在表现，它反映人们的思想、情感及心理活动与变化，是人们评价仪表美和仪态美的重要依据。其中，眼神和笑容是面部表情中最重要的两个方面。

（一）眼神礼仪

眼神是对眼睛总体活动的统称，也被称为目光语，是面部表情的核心，是最重要的体态语言，它能反映一个人的态度、风貌、文化素养和道德水准。作为一种无声的语言，眼神有时胜过有声语言而使人心领神会。因此，必须注重眼睛的表现能力，使自己的眼神灵活、富于感染力，成为传情达意的工具。

把握和理解眼神可以从看的时间、角度、集中的精力、内含的情感等几方面来观察。

（1）看的时间。指看的时间长短。长表示较重视，反之表示不太重视。

（2）看的角度。从行为者与交际对象的位置来说，有平视、仰视、俯视之分（见图9-11）。

图 9-11　眼神示范

（3）集中的精力。"全神贯注"，表示注意力集中；目光游移不定，表示注意力不集中。

（4）内含的情感。指眼睛周围面部肌肉的运动，眼皮开合的程度，以及瞳孔的某些变化所反映的内心情感。眼睛周围肌肉的运动较放松，表情就较柔和，反之就较生硬。瞪大眼睛表示惊愕、愤怒；眯着眼表示快乐、欣赏；眨眼表示调皮、不解等。瞳孔的变化：当人们看到有趣的或心中喜爱的东西时，瞳孔就会扩大；看到不喜欢的或厌恶的东西时，瞳孔则会缩小。

【小贴士9-2】

很多年前的一个寒夜，在弗吉尼亚州东北部，一个老人等在渡口准备过河，寒冷的北风使他的身体变得麻木和僵硬。看来他的等待似乎是徒劳的。

突然，远远地传来马蹄声，他视乎看到了希望，怀着焦急的心情等待着。马蹄声近了，骑马人过来了，老人打量着从他身边过去的几个骑马人，满眼期待。骑马人一个一个地过去了，老人站在雪中僵得像一尊塑像，没有请求帮助。眼看最后一个骑马人将要擦身而过了，老人突然看着那个人的眼睛说："先生，您能否允许一个老人和您同乘一匹马前行？"骑者勒住了自己的马，仔细打量了一眼几乎冻僵的老人，然后答道："请上来吧！"看见老人根本无法移动他那冻得半僵的身体，骑手跳下马来，帮助老人上了马。骑手不仅把老人驮过河，而且一直把他送到要去的地方。

在老人下马的时候，骑手好奇地问道："先生，我注意到，几个人过去而你没有请求帮助，当我经过时你却提出了请求，我很奇怪这是为什么。在如此一个寒冷的夜晚，您却等在这里并截住最后一个骑手，如果我拒绝您的要求并把您留在那里，会是什么结果？"

老人回答说："我已经在这里等了很长一段时间，但我以为我能看出谁更具有美好的品德。"老人继续说道："我仔细观察了那几位骑手，发现他们根本就无视我的存在，说明他们并不关心我的处境，这时候就是我请求他们帮助也无济于事。但是当我看到您，看到您眼中流露出的仁慈和同情，我知道，我可以请求您的帮助，并相信您一定会在我最需要帮助的时候伸出友爱之手。"

暖人肺腑的话语深深地触动了骑手，他告诉老人："您的评价把我形容得太伟大了。我以前过于忙自己的事情，所以我对别人的安慰和帮助太少了。"

（二）笑容礼仪

笑，即脸上露出愉快的表情或发出欢喜的声音，它在人际交往中具有非同寻常的意义。人总是会笑的，或莞尔微笑，或捧腹大笑，或破涕而笑，或回眸一笑，也有强颜欢笑、暗自苦笑的，不同的笑表达不同的心态和感情，传递不同信息，而使人与人之间缩短心理距离，并能创造交流和沟通的良好氛围。

微笑常见的类型：温馨的微笑、会心的微笑、灿烂的微笑（见图9-12）。

图9-12　微笑示范

俗话说"出门看天色，进门看脸色"，在人际交往中，真诚微笑会产生思想上和情感上的强烈共鸣。为了更好地在社会交往中表达自己的情感，微笑应该符合以下几个要求：发自内心、声情并茂、适时尽兴、表现和谐、亲切庄重、始终如一。

微笑训练方法。

（1）咬筷训练法。筷子放在四颗牙齿后位置，不能紧压嘴角，笑出一个漂亮的弧度。

（2）发音训练法。发"一""七""茄子""威士忌"等音，使嘴角露出微笑。

（3）情绪诱导法。通过美妙的音乐创造良好的环境氛围，引导会心的微笑。

六、手势礼仪

手势（也称手姿）是人们在社交活动中表达思想、传情达意时两手呈现的各种动作和姿势。手势常被人们用来表达自己的思想和愿望，是最有表现力的一种"体态语言"。

（一）手势礼仪总体原则

手势是由于由手势的速度、力度、幅度和弧度等4部分构成的。手势的运用应该注意遵循以下原则。

1. 速度适中

手势速度不宜过快，手过快地指来划去，不但会给人不稳重、不和谐的感觉，而且难以让人有心理过渡，容易造成紧张感。

2. 力度适宜

手势力度大可以表现出果断和坚定的信心，手势力度小显示优柔细腻。力度过大的手势给人造成惊异感，也缺乏美感和艺术感。手势力度轻重适宜才能产生"柔中带刚"的美感。

3. 动幅适度

手势动幅过大过多，会显得张扬浮躁；过小则会显得暧昧不清；手势生硬会使人敬而远之。要表达理想、希望等思想感情，动幅可高于肩部。要表达叙事和说明等比较平静的思想，动幅应该控制在肩部至腰。若要表示否定的意思，动幅应在腰部以下。无论两臂如何挥动，两腋都要微微夹住，手肘尽量靠近自身，两臂横动不可过大。

4. 弧度优美

手势弧度越优美，越能体现对他人的敬意。手势运动轨迹要与语言表达、面部表情相协调。

（二）手势禁忌

在社交场合，手势的使用不宜过于简单重复，也不宜过多、过大、过快和过高。在交谈中不能用食指指向对方，更不能在别人面前指指点点。与女士交流时应注意手势运用的分寸。女士更应注意手势优雅。在陌生的场合或不熟悉的人面前切不可出现捻指手势。手势点到就行，适可而止，多余的手势难免给人留下装腔作势、缺乏涵养甚至歇斯底里的感觉。特别要注意避免一些与交往礼仪不和谐的手势，如与人交谈时当众搔头皮、掏耳朵、抠鼻子、咬指甲、剔牙齿、双手抱头、摆弄手指、手插口袋、用手指人等。

（三）手势主要类型：**横摆式、斜摆式、直臂式**（见图9-13）

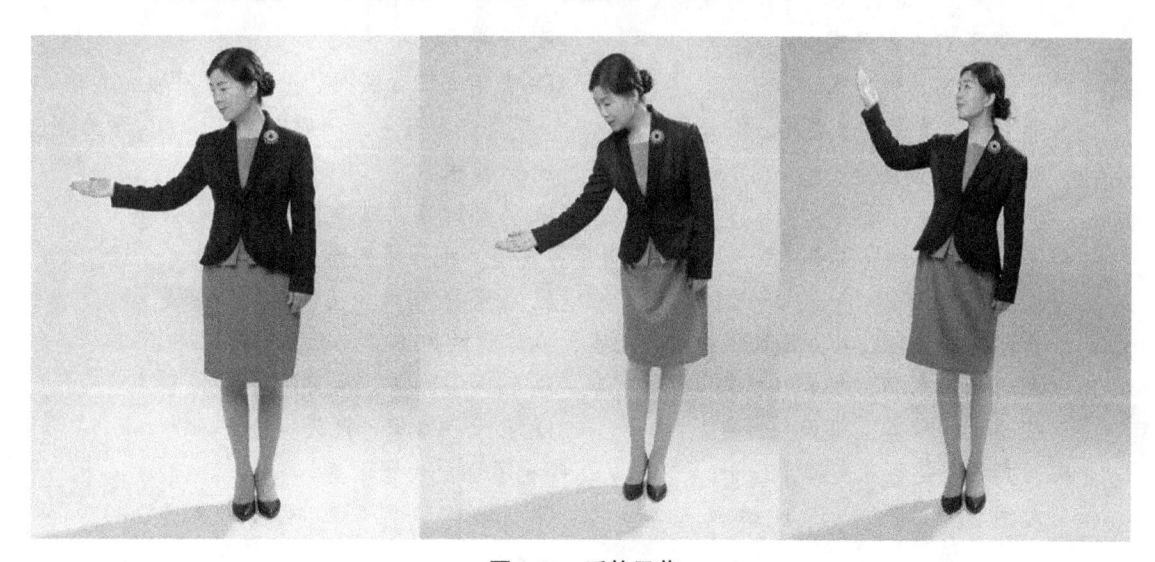

图9-13 手势示范

（四）不同手势习惯

在使用手势时还要注意各国的不同习惯。由于文化习俗的差异，同一种手势在不同的国家、不同的地区可能有不同的含义。

（1）竖起大拇指，在我国表示称赞、夸奖、鼓励、了不起的意思；在澳大利业和新西兰则被视为一种对人的污辱；在希腊则是让对方"滚蛋"之意；在意大利表示"一"；在英国表示拦车，要求搭车的意思；在日本表示"老爷子"。

（2）V型手势，一般表示胜利和成功；在英国手心向外的V型手势表示胜利，手背向外的V型手势则是侮辱人的意思。

（3）OK手势，在美国表示"赞扬""允许"的意思；在日本、缅甸、韩国则表示金钱；在巴西、希腊表示对人的咒骂和侮辱。

任务实训

【实训步骤】
1. 备齐化妆品，对学生进行实际操作示范，并指导学生进行自我化职业淡妆的练习。
2. 让学生根据自身特点设计服装搭配，如根据肤色、高矮、胖瘦、个人气质搭配等。
3. 组织开展服饰表演活动，培养学生的审美情趣。
4. 让学生分组，把所学的仪态动作编排成礼仪操并进行展示汇报。

综合练习

一、单项选择题

1. 讲究（　　），保持衣着整洁是仪表美的基本要求。
   A. 个人卫生　　　B. 服饰搭配　　　C. 发型修饰　　　D. 体态动作
2. 商界男士可选择（　　）等发型。
   A. 青年式、背头式　　　　　　　　B. 分头式、平头式
   C. 青年式、平头式　　　　　　　　D. 青年式、背头式、分头式、平头式
3. 职业女性不要留披肩发，刘海不要过低，不要染红、黄色，一般以（　　）发型为宜。
   A. 齐耳的直发　　　　　　　　　　B. 微长稍曲
   C. 披肩发　　　　　　　　　　　　D. 齐耳的直发或微长稍曲
4. 服务行业男性发型要（　　），不可留怪异发型，也不可烫卷发或染发。
   A. 前不遮眉　　　B. 侧不遮耳　　　C. 后不及领　　　D. 以上都是
5. 修剪指甲，应以其不超过手指指尖为宜，应尽量做到（　　）。
   A. 三天一修剪，每天一检查　　　　B. 三天一修剪，两天一检查
   C. 五天一修剪，每天一检查　　　　D. 五天一修剪，两天一检查
6. 正式场合是不宜光脚穿鞋子的，（　　）等也不宜登大雅之堂。
   A. 拖鞋　　　　　B. 凉鞋　　　　　C. 无跟鞋　　　　D. 以上都是

7. 古今中外，服饰作为一种（　　），能够很好地体现社会文化。
   A. 无声语言　　　　B. 时代标志　　　　C. 个性展示　　　　D. 时尚风标
8. 在英国手心向外的 V 型手势表示（　　）。
   A. 胜利　　　　　　B. 下贱　　　　　　C. 赞扬　　　　　　D. 允许
9. 西装的选择要求（　　）品质好。
   A. 做工精细　　　　B. 落落大方　　　　C. 面料上乘　　　　D. 以上都是
10. 男士腰带一般以（　　）皮革制品为佳。
    A. 黑色　　　　　　B. 棕色　　　　　　C. 黑色或棕色　　　D. 灰色
11. 肤色较白的女性，可选择（　　）的耳环。
    A. 鲜艳　　　　　　B. 较淡　　　　　　C. 银色　　　　　　D. 古铜色
12. 女性在戴手镯时应注意，如果带三个手镯，应戴在（　　）。
    A. 左手三个　　　　　　　　　　　　B. 右手三个
    C. 左手一个，右手两个　　　　　　　D. 左手一个，右手两个
13. 在正式社交场合，或有尊长在场时，要"正襟危坐"，臀部只坐椅子的（　　）
    A. 三分之一　　　　B. 三分之二　　　　C. 二分之一　　　　D. 四分之三
14. 一般男士行走速度每分钟（　　）步左右。
    A. 100　　　　　　 B. 110　　　　　　 C. 120　　　　　　 D. 130
15. 行走时两臂自然下垂，手掌心向内，并以身体为中心前后摆动，前摆约（　　），后摆约（　　）。
    A. 35°、15°　　　　B. 30°、15°　　　　C. 30°、10°　　　　D. 35°、20°

二、多项选择题

1. 仪表是人的外表，包括（　　），是一个人教养、性格内涵的外在表现。
   A. 仪容　　　　　　B. 服饰　　　　　　C. 仪态　　　　　　D. 姿态
2. 要展示仪容美，适当的面部修饰美化是十分必要的。但是要使面部修饰美化达到最佳效果，必须遵循以下（　　）原则。
   A. 自然　　　　　　B. 适度　　　　　　C. 协调　　　　　　D. 个性
3. 面部化妆礼仪需注意的问题（　　）。
   A. 不宜当众化妆　　　　　　　　　　B. 不要非议他人化妆
   C. 不要借用他人化妆品　　　　　　　D. 要适时补妆
4. 选择发型应与个人的（　　）相吻合。
   A. 角色　　　　　　B. 身份　　　　　　C. 职业性质　　　　D. 体型
5. 交际场合除了应有的谈笑之声外，应避免发出诸如（　　）等不雅之声。
   A. 咳嗽　　　　　　B. 哈欠　　　　　　C. 喷嚏　　　　　　D. 吐痰
6. 服饰可以反映一个民族的（　　）的发展程度。
   A. 文化素养　　　　B. 精神面貌　　　　C. 物质文明　　　　D. 社会地位
7. 领带图案的选择最常规的（　　）。
   A. 条纹　　　　　　B. 圆点　　　　　　C. 细格　　　　　　D. 规则图案

8.社交服饰最基本的原则是协调,即服装的色彩、款式等要和(　　)活动场所等协调。
　　A.体型　　　　　B.身份　　　　　C.季节　　　　　D.年龄
9.女士套裙要用不起皱、不起毛、不起球的(　　)的面料制作。
　　A.匀称平整　　　B.柔软丰厚　　　C.悬垂挺括　　　D.手感好
10.女士在公众场合露面时,在着装上应避免出现(　　)的错误。
　　A.过于暴露　　　B.过于透明　　　C.过于短小　　　D.过于紧身
11.女士站姿主要类型(　　)。
　　A.前搭式　　　　B.礼仪式　　　　C.V字式　　　　D.丁字式
12.以下(　　)是不良蹲姿。
　　A.突然下蹲　　　B.离人太近　　　C.弯腰撅臀　　　D.平行下蹲
13.把握和理解眼神可以从(　　)等几方面来观察。
　　A.看的时间　　　B.看的角度　　　C.集中的精力　　D.内含的情感
14.微笑应该符合以下(　　)要求。
　　A.发自内心　　　B.声情并茂　　　C.表现和谐　　　D.亲切庄重
15.手势礼仪总体原则是(　　)。
　　A.速度适中　　　B.力度适宜　　　C.动幅适度　　　D.弧度优美

三、判断题

1.失礼的穿着与仪表,不仅有失身份,更显得缺乏修养,是人们在社会交往中的大忌。

2.在社交场合,特别是隆重的场合要穿戴整齐,精神振作。

3.服务行业女性最规范的发型是盘发、束发,披肩发也可以。

4.服务行业男性发型要前不遮眉、侧不遮耳、后不及领,不可留怪异发型,也不可烫卷发或染发。

5.在社交和工作场合可以根据自己的喜好随意佩戴眼镜。

6.牙齿洁白,口腔无味是护理的基本要求。

7.越是正式的场合,对女性裙装长度的要求越严格,一般女性的裙长应在膝部以下。

8.服饰能反映一个人的社会地位、阅历修养、性格气质、爱好追求和物质文明。

9.竖起大拇指,表示称赞、夸奖、鼓励、了不起的意思。

10.单排扣三粒扣子只系中间一粒,两粒扣子只系上面一粒。

11.正装衬衫必须为长袖衬衫。不管天气多热,在正式场合,只要穿西装就必须穿长袖衬衫。

12.领带打好后,必须长短适度。标准的长度是领带打好之后,下端正好盖住皮带扣。

13.女士在正式场合穿套裙时,上衣的衣扣不必系上。

14.男士站姿主要类型:V字式、握手式、背手式。

15.为了表示谦虚,应坐在椅子边上,身体前倾与人交谈。

四、简答题

1.仪容、仪表礼仪的含义及基本要求有哪些?

2.面部修饰化妆的基本程序及应注意的问题有哪些?

3. 身体局部修饰各程序的要点是什么？
4. 阐述走姿、蹲姿、坐姿、站姿的基本礼仪规范。
5. 阐述眼神及笑容的基本礼仪要求。
6. 手势礼仪的总体原则是什么？
7. 各国手势礼仪有何区别？
8. 男士西装的选择需注意哪些问题？
9. 男士西装着装应如何选择衬衫？
10. 阐述女士套裙的着装规范。
11. 阐述女士着装中的禁忌。
12. 什么是服饰的TPO原则？
13. 如何正确佩戴项链、戒指、耳环？

模块十 培养商务社交礼仪

学习任务

1. 了解制订接待计划与前期沟通礼仪、住宿安排、送客礼仪、随遇交谈礼仪；
2. 理解洽谈地点选择与布置原则；
3. 掌握不同谈判地点的优缺点、谈判现场布置的技术要点；
4. 学会接站礼仪、入场礼仪、会谈气氛的把握与控制；
5. 熟练掌握见面礼仪、引导陪同、排列宴席的桌次和席次礼仪要点；
6. 熟悉宴请组织和赴宴基本礼仪；
7. 通过学习，能够正确安排谈判座位次序。

案例导入

翻译林娟于上午 7：50 带领外方来宾到达公司会议室。陈总走上前去，和布朗先生一行一一握手，其他人则在谈判桌原地起立挥手致意。陈总请外方人员入座，服务员立即沏茶。下面是陈总（A）和布朗先生（B）在正式谈判之前的寒暄、介绍、致辞。

A：昨天在现场跑了一天，一定很累吧！

B：不累。北京很美。来北京的第二天就开始"旅游"，这样的安排简直太好了。

A：北京是一座千年古都，有很多不同于西方的文化古迹和自然景观，如长城、故宫、颐和园、天坛。

B：东方文化对我们来讲的确十分神秘。有时间的话，我们首先想去参观长城，当一回好汉；其次去一趟故宫。

A：好的。那我们就言归正传，尽早完成谈判。

首先，我代表中方公司的全体员工对美方公司全体成员表示热烈的欢迎。

参加今天技术交流的各位昨天都已经认识了，就用不着我一一介绍了。我方对技术交流十分重视，特地请我公司顾问、中国农业大学教授、乳制品机械专家张教授参加。

（张教授起立，点头致意）

中国市场是一个巨大的、高速增长的市场。随着人民生活水平的不断提高，普通百姓对高档乳制品的需求越来越大。我公司 4 年前引进的年产 4000 吨奶粉生产线已经远远不能满足市场的需求，而且产品档次亟待提高。因此，我们决定再引进一套年产 8000 吨奶粉的生产线。

贵公司是国际知名的食品机械生产厂家，其质量得到中国用户的一致好评。我们相信我们和贵公司的合作一定能够取得双赢的结果。

现在热烈欢迎布朗总经理讲话。

B：我们十分高兴来到美丽的、充满活力的北京。我们对你们为本次谈判所做的细致的准备工作表示感谢。特别是国际知名的张教授能在百忙之中参加今天的技术交流，我们感到十分的荣幸。

我公司的主要产品为仪器机械，其中以乳制品设备尤为著名。从 1985 年开始，我们已经向中国的企业（包括一些外资企业）提供了 15 套乳制品生产线。随着我们在中国的客户越来越多，我们于 2004 年在上海建立了一个制造、维修中心，从而可以为中国的用户提供更加便利、经济的售后服务。和 20 年前相比，我们的产品不仅质量更加可靠，而且价格更加便宜、服务更加周到。我们相信有远见的中国公司一定会选择我们的设备。

现在，请我公司的技术副总、技术专家鲍尔·史密斯先生向大家介绍我公司产品的性能。

任务一　培养商务接待礼仪

接待是常见的社交活动，也是商务谈判中的一项基本礼仪。接待可分为正式接待和非正式接待。这里讲的是正式的商务接待，指在人际交往中，东道主一方对前来本单位或本部门接洽工作的人员进行的招待和服务。接待服务有一系列礼仪和规范。

一、接待准备相关礼仪

（一）接待礼仪的基本规则

（1）平衡。同一时间、同一地点，同一场所，接待不同单位部门的客人，干杯、祝酒、让座，前后排列就是礼宾次序，不能厚此薄彼。

（2）对等。身份对等是商务礼仪的基本原则之一。要求我们在接待工作中，应把对方的身份置于首要的位置，一切具体的接待事务均应依此来确定，以充分表达东道主对来宾的尊重与敬意。当然，有的企业为强调自己对宾主双方特殊关系的重视和对来宾的敬重，特意打破常规，提高对来宾的接待规格，也是可行的，但不宜多用。

（3）惯例。为了以礼接待商界同仁，要遵循商务礼仪约定俗成的惯例和规范。

（二）商务接待的准备

接到来客通知后，接待工作就进入准备工作阶段。这是整个接待工作的重要环节，可成立接待小组。一般应从下面几个方面来准备。

（1）了解客人基本情况。接到来客通知时，首先要了解客人的国籍、民族、信仰、爱好、单位、职务、姓名、性格、性别、人数等。其次要掌握客人的意图，了解客人的目的和要求以及在住宿和日程安排上的打算。最后要了解客人到达的日期，所乘车次、航班和到达时间，然后将上述情况及时向主管人员汇报，并通知有关部门和人员做好接待的各项准备工作。

（2）确定迎送规格。依据被迎送者的身份和目的、己方与被迎送者之间的关系以及惯例决定。主要迎送人的身份和地位通常应与客人相差不多，以对等为宜。对较重要的客人，应安排身份相当、专业对口的人士出面迎送；亦可根据特殊需要或关系程度，安排比客人身份高的人士破格接待。

（3）布置接待环境。良好的环境是对来宾的尊重与礼貌的表示。接待室的环境应该明亮、安静、整洁、优雅。应配置沙发、茶几、衣架、电话，方便客人进行谈话和通信联络。室内应适当点缀一些花卉盆景、字画，增加雅致的气氛。还可放置几份报刊和有关本单位或公司的宣传材料，供客人翻阅。

（4）做好迎客安排。与行政或公关部门联系，按时安排迎客车辆；为客人预订下榻饭店、膳食及会址等；若对所迎接的客人不熟悉，需准备一块迎客牌，写上"欢迎×××先生（女士）"以及本单位的名称；若有需要，还可准备鲜花等。主方应与有关部门协同商定松弛有度的，最好细化到24小时制的详细活动日程，为客人准备相关的文字与图片资料，将之传真给客方，征询其意见。

（三）讲究礼宾次序

礼宾秩序所要解决的是多边商务活动中的位次和顺序的排列问题。在正式的商务活动中，安排礼宾次序可参考下列4种方法。

（1）按照来宾身份与行政职务、团队级别的高低顺序排列。一般商务活动中接待几个来自不同方面的代表时，确定礼宾次序的主要依据是各代表团团长职务的高低。

（2）按照来宾的姓氏笔画或英文字母或拼音字母排列。在国内的商务活动中，如果双方或多方关系是对等的，可按参与者的姓名或所在单位名称的汉字笔画多少或英文字母或拼音字母排列。

（3）按照英文字母的先后顺序排列。在涉外活动中，应将参加者的组织或个人名称按英文或其他语言的字母顺序进行排列。具体方法为：先按第一个字母进行排列；当第一个字母相同时，则依第二个字母的先后顺序排列；当第二个字母相同时，则依第三个字母的先后顺序排列，以此类推。但每次只能选一种语种的字母顺序排列。

（4）按其他先后顺序排列。按照各方正式通知东道主自己决定参加此项活动的先后顺序，或正式抵达活动地点的时间的先后顺序排列，适用于各类非正式交往以及不需要排列座位的情况。

【小贴士10-1】

公关现场接待要点

（1）待客三声：来有迎声、问有答声、去有送声

（2）使用基本的礼貌用语，也就是通常所说的"规范五句"或"文明十字"：问候语"您好"、请求语"请"、感谢语"谢谢"、抱歉语"对不起"、道别语"再见"。

（3）三到：眼到，即目中有人，注意注视对方的部位，注意注视对方眼睛的时间；口到，即一般要讲普通话，但也要因人而异、区分对象，说对方听得懂的话；意到，即表情要自然，要和客人互动，落落大方，不卑不亢。

二、迎候礼仪

在商务往来中，对于如约而来的客人，特别是贵客或远道而来的客人，表示热情、友

好的最佳方法,就是指派专人出面,提前到达双方约定的或者是适当的地点,恭候客人的到来。

(一)对于本地客人的迎候礼仪

接待人员应提前在本单位的大门口或办公楼下迎候客人。待客人的车辆驶近时,应面带微笑,轻挥右臂,以示"我们在此已经恭候多时了,欢迎您的光临"之意。若来宾德高望重或是一位长者,则接待人员应在对方的车子停稳之后,疾步上前,为之拉开车门,并同时伸出另一只手挡住车门的上框,协助对方下车。在来宾下车之后,迎候人员应依照身份的高低,依次上前与对方人员一一握手,并同时道一声,"欢迎光临!"或是"欢迎,欢迎!"若双方此刻在场的人员较多,则接待方应有专人出面,按照有关礼仪规范,为双方人员引见、介绍。

(二)对于来自外地或海外的重要客人的迎候礼仪

应做好接站工作。接站礼仪主要要注意以下几点。

(1)确定迎接时间。迎候人员应当准确掌握对方抵达的时间,在对方乘坐的交通工具到达之前抵达机场、车站或码头等候,以示对对方的尊重。

(2)确定迎接地点。一般为对方所乘坐的交通工具的停泊之处。

(3)确定迎接人员。由己方相应身份的人员前去迎接;特殊情况可先派一般工作人员前往接人,然后在己方场所或客人下榻之地举行专门的迎接仪式。

(4)必要时使用接站牌。考虑初次见面或迎接地点人多物杂等,可事先准备接站牌,上书"欢迎(恭迎)××先生(女士)",既保证接待顺利,又增加客人的自重、自豪感,使双方在感情上更加接近。

三、见面礼仪

(一)称呼与寒暄礼仪

接到远道而来的客人或见到本地的客人后,应正确称呼对方,主动热情地寒暄问候并表示欢迎,并就自己的姓名、职务及其他有关事宜进行简单的介绍。如果身份低于来客,应说明是"受×总经理(或与客人职务相当者)委托",接过客人的皮箱、行李(手提小公文包或女士随身携带的小包则不必)。

1. 称呼礼仪

称呼应根据具体情况和国内外的习惯灵活运用,根据客人的性别、年龄、身份、关系亲密程度等,分为尊称和泛称。

尊称在初次见面和正式场合经常被采用,如"贵方""贵公司""贵姓"等。

泛称是对人的一般称呼。正式场合的泛称有:姓+职务/职称/职业、姓名+同志/先生/女士。

2. 寒暄礼仪

寒暄指社会交往中双方见面时为了沟通彼此的感情,创造友好和谐气氛,以天气冷暖、生活琐事及相互问候等为内容的应酬交谈。较常见的寒暄形式有以下4种。

(1)致意型。表达人们相互尊重、相互致意和相互祝愿的情谊,是最常见的寒暄形式,如"旅途辛苦了!"

(2)问候型。以貌似提问的话语表达一种对人关心和友好的态度,如"休息得好吗?"

（3）攀认型。在交往过程中，寻找契机，挖掘双方的共同点，从情感上靠拢对方，如"李先生祖籍福建，这么说我们还是同乡呢！"

（4）敬慕型。对初次见面者表示敬重、仰慕，如"见到您，不胜荣幸！"

（二）引见礼仪

在引导客人进领导办公室之前，要先敲门，并对客人说"这里就是××领导的办公室"。得到领导允许后，再带客人进入。如果领导办公室的门是向外开的，把门拉开后，请客人先进入。如果门是向里开的，要推开门自己先进入，按住门，再请客人进入。把客人介绍给领导时，要注意措辞，应用手示意，"这位是我单位××领导（头衔）""这是××单位的××经理或先生。"介绍时，切记不要用手指指对方。

（三）介绍礼仪

介绍是社交场合中相互了解的基本方式，得体正确的介绍礼仪十分重要。在社交场合，无论是介绍还是被介绍，能够正确运用介绍的礼节，都会使对方对你产生良好的第一印象。通常有两种介绍方式。

1. 居中介绍

又称作第三者介绍或替他人介绍。指由介绍者作为第三者来为彼此不相识的双方进行介绍。居中介绍架起了陌生人间相互了解的桥梁。

在一般较为正式的谈判场合，不分男女老幼，习惯把前来迎送的人员介绍给来宾，把地位较低的人引见、介绍给地位较高的人。

先称呼某人，是表示对他（她）的一种敬意。作为被介绍者，应当站起来，并正面地看着对方，显示出有礼貌并乐于结识对方的诚意。介绍完毕，一般应与对方握手致意，并说"您好""幸会"等话语（见图10-1）。

为别人做介绍时要注意以下几点。

（1）介绍者的身份。即"谁当介绍人"的问题，家里来了客人，一般女主人做介绍人；一般商务情况下，为他人介绍时，介绍者应为与被介绍双方相识者、社交聚会中的主人、商务往来之中的专职接待人员、在场人中地位最高者、应被介绍人一方或双方要求者。

（2）掌握介绍顺序。即"把谁介绍给谁"的次序问题，主要遵循的原则是"尊者居后"，即为他人介绍时，介绍顺序是：先把主人介绍给宾客、先把年纪轻的介绍给年长的、先把职位低的介绍给职位高的、先把男士介绍给女士。在双方的地位和年龄差不多时，应该先把与自己关系疏的介绍给关系密的。

（3）征得双方的同意。一般在会议或谈判间隙的随遇而谈或宴会时，如果一方想认识另一方，会请第三方居间介绍。介绍人应先向双方打招呼，先了解双方是否有结识的愿望，不

图10-1 居中介绍

要贸然行事。最客气的介绍方法是以询问的口气问"张先生，我可以介绍李先生与您认识吗？""您想认识××公司的李先生吗？""请让我介绍你们认识一下好吗？"如对方同意，再正式介绍。介绍时应本着"尊者优先了解情况"规则进行。介绍认识之后，不要马上走开，直到双方谈得比较融洽时，才可以适时离开。

（4）注意介绍方式。常用的介绍方式有4种：①简介式，只提及双方的姓名或者姓氏，其他内容则留待被介绍者自己接下来见机行事；②标准式，将双方的单位、职务、专业与姓名一并道来，适用于正式场合；③引见式，当一方认识另一方，而不为对方所认识时，由介绍者将前者引见给后者，至于后者的情况，可以略过不谈；④强调式，为了加深被介绍双方的相互印象，对其中的一方或者双方的某一方面的情况特别介绍。

非正式场合的介绍不必过分讲究正式介绍的规则，如果大家都是年轻人，就更可以轻松、随便一些。如介绍人可先说"让我来介绍一下"，然后做简单介绍。也不必遵循先后次序，最简单的介绍方式是直接报出被介绍者各自的姓名，也可加上"这位是""这就是"以加强语气。采用这种较为随便的、朋友式的介绍方法，可使被介绍者感到自然、亲切。

介绍时要做到口齿流利，发音清楚，实事求是。措辞可以敬重些，但不能过分。做介绍时，一般不要称其中的一方为"我的朋友"，不要用手指指点点，应注意手势动作得体。

2. 集体介绍

集体介绍是为他人介绍的一种特殊情况，指由介绍者为两个集体或者个人与集体做介绍。

（1）集体介绍的顺序。在一般情况下，集体介绍同样应当遵守"尊者优先了解情况"规则。具体介绍的内容则有两种。一是只作整体介绍，即只介绍双方集体的情况，而不具体涉及个人情况。二是介绍个人情况，在遵守"尊者优先了解情况"规则的同时，对双方的个人情况均应予以介绍，在具体介绍各方的个人情况时，则应当由尊而卑，依次进行。

（2）注意事项。在宴会、舞会或普通聚会上，由于来宾较多，不必逐一介绍，主人只需介绍坐在自己旁边的客人相互认识即可，其余客人可自动和邻座聊天，不必等主人来介绍。

3. 自我介绍

在较小范围的业务洽谈中，或人数多、分散活动无人代为介绍的时，双方也可以采取自我介绍的方式。

自我介绍指在没有中介人的情况下，把自己介绍给其他人，以便使对方认识自己。在商务活动中，自我介绍也可以使用名片、介绍信、工作证等，增强对方对自己的信任程度。

（1）自我介绍的种类。①应酬式，对不想结识的人，只介绍自己的姓名；②交流式，除了介绍自己的姓名，还同时介绍自己所在的单位、具体职务或者所学习的专业，其目的是使他人对自己的基本情况有所了解。注意，第一次介绍单位部门时，要使用全称，不要乱用简称。③答问式，根据交往对象提出来的具体问题来选择自我介绍的基本内容，有问有答，答其所问。

应酬式自我介绍适用于泛泛之交；交流式自我介绍适用于面对意欲结交之人；答问式自我介绍则主要适用于在自我介绍时兼以答复他人的询问。

（2）自我介绍的注意事项。自我介绍时要镇定，充满信心，微笑要亲切自然，眼神要友善坚定，目光应始终注视对方。应适当提高嗓音，吐字要清楚，说话时语速不要太快，以免别人听不清。先向对方点头致意，得到回应后，再向对方介绍自己的姓名、身份、单位；如果对方有两人以上，最好环视大家，以显示尊重。自我介绍要根据交往目的来决定介绍内容的繁简以及介绍的语言和方法。在不知对方是否愿意认识你时，不妨先请问对方的尊姓大名，如对方立即回答了，说明对方愿意与你交往，你便可以马上介绍自己，以使交往顺利进行。

这一过程中有几点要特别注意。一是要掌握时机，在有必要时进行，否则会劳而无功。一般来讲，干扰较少时，对方有兴趣时，初次见面时，都适合进行自我介绍。二是注意自我介绍顺序，遵循的原则是"位低者先介绍"。三是先递名片再做介绍。还要注意，长话短说、废话不说；要亲切、自然、随和；要主动；要注意和多层次的人相识。

（四）握手

握手是国内外通用的交际礼节，一般是在相互介绍、会面或离别时进行，表示友好、祝贺、感谢或相互鼓励之意。因客人身份、国籍、民族原因等，可选用鞠躬礼、举手礼、拥抱礼、吻手礼等。

1. 握手的次序

（1）不同身份的人的握手次序。遵照"尊者居前"的原则，由地位高者先伸手。一般是主方、职务高的或年长者先伸手，以表示对客方、职务低的或年少者的关心和重视。客人、职务低的或年少者见面时可先问候，待对方伸出手后再握手，同时面带笑容，身体微欠，或用双手握住对方的手，以表示敬意和尊重。

（2）拜访与离别时的握手次序。在登门拜访时，一般应是主人先与客人握手，以表示欢迎和对拜访者的感谢。离别时，应该客人先伸手握手，以表示对主人接待的感谢和打扰的歉意，一般说"打扰了，请留步"等寒暄语。

（3）异性之间的握手次序。一般来说，男性不要主动与女性握手，以免失礼或尴尬。如果女性主动先伸出手，做出握手的表示，男性在判断准确后可以使握着的手上下摇晃几下，表示热烈、真诚的感情。

2. 握手的方式

正确的握手方式是，笔直站立，用右手稍稍用力握住对方的手，然后身体略微前倾，全神贯注注视对方，以表示尊重（见图10-2）。

3. 握手的表情

握手时应面含微笑，不能不苟言笑；要同时寒暄；专心致志，注视对方，不可敷衍了事。

4. 握手的力度

握全掌，稍许用力并上下摇晃，可表示握手者对对方感情较深，有时还表现深切的谢意和较强的自信心。

5. 握手的时间

双方握手的时间一般以3～6秒为宜，异性握手时间以1～3秒为宜。如果双方个人间的关系十

图10-2　握手示范

分密切，握手的时间可适当延长。

【小贴士 10-2】

握手礼仪禁忌

握手时不要戴着手套或墨镜，只有女士在社交场合戴着薄纱手套握手是被允许的。

握手时另外一只手不要插在衣袋里或拿着东西。

不要在握手时面无表情、不置一词或长篇大论、点头哈腰，过分客套。

不要在握手时仅仅握住对方的手指尖，好像有意与对方保持距离。正确的做法是握住整个手掌，即使对异性，也要这么做。

不要在握手时把对方的手拉过来、推过去，或者上下左右抖个没完。

不要拒绝和别人握手，如有手疾或汗湿、弄脏了，要和对方说明"对不起，我的手现在不方便"，以免造成不必要的误会。

不要坐着与人握手。

不要在与别人交谈中漫不经心地与另一个人握手。

严禁在他人头顶上握手。

不要在餐桌或食物上握手，就餐时，应离开座位与对方握手。

（五）其他见面礼仪

（1）吻手礼。在欧洲国家，一般由女性主动伸手，男性行吻手礼。吻手背，是象征性、礼节性的。

（2）鞠躬礼。即弯身行礼，是表示对他人敬重的一种礼节。使用场合一般是演员谢幕、讲演和领奖、婚礼、隆重的接待、悼念活动。鞠躬常用于下级向上级，晚辈向长辈表达由衷的敬意。有时还用于向他人表达深深的感激之情。鞠躬时，以腰部为轴，整个腰及肩部向前倾斜15°～30°，目光向下。礼毕后目光注视对方（见图10-3）。

（3）双手合十礼。又称"合掌礼"，行礼时，两掌合拢于胸前，十指并拢向上，掌尖和鼻尖基本齐平，手掌向外倾斜，头略低，神情安详、严肃。

（4）拥抱礼。一般的商务拥抱礼不宜胸部接触。

（5）点头礼。微微点头，对人表示礼貌，适用于比较随意的场合。点头时要面带微笑。

（6）脱帽礼。在公共场合行此礼时，男子摘下帽子向对方点头致意即可。当进入他人居所时，客人必须脱帽，以示敬意。在庄重场合，如升国旗、奏国歌时，应自觉脱帽。

（7）举手礼。手向上前方直伸，手掌左右摆动。

（8）致意礼。举手致意，举直右臂，掌心朝向对方即可，轻轻摆几下，适于向较远的熟人打招呼。欠身致意，身体的上部微微向前一躬，适用的范围较广。点头致意，头微微向下一动，不必幅度太大，适于不宜交谈的场合。

（六）名片的使用

名片是公务人员重要的交际工具，是个人身份的代表。在某种程度上，名片是现代人的自我介绍信、社交场合的联谊卡。

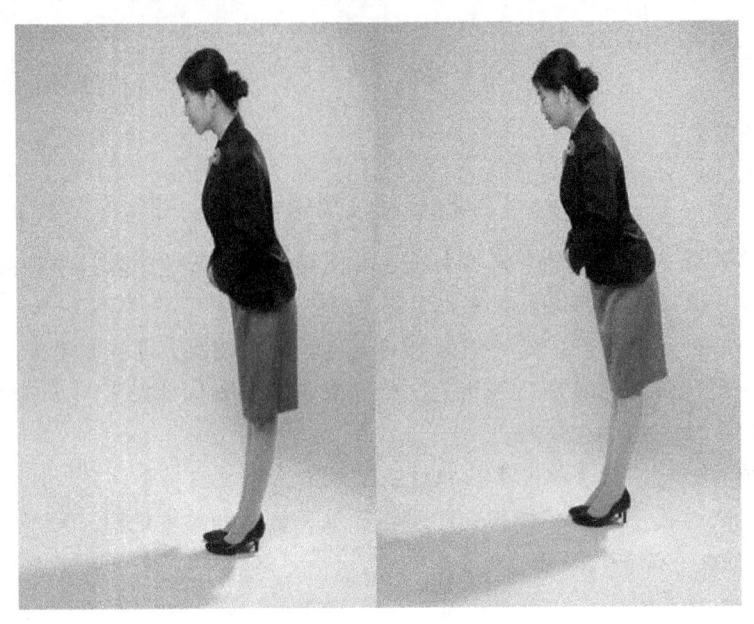

图 10-3　鞠躬示范

1. 名片在社交场合的作用

一是介绍自己；二是结交他人；三是保持联系；四是通报变更。

在社交场合，尤其是国际社交场合，人们会以名片代替简洁的信函，即名片的特殊用途。具体做法是在社交名片的左下角写上一行字或一个短语，然后放入信封寄交他人。如果是本人亲自递交或托人带给他人，要用铅笔书写；如果是邮寄，则用钢笔书写。

2. 名片的内容

不同内容的名片适于不同用途和名片类型，使用者最好亲自确定。

社交名片，一般只印姓名应对泛泛之交。商务名片（公务名片），应在名片左上角以较小字体列明归属（如单位全称、所在部门、企业可识别图案），在名片正中以较大字体列明称谓（如姓名、行政职务、技术职称和学术头衔），在名片右下角以较小字体列明联络方式（如邮政编码、办公室座机号码、通信地址，随着办公自动化的普及还可提供 E-mail、传真、公司网址等）。集体名片，实际是公务名片的一个变种，指某一部门，尤其是那些对外交往较为频繁的政府部门，其主要成员集体对外使用的名片，有时也在展览会等场合使用；集体名片在基本内容构成上与公务名片没有任何区别，可印公司名称、公司对外联络号码、通信地址等；其特殊之处在于在名片上列出某一集体的每一位主要成员的具体称呼，并按职务高低自上而下依次排列；使用集体名片不仅可以节省费用，还有助于维护和宣传集体。

3. 递送名片

将本人的名片递交给他人时，通常要注意以下 5 个方面的礼仪。

（1）有备而至。参加重要的人际交往活动之前，应当有意识地准备好自己的名片，并且将其置于易于取拿之处，以备不时之需。

（2）讲究时机。递送名片多在初次见面进行自我介绍之后。将自己的名片递送给对方。

（3）考虑顺序。交换名片应当遵守"尊者优先了解情况"规则，即双方之中地位较低者应当首先把自己的名片递交给地位较高者；一人将本人的名片递送给多人时，应当由尊而卑依次而行或者由近而远依次而行；在圆桌上则按顺时针递交。

（4）态度恭敬。名片应双手呈递，态度上显得恭恭敬敬，使对方感到你对他很尊敬。具体来讲要注意：起身站立；主动走近对方；以双手或右手递上名片；将名片正面面对对方（见图10-4）。

（5）语言提示。按照常规，在递上本人名片的同时，应当面带微笑，并略道谦恭之语。可以说"请多关照""请多指教""希望今后保持联系"，说"这是我的名片"也未尝不可。

图10-4 递送名片示范

【案例10-1】 商务人员个人形象

高丽是个热情而敏感的女士，在中国某化妆品公司任副总裁。有一天，她接待了来访的化妆品公司主管营销的张经理。张经理进了高丽的办公室，面带微笑对高总说："我是……"说完就用一只手把自己的名片递给了高丽。高丽接了名片客气地对他说："很高兴你来为我们公司介绍这些产品。这样吧，让我先看一看这些材料，再和你联系。"张经理在几分钟内就被高丽请出了办公室。几天内，张经理多次打电话，但秘书的回答是："高总不在。"

到底是什么让高丽这么反感呢？高丽在一次形象课上提到这件事："首次见面，他留给我的印象是不懂基本的商务礼仪，他的位置低于我，怎么会用一只手递名片给我呢？那几秒钟，他就留给我一个极坏的印象。让我感觉不到对我的尊重，他对我们的会面也并不重视。作为公司的销售经理，居然不懂得基本的握手方式，他显然不是那种经过高级职业训练的人。而公司能雇用这样素质的人做销售经理，可见公司管理人员的基本素质和层次也不会太高。"

4. 接受名片

接受他人递送过来的名片时，亦应认真遵守相关的礼仪规范。

（1）认真接受。名片者，具名之物也。因此，在接受他人名片时态度是否认真，往往会与是否尊重对方直接联系在一起。接受别人名片时，要表现出自己的认真友好之意，必须注意：起身站立；迎向对方；以双手或右手捧接，要以不低于胸部的位置收下；由名片的下方恭敬接过收到胸前，并认真拜读。

（2）口头道谢。当他人将名片递送给自己，尤其是当对方首先递上自己的名片时，理当口头向对方致谢或是告知对方"非常荣幸"。

（3）专心通读。接过名片后，务必牢记"接受名片，一定要看，通读一遍"这12个字。可做默读状，合适时可念出。这样做至少有3个好处：表示对对方的重视；可以及时了解对方的具体情况；可以当面请教不清楚的地方。

（4）妥为存放。对方给自己名片，是将其重要的信息毫无保留地交给你，是对你的充分信任和尊重，对待名片应像对客人一样尊重和爱惜。恰当的做法是在通读他人的名片后将其收入名片盒、上衣衣兜、随身携带的包或袋、桌子的抽屉之中，绝不要放在裤兜里。客人走后，可在名片上记录初次见面的时间等，便于记忆。绝不能揉玩客人的名片。

（5）有来有往。收到他人递上的名片之后，亦应当立即回递自己的名片。有来而无往，难免会令对方不快。倘若尚无名片的话，则可直言相告，或者告诉对方"改日再补。"

5. 名片索取

在一般情况下，你想得到对方的名片，但他却并未给你，最好不要直截了当地说"请您给我一张名片"，而应该以请求的口吻说"如果没有什么不便的话，能否请您留一张名片给我"，若对方确实已没有名片，一般会说明的。

根据交换名片的礼仪，索取他人的名片，大体有如下4种方法。

（1）交易法。主动递上本人的名片。

（2）建议法/激将法。遇到保护性强的人，可询问"不知可否有幸和您交换一下名片"。

（3）谦恭法。向专家学者、社会贤达，有地位、有身份的人或者是长辈索要名片时，可询问对方"听了您的演讲后，颇受启发，以后还得向您请教，不知以后如何联系您"。

（4）联络式。向平辈、晚辈，或上级对下级索取名片时，可询问对方"希望以后可以保持联络""怎样联络比较方便""今后如何与你联系"。

以上4种索取他人名片的具体做法，各有各的适用对象。前两种做法主要适用于携带名片之人，后两种做法主要适合于未带名片者采用。应当说明的是，不论他人以何种具体方式向自己索取名片，都尽可能地不要回绝。

四、行进中的位次礼节

（一）乘车礼仪

办公室的公务人员在陪同领导及客人外出时，接来访或谈判的客人到公司或住宿处时，很多时候是要乘车的，乘车的座位次序也有要求，要注意相关礼仪。

乘坐轿车首先存在上下车的问题，一般情况下让客人先上车、后下车。如果很多人坐在一辆车上，那么谁最方便下车谁就先下车。乘车时，陪同人员要先打开车门，请客人上车，并以手背贴近车门上框，提醒客人避免磕碰，待领导、客人、女士坐稳后再关门。如果接待两位贵宾，主人或接待人员应先拉开后排右边的车门，让尊者先上，再迅速地从车的尾部绕到车的另一侧打开左边的车门，让另一位客人从左边上车；只开一侧车门让一人先钻进去的做法是失礼的。一般车的右门为上、为先、为尊，先开右门，关门时切忌用力过猛。乘车时应请客人坐在主人的右侧，待其落座后关好车门，然后主人从左侧车门上车，避免从客人膝前穿过。车停后陪同人员要先下车打开车门，再请客人下车。

乘车的座位也很有讲究。轿车里的位次礼仪，大体有3种情况。

1. 公务交往乘车座次安排礼仪

参与活动的车辆归属于单位，驾驶司机一般是专职司机。有司机时司机后右侧为上位，左侧为次位、中间第三位、前坐最低。因为后排比前排安全，右侧比左侧上下车方便。公务接待时，副驾驶座一般为随员座，由秘书、翻译、保镖、警卫、办公室主任或者导引方向者坐（见图10-5）。九人座车以司机右后侧

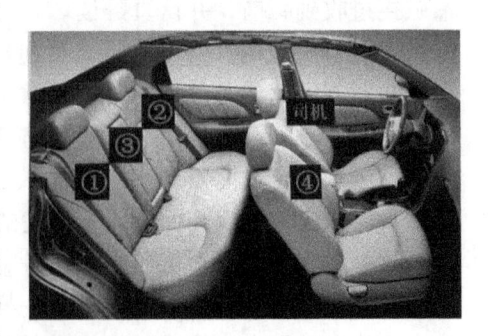

图10-5 轿车位次

为第一位,再左再右,以前后为序。

2. 社交应酬乘车座次安排礼仪

工作之余,三五好友外出用餐娱乐,这时一般车辆是归属个人的,开车的人是车主。车主开车时,上座是副驾驶座,表示平起平坐。在这一情况下让上宾坐后座是不礼貌的。当然,如果主人的丈夫或妻子一同前往时,副驾驶还是应该留给他(她)。

3. 接待重要客人乘车座次安排礼仪

接待高级领导、重要企业家时人们会发现,轿车的上座往往是司机后面的座位。因为该位置隐秘性比较好,而且是车上安全系数较高的位置。

(二) 行进礼仪

在引导客人去本方人员办公室的路途中,引导员要走在客人左前方数步远的距离(见图10-6)。遇有上楼梯、转弯或上电梯时,应回头用手示意,并告诉客人"请这边走"。如电梯内有专人服务应请客人先上;如电梯内没有人服务,则应自己先进去,再请客人走进电梯。在陪同客人去见本方人员的这段时间内,不要只顾闷头走路,可以随机讲一些得体的话。也可以向客人介绍一下本单位的大概情况。

图 10-6 陪同引导

行进时要特别注意行进的次序礼仪。常规做法有两种情况:与客人并排行进时的要求是"中央高于两侧,内侧高于外侧";与客人单行行进时,即一条线行进时,标准的做法是"前方高于后方"。在商务活动中,接待人员陪同客人,负责引导时应走在客人左前方一两步远的地方,客人的步速一致,以示尊重,便于引导;如果是领导视察或客人认路,陪同人员应在客人左后侧;如果是主陪陪同客人,主陪要在客人左前方,双方的随行人员,应走在后边。

陪客人、外宾参观访问,陪同人员应提前10分钟到达;遇到路口、转弯处、进出门户或上下楼梯时，引导人员应用手示意方向并加以提示。与女士同行时，男士应走在路的外侧，女士走在贴近建筑物的一侧，即"把墙让给客人"；在不能并行的情况下，男士要走在女士的后面；在电梯上、楼梯口与女士相遇，不管认识或不认识，都要主动让女士先行；外出时，要主动帮助女士拿一些笨重的背包及脱下的外衣，只是不用帮她拎随身的小包。参观结束后，应将客人送至宾馆，然后再告别。

（三）上下楼礼仪

上下楼梯时位次排列要注意两点。①单行行进。上下楼梯时，因为楼道比较狭窄，并排行走会阻塞交通，若没有特殊原因，应靠右侧单行行进。②单行行进时要注意以前方为上。一般情况下，应该让客人走在前面，把选择前进方向的权利让给客人或者是地位高的人。需要强调的是，如果客人是一位女士，而女士又身着短裙，接待陪同人员要走在女士前面，不要让女士先上楼梯，避免女士出现"走光"的问题。如果客人不认路，还是要有引导员在前（见图10-7）。

（四）引导出入电梯的礼仪

出入有人驾驶的电梯时，应请客人先进，到达时请客人先行，即引导员后进后出，客人先进先出。

出入无人值守的电梯时，应由引导员先进后出，被陪同者一般要后进先出。陪同者先进后出，就是为了控制开关钮，不使它夹挤客人。

（五）引导出入房门的礼仪

出入房门的标准做法是"位高者先进或先出房门"。如门朝外开，应请客人先进；如门往里开，引导员应先进去，扶住门，然后再请客人进入。但是如果有特殊情况，比如需要引导，室内灯光昏暗，男士和女士两人单独出入房门，那么标准的做法是引导员要先进去，为客人开灯开门，出的时候也是引导员先出去，为客人拉门导引（见图10-8）。

图10-7 陪同引导　　　　　　　　　图10-8 引导入门

五、住宿安排礼仪

迎接客人之后，应将其直接送至下榻处，尽可能妥善安排，使客人有宾至如归之感；对于客方的住宿标准尽量一致，不一致时要给出合理解释。在客方办完住宿手续后，引导客人进入房间，检查一下客房设施是否完好，客人起居有何不便，主动征询客人的意见；再给客人奉上茶水或咖啡等饮料，同时及时向客人提供备好的书面材料，如活动日程表、旅游风景资料、本地风土人情等，向客人介绍餐厅用膳时间及主要的接待安排，了解客人的健康状况及服务要求等。若无其他需要，引导员不必久留，稍坐之后即应告辞，以便让客人更衣、休息和处理个人事物或准备谈判等事宜，不应急于安排活动。离开前应确认下次见面的时间及联系方法等。

一般来讲，在客人抵达当天，应当为其设便宴接风。因此，迎送人员在告辞时，应将接风便宴的时间安排告知对方，请其届时在客房内等待我方人员前来导引。

六、期间活动协调礼仪

前期工作告一段落，活动进入主要日程，如谈判开始、参观旅游出发等，这时，公关部门接待员最应注意的是办事的诚意与效率。公关人员要牢记办事拖拉就是慢怠和失礼，要争取用最短的时间办出最好的效果，务使客人满意，建立良好的关系，否则，其他接待工作都是无意义无成效的。

在业务活动或谈判的间隙，要安排一些期间活动，如参观游览、观看文艺演出、联谊娱乐活动等。己方与对方密切接触者应尽量全体陪同，若负责人或主要人员不能参加，应做出解释。参观游览时，己方应有 1～2 人在前引导，其余人杂散在对方人员中陪同，己方人员还应向对方人员做介绍、讲解，融洽参观游览的气氛。

有时客人比较多，游览的地方比较多或远时，期间活动还要和旅行社合作。这时，主方要对旅行社做严格挑选，在活动期间要密切与旅行社的带队负责人联系，始终把活动看作是己方的一项工作，不能撒手不管。

七、馈赠礼品

商务活动中，为表示对客人的谢意，体现双方的友谊，或赢得客人更多的友情等，有些组织常赠送客人不同的礼物。馈赠礼品既是商务谈判中的一种润滑剂，同时也是一种背景文化的展示。

作为公务人员，事前应考虑周全，熟谙赠礼和收礼的方法和技巧。

1. 明确赠礼的性质

是为生日、高升、喜庆而赠礼，还是为初次见面、欢送迁移而赠礼，或是逢年过节赠礼，在选购和送出之前必须明确。

2. 注意礼品的选择原则

一是宣传性，能够代表企业形象，体现产品、服务价值；二是纪念性，睹物思人，寓意友谊地久天长；三是独特性，遵从"人无我有，人有我优，人优我新"，如代表性设施或产品的精美模型等；四是便携性，要考虑客人长途携带的问题，在于精而不在于多。

一般要送标志性的产品，具有国家、民族、地方特色的产品，有关自己企业技术特点的产品。

3. 注意选送礼品的禁忌

在中国，日常交往中，恋人之间不送伞、剪刀、梨等；一般给老人不送鞋、钟等。在商务交往中，不送以下几种礼品：一是现金、有价证券、天然珠宝和贵金属首饰，因为有行贿之嫌；二是有违对方习俗、禁忌的礼品；三是药品和营养品；四是有违社会公德的礼品；五是带有明显广告宣传标志的礼品；六是易于引起异性误会的礼品；七是涉及商业秘密的礼品；八是法律法规禁止流通的礼品。

4. 要掌握好赠送的时间

对方生日、结婚时；高升、录取发榜之后；逢年过节之前，都是适合的赠送礼品的时间，会使对方牢记、感激和喜悦。送礼一般在刚见面或临分手时比较适宜。送礼时，应落落大方，双手捧礼品，边送边说上几句问候的话。

5. 要选择赠礼的适当场合

初次在办公室或公开场合见面就送上一份礼，会有行贿之嫌。在庄严场合或大庭广众面前，赠送女性衬衣、丝袜或食品之类的礼品，会给对方以俗气、尴尬的感觉。在礼仪场合，宜送大方、体面、高雅的礼品，书籍、花束等便是上乘的选择；在小范围或个别场景下，赠送吃穿用等生活礼品也会受到欢迎。

6. 要注意礼品的选择原则和细节

随着社会文明程度的提高，人们对礼品的选择更注重于其社会意义、思想意义、情感意义和纪念意义。如一束鲜花、一纸贺卡都是公务活动中赠礼的佳品。但在选购赠送贺卡时，必须仔细地读一读贺卡；用中英两种文字印制的，尤其要了解其准确意义后才能使用，否则用错对象会被对方引为笑柄。此外，不论贺卡上是否印了赠送者的姓名，都应该亲笔写上几句问候的话而不是只有铅字的贺卡。鲜花的赠送更有讲究，在社会的不断发展过程中，人们赋予了鲜花以各种各样的象征意义，而且这些象征意义已为大众公认。送上一束鲜花，就等于表述了相应的语言。公务人员以鲜花为礼品时，应该首先了解花束的象征意义，及这种象征意义是否符合自己想表达的意思，是否符合对方的特点和赠送场景，否则不仅给对方带来不快乐，还会弄巧成拙。

选购好礼品后，还有一道重要手续，就是要使礼品更出色一些，在礼品送出之前做一番最后的处理，让对方一看就感受到其中包含着赠送者的精心和诚意。礼品上如有价格标签，必须拿掉，然后选择对方喜爱的包装纸和缎带或用其他材料做些点缀。假如赠礼者很多，不妨在礼品上再附上一张小的签名卡，避免对方搞不清谁送的礼。

7. 接受礼品的礼仪

一要落落大方。二要注意是否当面打开并感谢。在美国，收到礼品时应当场打开，然后对礼品大加赞赏（即使你不喜欢），并对送礼者表示感谢；在日本，除非应送礼者请求，否则当面打开礼物是不礼貌的。三是实在不能接受礼物时，要当面以合适的、不伤害对方感情的理由说明情况。

八、送客礼仪

以商务谈判活动为例，迎接为谈判礼仪的序幕，关系到以后谈判的氛围和进程；欢送为谈判礼仪的闭幕，关系到双方的信任信用、协议的贯彻维护以及继续合作和谈判等。迎送均应善始善终，不可虎头蛇尾。俗话说"编筐编篓，全在收口"。送客是接待工作最后一个环节，处理恰当与否，会影响整个接待工作效果，搞得不好会前功尽弃。

当客人告辞时，应起身与客人握手道别。对本地客人，一般应送行至本单位楼下或大门口，待客人远去后再回单位。如果是乘车离去的客人，一般应走至车前，引导员帮客人拉开车门，待其上车后轻轻关门，挥手道别，目送车远去再离开。

对于外来的客人，应提前为之预订返程的车票、船票或机票。送别人员应事先了解对方离开的准确时间，提前到达来宾住宿的宾馆，陪同来宾一同前往机场、码头或车站；主人应专程前往下榻处话别或前往机场、码头或车站送行。送别时，应与客人一一握手，祝愿客人旅途平安并欢迎再次光临。将客人送上车、船或飞机后，送行人员应面带微笑，挥手告别，待车、船或飞机离开后，直到看不见对方时，方可返回。

任务二　培养商务拜访礼仪

一、拜访礼仪

（一）事先预约

拜访之前必须提前预约，这是最基本的礼仪。一般情况下，应提前三天给受访者打电话，简单说明拜访的原因和目的，确定拜访时间才能前往；征求拜访地点；告知拜访人数及身份。

（二）拜访准备

（1）拜访目的。拜访必须明确目的，出发前对此次拜访要解决的问题应做到心中有数。

（2）形象准备。一般情况下，登门拜访时，女士应着深色套裙、中跟浅口深色皮鞋配肉色丝袜；男士最好选择深色西装配素雅的领带，外加黑色皮鞋、深色袜子。

（3）礼物准备。无论是初次拜访还是再次拜访，礼物都不能少。礼物可以起到联络双方感情、缓和紧张气氛的作用。所以，在礼物的选择上还要下一番功夫。既然要送礼就要送到对方的心坎里，了解对方的兴趣、爱好、品位，有针对性地选择礼物，尽量让对方满意。

（三）进行拜访

（1）准时赴约。拜访他人可以早到却不能迟到，这是拜访活动最基本的礼仪之一。早些到可以梳理拜访时需要的资料，并正点出现在约定好的地点。迟到是失礼的表现，不但是对被拜访者的不敬，也是对工作不负责任的表现，被拜访者会对你产生看法。

值得注意的是，如果因故不能如期赴约，须提前告知对方，以便被拜访者重新安排工作。告知时一定要说明失约的原因，态度诚恳地请对方原谅，必要时还需再次约定拜访的时间。

（2）提前通报。到达约定地点后，如果没有见到被拜访对象，拜访者不得擅自闯入，必须经过通报再进入。一般情况下，前往大型企业拜访，首先要向接待员说明自己的基本情况，待对方安排好，再与被拜访者见面。当然，生活中也会存在这样的情况，被拜访者身处某一宾馆，拜访者抵达宾馆，切勿鲁莽直奔被拜访者房间，应该由宾馆前台打电话通知，经同意再进入。

（3）举止稳重。见面后，打招呼是必不可少的。如果双方是初次见面，拜访者必须主动向对方致意，简单地做自我介绍，然后热情大方地与被拜访者行握手礼。如果不是初次见面，主动问好致意也是必需的，这样可显示诚意。

行过见面礼，在主人的引导之下，进入指定房间，待主人落座，自己再坐在指定的座位上。

（4）友好交流。谈话要开门见山，简单寒暄后直接进入正题。对方发表自己意见时，打断对方讲话是不礼貌的行为。应该仔细倾听，将不清楚的问题记录下来，待对方讲完以后再请求解释。如果双方产生意见分歧，一定不能急躁，要时刻保持沉着冷静，避免破坏拜访气氛，影响拜访效果。

（四）适时告辞

在商务拜访过程中，时间为第一要素，拜访时间不宜拖得太长，否则会影响对方其他工作的安排。

如果双方在拜访前已经设定了拜访时长，则必须把握好时间，如果没有对时长做具体要求，那么就要在最短的时间里（半小时到一小时）讲清所有问题，然后起身离开，以免耽误被拜访者处理其他事务。

遇到以下情况也要适时告辞。

（1）快到休息或就餐时。

（2）其他客人来访时。

（3）话不投机。

（4）接待方出现"站起身来、谈话总结、反复看表、打哈欠"等状态。

（五）拜访结束

拜访结束时，如果谈话时间已过长，要向主人表示打扰歉意。出门后，回身主动与主人握别，说"请留步"。主人留步后，走几步再回首挥手致意"再见"。

商务拜访是一种常规办公形式，也是对礼仪要求最多的活动之一。掌握上述礼仪要领，将有助于商务工作顺利进行。

二、出差礼仪

陪同领导外出，看似仅"拎包""倒水"，其实要出色地完成这项工作并不容易。要求随行人员掌握常识、讲究礼仪、增强素质，既能按规矩办事，又能灵活机动行事，才不会影响领导外出活动的效果。

（一）应注意的事项

（1）事前联系。与所去地的有关单位事先联系，提供前往人员名单（包括姓名、性别、民族、职务等），说明此行目的和行程计划等。

（2）准备资料。与领导充分沟通，了解出差目的、必备物品、外出工作内容和需要约见的对象，并根据工作内容和约见对象准备相关的文件、资料和礼品，携带的证件，甚至相机等，安排好领导的行程。如果是开会，应准备开会需要的资料，自己应先学习有关会议的内容，以便能在开会时做好会议记录。如果是走访或谈判，应当先做好对走访或谈判对象的调查和了解。

（3）做好联络。陪同领导外出时，一定要与领导及同行人员时刻保持联系。因为在外出活动中，情况随时都可能发生变化。随员哪怕是短时间的单独行动也要与领导及同行人员保持联络的畅通。

（4）做好协助。如果自己开车，要提前通知司机准备好车辆，带好差旅费用、换洗衣物及常用药品等。入住宾馆后，要让同行者互相知晓所住的房间，要及时将同行者所住房号、内部电话拨法提供给领导，以便及时联络。外出中的所有活动，随员都要提前做好准备，按时召集其他随行人员等候领导，不能让领导等其他人。

(二) 应注意的礼仪

1. 乘车行走

（1）陪同领导行走时，随员应在领导后侧半步位置跟从。

（2）让领导和客人先上车，自己后上。

（3）要主动打开车门，并以手示意，待领导和客人坐稳后再关门。一般车的右门为上、为先、为尊，所以应先开右门，关门时切忌用力过猛。

（4）注意乘车座位。一般是右为上，左为下。如果领导有坐副驾驶的习惯则另当别论。在到达目的地后，随员要提前下车为领导开启车门。陪同客人时，要坐在客人的左边。

2. 见面介绍、握手、交换名片

（1）走访客户，应先把客户介绍给领导，如果客户是女士，则先把领导介绍给客户。

（2）拜访时，如果对方身份较高，应先把领导介绍给对方。

（3）和对方的距离合适时才可伸出手。

（4）与对方领导握手，以其职位由高到低为序。

（5）交换名片时要双手接递，并说"谢谢"。接到对方名片时，不要立即收起，要先观看，以示尊重。

3. 就座

（1）参加会议时，除大型会议按桌牌就座外，一般要选择既非主要位置又有利于与被陪同领导联络的位置就座；如果是圆桌会议，是坐在桌前还是后排，则视与会人员的具体情况而定。

（2）就餐时，要分清主位、客位，把客位中主要位置让给领导，且要等双方领导就座后再入座；要注意安排好司机等同行的其他人员，因为接待方不可能认识所有来客，容易遗漏。

（3）会见时，主宾、主人席安排在面对正门位置，领导如果作为主宾，座位应在主人右侧，随行人员则按职务高低在领导一侧就座。主方的陪见人在主人左侧按职务高低就座。

（4）会谈时，双方会谈常用长方形或椭圆形桌子，宾主相对而坐，以正门为准，主人在背门一侧，领导作为主宾应面向正门居中。如会谈桌一端向正门，则以入门的方向为准，右为客方，左为主方。多边会谈，按主办方安排座位就座。

4. 言谈要得当

（1）商务活动要讲普通话，声音自然、清晰，音量、语速适中。

（2）语言文明，不讲粗话。使用"您好、请稍候、麻烦您、抱歉、对不起、没关系、谢谢、再见"等礼貌用语。

（3）在陪同领导外出时，说话非常重要，什么时候该说，什么时候不该说，该说时怎么说都有讲究。不该说时说了会失礼，该说时不说会误事。

（4）当客户询问本单位情况时要及时为领导当好助手，做出补充，不能越俎代庖。

（5）在领导与客户谈话时，可以根据具体情况插话，要恰到好处，言之有物，大方得体。

5. 与领导的配合

（1）陪同领导调研时，应对所调研的课题有所了解和思考，在领导发问后对不清楚的地方一定要问清楚、弄明白、记准确。

（2）陪同领导赴宴时，要把握好说话的时机和分寸，不能抢话说、随意说，既不能无原则过分恭维主客双方的领导，也不能目无领导、唯我独尊。

6. 举止得体

（1）随员的举手投足都应与自己的身份、所处场合相协调。在外活动时应坐有坐相、站有站相、走有走相。

（2）如果是开会，进入会场时应主动把手机调到振动挡位，无论是参加会议还是随领导小范围谈话，接电话时都要离开现场。

（3）随领导参加重要会议或领导讲话时，如无特殊情况一般不能打扰领导；如确需及时向领导汇报，要尽量压低声音，减少影响面和影响程度。

7. 衣着、发式等仪表仪容

（1）着装应整齐洁净，衣冠端正，庄重大方。

（2）与人交往热情、友好，不卑不亢。在公众场合应避免双手叉腰、交叉胸前、插入衣裤兜内。避免挠头、抓痒、挖鼻孔、哼唱歌曲、吹口哨、跺脚、说笑、喧哗、随地吐痰、乱丢杂物、对人咳嗽、打喷嚏等不良举止。

（3）在禁止吸烟场所不吸烟。在外单位吸烟时，必须先征求主人同意。

8. 适时"进"与"退"

（1）在陪同领导外出参加会议、会谈时，要确定自己是否应该在场，如不需参加，则应要弄清自己应在驻地等候还是在场外等候。

（2）如属领导的小范围谈话，要根据实际情况及时做出判断自己是否需要回避。一般来说，领导在会后或宾馆住地等的小范围谈话，特别是遇到老朋友、老同学时，可能要说一些不宜公开的话和知心话，这时随员就应该礼貌地为领导沏上茶水，做一些简单的服务性工作后适时退出。有时是研究探讨某个问题，自己应当在场，但领导们说起一个自己不应了解的话题时，也应有意识退出一会儿，估计此话题已说完再返回。

9. 守口如瓶

在陪同领导外出期间，领导与随行者之间谈论的话题和与其他人员之间谈话的内容，除领导明确表示让自己传达的之外，其他内容决不可随意透露，即使是餐桌上领导的玩笑话也不应随便向外人提及。因为领导的每一句话都是在某一特定环境下说的。离开了这个前提，就可能产生歧义，如果再传就会走样，给工作带来影响。

10. 会见和会谈

（1）作为随员应在会谈与会见前做好充分的准备工作。要掌握会谈人姓名、职务、会谈时间、地点、会谈顺序安排及有关事项。

（2）如对方到领导下榻处拜访，则应以主人身份安排对方客人就座。

（3）领导与对方会见（会谈）结束后，随员应陪同领导送对方至车前或门口握别。

11. 宴请客人

（1）根据宴请的性质、目的、主宾的身份确定宴请规格、范围、时间、地点。

（2）宴席前宾客到达时，随员应陪同领导到门口迎接。

（3）按先女宾后男宾、先主宾后一般来宾的顺序，引宾客进入餐厅。

（4）宴请要考虑主宾的饮食习惯、民族、地区、身体状况及其他特殊要求。

（5）桌次的高低以离主桌位置的远近而定，右高左低、近高远低。

（6）同一餐桌上席位的高低，以离主人的远近而定。

（7）通常对门口或居中的桌是主桌，主桌对门口或居中的位置是主人位置。

（8）一般情况下，第一主人的右边是第一主宾。

（9）宴席中，以领导与第一主宾交谈为主，随员不要主动提话题，不要随便打断领导与第一主宾的交谈。

（10）宴会中要文明敬酒、理智饮酒，正式场合只喝本人酒量的三分之一。文明进餐，不发出不雅声响。

（11）用餐时不要趴在桌子上，不要大声喧哗。

（12）吃中餐时不整理菜肴，不划拳，吃过的鱼、鸡骨头放在盘子外侧。

（13）为别人夹菜要使用公筷。

（14）使用牙签时，要用左手遮住口部。

任务三　培养商务洽谈礼仪

商务洽谈过程中，除要坚持洽谈原则和掌握洽谈技巧外，最应注意的就是洽谈礼仪的运用。商务洽谈礼仪，即商务谈判礼仪，是商务谈判人员在商务谈判过程中必须遵守的，是用来维护个体、组织形象和对谈判对手表示尊重与友好的惯例及形式。它直接影响谈判的进程与成效，因此尤其重要。良好的礼仪风貌，不但有利于实现公司的预期目标，而且可以给对方留下良好印象，以便以后长久的合作。

一、主座商务洽谈的接待准备和迎送工作礼仪

主场谈判在礼仪上习惯称为主座谈判,因在我方所在地进行,为确保谈判顺利进行,我方(主方)通常需要做一系列准备和接待工作。具体内容及相关礼仪,请参见"培养商务接待礼仪",此处不赘述。

二、客座谈判的礼仪

客场谈判是在对方所在地进行的,在礼仪上习惯称为客座谈判,通常谈判程序、日程安排等均由主方确定。因此,客方在选择方面受限制较大,再加上对异地文化背景、社会风俗等不熟悉,心理情绪上也需要调适。客座谈判时,需要谨记"入乡随俗、入境问禁、客随主便",对一些非原则性问题应采取宽容的态度,以保证谈判的顺利进行。要明确告诉主方自己代表团的目的、成员人数、成员组成、抵离的具体时间、航班车次、食宿标准等,以方便主方的接待安排;除谈判的日程外,也可自行安排食宿、交通、访问、游览等活动,但要提前声明;谈判期间,对主方安排的各项活动要准时参加,通常应在约定时间的5分钟前到达约定地点;对主方的接待,应在适当的时间以适当的方式表示感谢。

三、洽谈时间的选择

在谈判开始之前,应合理确定洽谈时间、地点,准确掌握双方参加人员名单,并及早通知有关人员和有关单位做好必要的安排。洽谈时,主人应提前到达。

1. 谈判时间的内涵

谈判时间的内涵有两重性:一指谈判可以开始的时间;二指谈判应当结束的期限。

2. 谈判时间准备的原则

(1)互利原则,又称利益均衡原则,这一原则要求谈判安排在互利时间展开,这是一种积极的、进取的、建设性的谈判姿态,有利于双方取得共识,达成协议。

(2)于己有利原则,在互利时间难以实现即双方时间难以兼顾的情况下,应力争在己方时间谈判,力避在他方时间谈判。为此,可实施诱导策略以充分利用己方时间,如在一系列非正式场合或与对方预接触之中,了解对方谈判条件不成熟而承诺利益让步和优惠措施,可采取速战速决的策略,以较小代价取得最大的谈判成果。

3. 坚决不可选定的谈判时间

谈判时间适当与否,对谈判是否获得成功影响颇大,因此,谈判者进行谈判决策时,不能对谈判时间的选择掉以轻心。出现下列情况中的任何一种,决不可将其择定为谈判时间。

(1)双方准备均严重不足,在这种情况下应坚决拒谈。

(2)谈判人员,特别是主谈人员身体、情绪状况不佳,应推迟谈判。

(3)不利的自然条件状况,如不利的气候、季节、天气、谈判地点等,特别是这些原因已对己方谈判人员形成了不利影响的状况下,应改变谈判时间。

(4)在己方谈判紧迫程度很高的状态下,往往给对方造成许多乘虚而入的机会,应适当提前或推后进行,并采用种种方法隐蔽己方的紧迫性。

四、洽谈场所的选择和布置

（一）洽谈地点的选择

谈判地点的选择往往涉及谈判的环境心理因素的问题，它对谈判效果具有一定的影响，有利的地点、场所能够增强己方的谈判地位和谈判力量。

选择谈判地点应遵循的原则是，在条件具备的状况下，应力求主场谈判；在各方面条件不利但谈判又必须举行的状况下，必须以充分的准备与计划进行客场谈判；确立中立地点必须经过双方的协商认可。

1. 选择在主场谈判

在自己熟悉的地点与对方谈判所赢得的优势很多，各方面都感到比较习惯，可以随时向上级领导或专家请教，在生活起居、饮食睡眠上都不受影响，而且处于东道主的身份，处理各种谈判事务都比较主动。

2. 选择在客场谈判

一般来说，只有在下列情况下，谈判者才到客场去谈判：必须亲自检验查看谈判对手的某些资料时；己方及产品必须对外开放，寻找新的市场和合作伙伴时；有助于在多轮谈判交锋中，把决定性的一轮谈判放在对己方有利的场所时；即使谈判在客场进行，对谈判结果也不会有很大影响时。

如果谈判地点必须选择在异地，谈判人员也应有相应的对策，如谈判前必须有充分的休息和适应时间，预先订好房间，携带必需的资料和计算机等设备工具，得以保持谈判者从容和舒适的工作状态。

3. 选择在中立地谈判

如果谈判双方利益对立尖锐、关系紧张，则选择中立地点既明智又必要。中立地点谈判的优越性在于：可以缓和双方关系，清除双方紧张心理，促成双方寻找共同点和均衡利益，较之主客场谈判，更能充分体现公平原则，能够最大限度地避免干扰，使双方人员在平静心理的主导下冷静思考，对谈判有积极的促进作用。当然，不足之处也是明显的：双方均不能充分利用自己的有利因素与便捷条件；双方的信任感需经较长时间的努力方能建立和提高，同时，某些时候中立地点会对谈判双方产生某种神秘的心理感受，形成不利影响。

（二）洽谈环境的选择

洽谈地点的选择除了主场、客场、中立地点等外，还要注意谈判环境的选择。

（1）交通、通信设施方便齐全。
（2）环境优美安静。
（3）采光合理。
（4）室内空气清新湿润。

作为东道主应当尽量征求客方人员的意见，达到客方的满意。

（三）不同类型洽谈场所的布置

在布置谈判场所时，首先要选择和确定谈判场所的总体色调，一般而言，谈判场所的总体色调应以暗色、暖色为主，如暗红色、褐色或暗黑色，同时可以引入一些亮色进行调整，如绿色植物、鲜花、蓝色的背景、银白色的茶具等。其次，谈判场所室内的家具、门窗、墙壁的色彩选配应协调、美观。最后，室内装潢应美观典雅，不必过分追求豪华，通过对墙面、地面的装修，利用工艺品和盆景花卉的点缀，使陈设安排实用美观，留有较大的空间，力求创造一个使主客心情愉悦地交流信息和情感的环境。

除此之外，不同类型的谈判场所的布置要求也有所不同。比如，采用电话谈判、网络谈判等方式谈判，洽谈场所内就要有功能完备的电话机、传真机、可视频通话的电脑等；小规模谈判可在会客室进行；较为正规的、大型的谈判，最好安排三类房间作为洽谈场所，即主谈室、密谈室、休息室。

1. 主谈室布置

应在房间中设置与谈判人数相配的整洁的谈判桌；应备有标准化的黑板或白板、投影仪、电脑、讲台等；如果双方协商需要录音，也可配备相关设备；安放麦克风、音响；室内自然温度不合适时，应开空调。

2. 密谈室布置

密谈室是供谈判双方内部协商机密问题的房间。最好靠近主谈室，有较好的隔音性能，室内配备黑板、桌子、笔记本等物品，窗户要有窗帘，光线不宜太亮。作为东道主，绝不允许在密谈室安装微型录音设施偷录密谈信息。作为客户在外地对方场所谈判，使用密谈室时一定要提高警惕。

3. 休息室布置

休息室是供谈判双方在紧张的谈判间隙休息之用，休息室应该布置得轻松、舒适，以便能使双方放松紧张的神经。室内最好布置一些鲜花，放一些轻柔的音乐，准备一些茶点，以便于调节心情，舒缓气氛。

（四）洽谈座次礼仪

在商务洽谈中，双方对自己的面子十分在意，因此安排谈判者的座次是一个比较突出敏感的问题，是一件礼仪性很强的大事。适当的座次安排，能够充分发挥谈判人员最佳的信息传播功能，使双方的言语交往与非言语沟通收到最佳的效果。一个敏锐的谈判行家，会有意识地安排谈判人员的座次位置，并借以进行对己方最有利的谈判。

1. 洽谈座次礼仪总规则

谈判中的座位次序包含两层含义：一是谈判双方的座次位置；二是谈判一方内部的座次位置。总体来说，谈判座位的安排也要遵循国际惯例，讲究礼节。安排洽谈座次时，首先要考虑"位次排列四规则"，即内外有别、中外有别、外外有别、场合有别。其次，按照国际惯例，洽谈座位安排次序总体遵循"面门为上、居中为上、前排为上、以右为上、以远为上"的"位次排列五规则"。

2. 谈判桌摆放及座次安排主要类型

（1）长方形或椭圆形谈判桌——双方各居谈判桌的一边，相对而坐。按照国际惯例，若谈判桌横放，以正门为准，面门为上座，属于客方，背门为下座，属于主方（见图10-9）；若谈判桌竖放，则以入门的方向为准，右侧为上，属客方，左侧为下，属主方（见图10-10）。双方主谈人（首席代表）各在己方一边居中而坐，即首位，翻译安排在主谈人右侧紧靠的座位，其余人员则遵循右高左低的原则，依照职位或分工高低自近而远地分别在主谈人两侧就座。座位不够时可在后面安排加座。

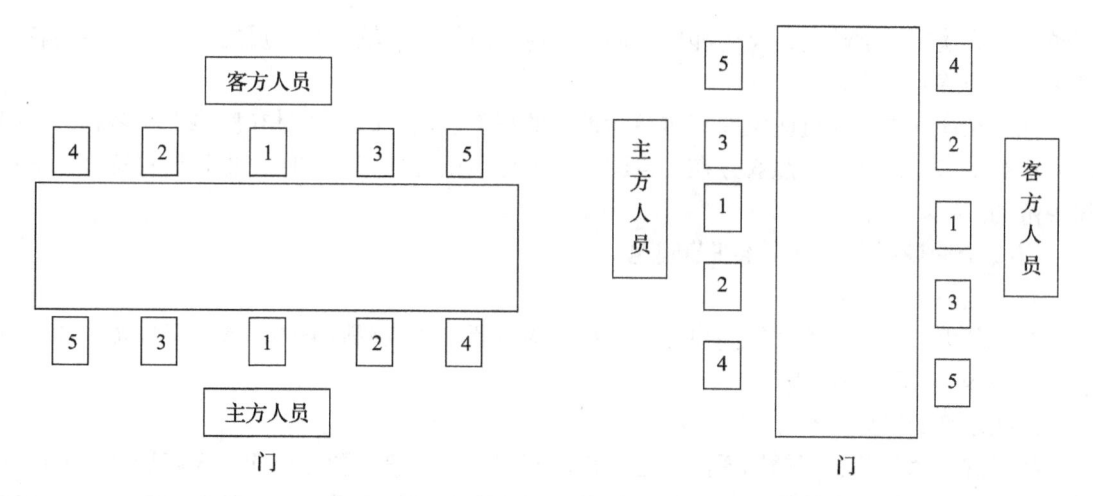

图 10-9　长方形或椭圆谈判桌横放时的座次排列　　图 10-10　长方形或椭圆谈判桌竖放时的座次排列

（2）圆形谈判桌——各方的主谈者应该围坐于圆桌相应的位置。如果是多边谈判，不分首席，一般采用圆形谈判桌（见图10-11），圆桌通常较大，也可分段而置。各方的主谈者应该围坐于圆桌相应的位子，翻译人员及其他谈判工作人员一般围绕各自的主谈者分列两侧而坐，也可坐于主谈者的身后。和长方桌一样，采用圆桌谈判时，也应该注意座位的朝向。一般习惯认为面对门口的座位最具影响力，称此座位为"上座"；而背朝门口的座位最不具影响力，称此座位为"下座"。多方之间一般按照相对地位高低来安排。

与长方形谈判桌不同，圆形谈判桌通常给人轻松自在感。所以在一些轻松友好的会见场所，一般采用圆桌。

（3）马蹄形——双方人员混杂交叉就座于沙发。小型的谈判，也可不设谈判桌，对方直接在会客室围成一圈的沙发上混合就座，双方主谈人在中间长沙发就座，主左客右，译员在主谈人后方，双方其余人员分坐两边（见图10-12）。

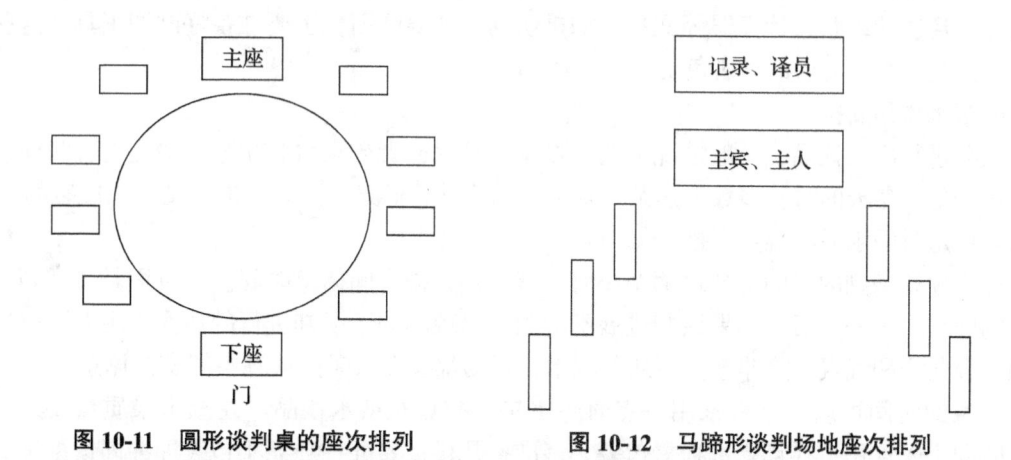

图 10-11　圆形谈判桌的座次排列　　图 10-12　马蹄形谈判场地座次排列

这种就座方式适合双方比较了解、关系比较融洽的谈判。

3. 洽谈座次礼仪其他注意事项

无论是双边谈判还是多边谈判，桌子和椅子的大小应该与环境和谈判级别相适应：会议厅越大，或谈判级别越高，桌子和椅子通常也应相应较大、较宽绰；反之，就会给谈判者心理带来压抑感或不适。

如果在谈判中想通过座位的安排暗示地位的高下，较好的办法是在座位上摆名牌，指明某人应当就座于某处。按照双方在各自团体中地位高低的顺序来排座，也是比较符合社交礼仪规范的。

（五）洽谈场所布置的其他细节问题

1. 欢迎横幅的设置

在单位大门口、住宿宾馆门口显眼的位置应设置布质或绸质横幅，或电子横幅，如"热烈欢迎××公司谈判代表"。

2. 指示牌的安排

指示牌有木质的、不锈钢质的，也有用电子屏的。一般设置在企业从大门到会议室的通道上，或从对方代表所住宾馆楼层的电梯间到谈判会议室的主要结点，特别是拐弯处、岔路口。指示牌要比较显眼，一般应写明会议名称、会议室地点、会议时间、参与单位名称，不同内容可以用不同字体字号显示，也可标示方向箭头，在指示牌旁安排礼仪引导人员。

3. 会议室横幅安排

如果谈判中会用到投影仪，在屏幕的上方应挂上"祝××谈判取得圆满成功"一类的横幅，也可挂在对方谈判代表座位对面的墙上，以提醒对方，取得谈判成功是双方共同的首要目标。

4. 洽谈室设备安排

要特别注意黑板、白板、投影仪显示或投射出来的文字或图形应让全部与会者都能看清楚，要保证麦克风、音响、投影仪、灯光、电源、电脑、空调等设备工作正常，可随时启用。

5. 辅助文具安排

不管对方是否自己有准备，正式的谈判主方都应该为每个谈判代表准备好至少两只削好的铅笔，足够的纸张、计算器等文具。如果谈判中需要画图，也要准备好画图工具。这些工作也可以交由租赁洽谈的酒店负责。

6. 茶水饮品安排

谈判进行中的饮品，一般情况下选择咖啡、茶水或者矿泉水。咖啡一般是在长时间谈判的时候准备，冬天的时候多数上热茶，夏天可加冷饮，矿泉水一般应准备高档小瓶装的。

7. 休息时间水果与糕点安排

如果预计谈判的时间会超过两个小时，就必须安排中间休息时间。一方面是考虑到上洗手间的问题；另一方面，如果谈判进展不顺利，出现不利于谈判进行的情况，主方可以提议休息一会儿缓和气氛。除非想使用疲劳战术，否则都应在长时间谈判中间安排休息。

休息的时间可以安排大家用一点时令水果、糕点及茶水饮品。注意水果质量要好、适合短时间个人食用；糕点要带独立包装，多准备几样；要准备独立小包装即冲即饮型茶、咖啡、饮料、一次性纸杯和杯托以及热水。

8. 姓名

如洽谈者之间彼此并不熟悉，则可事先准备姓名卡片。

五、入场到正式洽谈前的礼仪

1. 主方迎接

主方应准确掌握谈判日程安排的时间，要先于客方到达谈判地点。当客人到达时，主人应在正门口迎接，也可在洽谈室门口迎接，或由工作人员在大楼门口迎接，将客人引到会谈室，主人在会谈室门口迎候。

2. 介绍、落座及洽谈前致辞

双方由主谈人介绍各自成员，相互握手、问候、致意。然后由客方先进入谈判室或宾主双方同时进入谈判室，在既定的位置同时入座，主方人员待客方落座后再坐下。

重要的谈判，在正式开始前，双方做简短的致辞，互赠礼品，然后通常安排合影后再入座。

3. 合影

合影时一般主人居中，主人右手为上，主客双方按顺序排列合影。第一排人员既要考虑身份，也要看能否都摄入镜头。一般两端站主方人员。合影完毕，双方入座开始会谈。这时，除谈判班子成员外，一般工作人员应退出，在会谈过程中也不要随便出入。

六、商务洽谈进程中的谈吐礼仪

1. 寒暄

在尚未正式进入洽谈时，要注意寒暄的话题范围等。一般应选择容易引起双方共鸣又和正题无关的中性话题，比如近期较流行的文艺节目或体育活动、个人的爱好与兴趣、以前合作的情形等。这类话题可以起到沟通情感、营造良好谈判氛围的作用。

2. 谈话距离

在洽谈中，谈话者应保持相对固定的距离，站立应在半米左右，坐下以桌宽为准。双方陈述观点和态度时，位置基本不变。

双方产生争执易逼近对方发表己见；双方意见无法趋同又容易有意拉大双方的空间距离表达不满情绪，这两种情形都是洽谈者应避免的情况。

3. 谈话语气

在洽谈中，准确把握语气既是促成洽谈的需要，也是洽谈中应遵循的礼仪。用审问式的威胁性语气和对方讲话，往往激起对方的逆反心理，不利于洽谈的达成。最好的方法是多采用询问性语气，凡事都应看起来是在商量，而不是谁命令谁。

4. 谈话语速

洽谈中说话的速度要平稳，以中速为宜。过快，对方听不清、记不住、弄不懂，且给人急躁的感觉；过慢，吞吞吐吐，欲言又止，让人觉得缺乏干练果断，进而对讲话者的工作能力产生怀疑。控制语速的原则是快而不失节奏、慢而不失流畅，并适时观察对方的反应加以调整。

5. 谈话声调

一般地讲，升调表示惊讶与不满，降调表示遗憾与懊丧，平调显示信心和力量。声调波动也可反映谈判者的思想和感情。在阐述立场时，尽量控制声调，表现自己坚定的信心。

6. 谈话态度

初谈时态度要谨慎，应恰当地掌握双方占用的时间。随着谈判的深入，在双方增进了解的基础上，渐渐可转入比较随意的佳境。洽谈中的寒暄用语、开场用语、交谈用语、结束用语等都应礼貌文明，既充满自信，又不显得自傲；既热情友好，又不卑不亢；既据实争辩，又适度退让，以达到双赢的最佳结果。

当谈判一方有问题要向对方询问时，要准备好问题，选择气氛和谐时提出，态度要开诚布公。切忌气氛比较冷淡或紧张时询问，言辞不可过激或追问不休，以免引起对方反感甚至恼怒。但对原则性问题应当力争不让。对方回答问题时不宜随意打断，对方答完要表示谢意。

7. 谈话的内容

除与谈判相关的问题外，双方还可以就其他一些问题展开谈话。但谈话的内容一般不要涉及疾病、死亡等，更不要谈及荒诞离奇、耸人听闻、黄色淫秽等话题。不要问及对方隐私，不要对某人评头论足，不要与对方谈论宗教问题，要尊重对方的风俗习惯、文化传统等。

男士一般不参与女士的谈论，也不要与女士无休止地交谈而引人反感。与女士交谈不要询问其年龄、婚姻状况等，更不要随便开玩笑。

任务四　培养商务宴请礼仪

一、宴请组织礼仪

宴请主人一般在门口迎接客人。客人握手后，由工作人员引到休息厅，无休息厅可直接进入宴会厅，但不入座。休息厅内应有相应身份的人员接待，由招待人员送饮料。主宾到达后，由主人陪同进入休息厅与其他客人见面。如其他客人尚未到齐，可由其他迎宾人员代表主人在门口迎接。主人陪同主宾进入宴会厅，全体客人就座，宴会开始。吃完水果，主人与主宾起立，宴会结束。主宾告辞，主人送至门口。主宾离去后，原迎宾人员顺序排列，与其他客人握别。工作人员应提前到现场检查准备工作。

（一）确定宴请的目的、范围和对象

1. 确定宴请目的

单位举行宴请要有明确的目的，即促进组织的发展。没有任何目的的宴请，或者宴请的目的难以服人，都会造成不良影响。

2. 确定宴请范围和对象

要明确邀请哪些行业的哪些人、多少人出席，己方多少人出席。宴请对象的确定，主要取决于宴请的目的、主宾的身份、公司惯例等因素，不能只顾一面。宴请范围确定后，就可草拟具体宴请对象名单，便于安排座位。如果人数未确定，要多准备一些座椅，撤掉多的座椅总比临时加座好。

（二）确定宴请形式

商务活动中举行宴会是经常的事，综合考虑被宴请者的重要程度、商务活动的进程及工作内容或谈判策略等，商务宴请的种类和形式较多，但以宴会、招待会、茶会及工作餐为主。

1. 宴会

根据宴请的重要程度和接待规格的不同，宴会可以分为国宴、正式宴会、便宴会、家宴。根据宴请的不同时间，又可以分为早宴、午宴、晚宴。

（1）国宴。是国家元首或政府首脑为国家的庆典或为外国元首、外国政府首脑的来访而举行的宴会。这是规格最高、最隆重的宴会。宴会厅内悬挂国旗，安排乐队演奏国歌和席间乐曲。席间，宾主要致祝酒词。

（2）正式宴会。有固定的规格和程序，宾主均按身份就座。对服饰、餐具、酒水、菜道数、餐桌陈设、服务员的装束和礼仪等方面，都有较严格的要求。席间一般有正式的致辞或祝酒。一般有3个确定，即人员确定（包括人数，位次，桌次等）、菜单确定（最好餐桌上人手一册）、时间确定（一般情况下，大型的正式宴会最好是晚宴）。

（3）便宴会。属非正式宴会，分午宴或晚宴。一般晚宴较午宴隆重。近年来也有利用早餐（饮早茶）的形式举行便宴的。这类宴会形式简便，礼仪没有严格的规定，不排座席，不做正式讲话，随便亲切，适用于日常的友好往来。菜肴和酒水亦略简，可以根据大家的喜好来决定。便宴可以在餐厅举行，也可以在家里举行。

（4）家宴。是在家中设宴招待客人。这种形式亲切友好，往往由主人亲自下厨，家人共同招待。

在商务谈判中，上述宴会形式都可以选用。小型的正式宴会和便宴比较切合实际。设宴家中，可寻找或促进谈判良机。

2. 招待会

招待会指各种较为灵活的不备正餐，但准备有食品和酒水饮料的宴请形式。招待会期间不排座位，宾客自由活动。一般在客人人数较多且不易确定的情况下，可以考虑用酒会或招待会的形式；开幕、交接庆典、纪念会、产品发布会、介绍朋友、远行饯别等均可采用这种形式。常见的有冷餐会、酒会两种形式。

（1）冷餐会。即自助餐，其特点是不排座位，菜肴以冷食为主，也可有热菜，供客自取。客人可以自由活动，也可以多次取食，酒水可以放在桌上，也可由招待端送。冷餐会可在室内或庭院、花园等地举行。可设小桌、椅子自由入座，也可不设椅子站立进餐。举办时间在中午12时至下午2时；下午5时到7时。冷餐会已成为社交活动中盛行的一种招待客人的方式。在商务洽谈中也可以用这种形式宴请客人或对方人员。

（2）酒会。又称鸡尾酒会。这种宴请形式活泼，便于广泛接触交谈。招待品以酒水为主，略备小吃。设桌不设椅，方便客人随意走动。酒会举行的时间亦较灵活，中午、下午或晚上均可。

3. 茶会

这是一种简单的招待形式。举行的时间多在下午4时左右。茶会通常设在客厅，不用餐厅。厅内设茶几、座椅，不排座次。茶会对茶叶和茶具的选用应有讲究，一般用陶瓷器，而不用玻璃杯。在商务谈判中，许多时候和场合都自觉或不自觉地用茶会形式招待对方。

4. 工作餐

这是现代交往中经常采用的一种非正式宴请形式，利用进餐时间边吃边谈工作，以加强交流、洽谈业务、增进感情或交换意见等。这类活动一般只请与工作有关的人员。工作餐按时间可分为工作早餐、工作午餐和工作晚餐。

宴请形式的选择，很大程度上取决于习惯做法和需要。如果是礼节性的宴请，采用正式宴会的形式比较合适；庆祝性、纪念性、娱乐性宴请以冷餐会、酒会形式更有气氛；商量要事采用工作餐形式最为恰当。目前各种谈判交际活动中的宴请活动都在简化，范围趋向偏小，形式更加简便，酒会、冷餐会被广泛采用。

（三）确定宴请的时间

宴请的时间对主宾双方都应适宜，尤其是要考虑来宾是否方便，切勿勉强。一般不要选择对方的重大节假日，有重要活动或有禁忌的日子；世界各地的用餐时间各不相同，如宴请的外宾，还须对用餐时间做出调整。

（四）确定宴请的次数

一个谈判周期，宴请一般安排3～4次为宜。接风、告别各一次，中间视谈判周期而定1～2次。

（五）确定宴请的地点

一般来说，正式的隆重宴请活动安排在高级宾馆举行；其他可按宴请的性质、规模大小、形式、主人意愿及实际可能而定。原则上选定的场所要能容纳全体人员。一般宴请不宜在新餐馆举行。公司宴请宜在固定的几家不同档次的宾馆或饭店。

注意，如果对所选的餐馆并不十分熟悉，即使有可靠的消息说明它相当不错，也应该预先考察一下。如果是正式宴会，还得考虑餐厅的布置与装饰，是否需要横幅、是否需要鲜花，或者会间是否放一些与气氛适宜的音乐。

（六）发出邀请及请柬格式

1. 发出邀请

商务谈判中，宴请应先征求对方的意见。口头当面约定较方便，也可用电话联系。正式宴请时，一般应发请柬，这既是礼貌，也是供客人备忘之用。请柬一般提前1～2周发出，有些地方还需要再提前，以便被邀人及早安排。

2. 请柬格式要求

请柬的内容包括活动形式、时间、地点、主人的姓名。请柬行文不加标点，提到的人名、单位名、节目名等都应用全称。中文请柬行文中不提被邀请人姓名，其姓名写在请柬封面上。请柬可以印刷也可以手写，手写字迹要美观清晰。请柬信封上被邀请人的姓名、职务书写要准确。

请柬可以横排也可以竖排，竖排是较为常用的形式，符合中国的文化传统。因此在购买已印制好的请柬时，可根据对方的具体情况选择合适的请柬版式。在书写请柬时，还应注意字体的大小疏密、排列等问题，务必做到美观大方。

（七）宴请桌次安排

如果参加宴请的人数较多，可排多桌。桌次多的大型宴会，有必要正式排列桌次，应将桌次排列在请柬上写明，或入席前通知，并摆桌次牌，以便受邀请人对号入座。桌次不多的，可将桌次与座席排列画成图，张贴于宴会厅前，供来宾入席前查看。大型宴会最好有人引导，以免混乱。如桌次多，第一桌称为主宾桌，人数可适当安排得多一些，十几人到二十几人均可。用大桌时，桌中央可以鲜花篮填空。

总体来说，排列桌次的具体讲究为：面门为上（内侧为上、远为上）、以右为上、居中为上、临台为上（见图 10-13 ～ 10-21）。

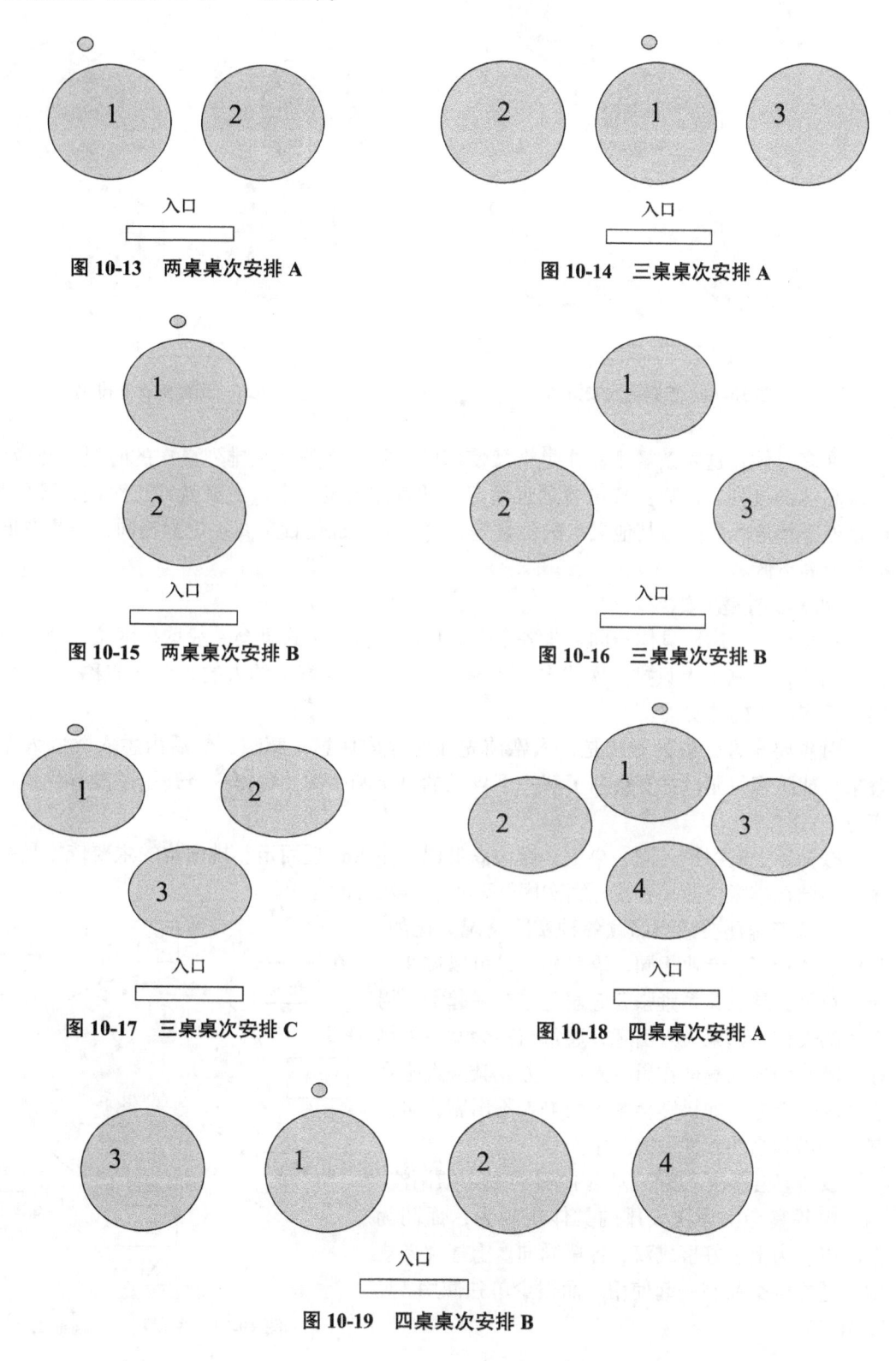

图 10-13　两桌桌次安排 A

图 10-14　三桌桌次安排 A

图 10-15　两桌桌次安排 B

图 10-16　三桌桌次安排 B

图 10-17　三桌桌次安排 C

图 10-18　四桌桌次安排 A

图 10-19　四桌桌次安排 B

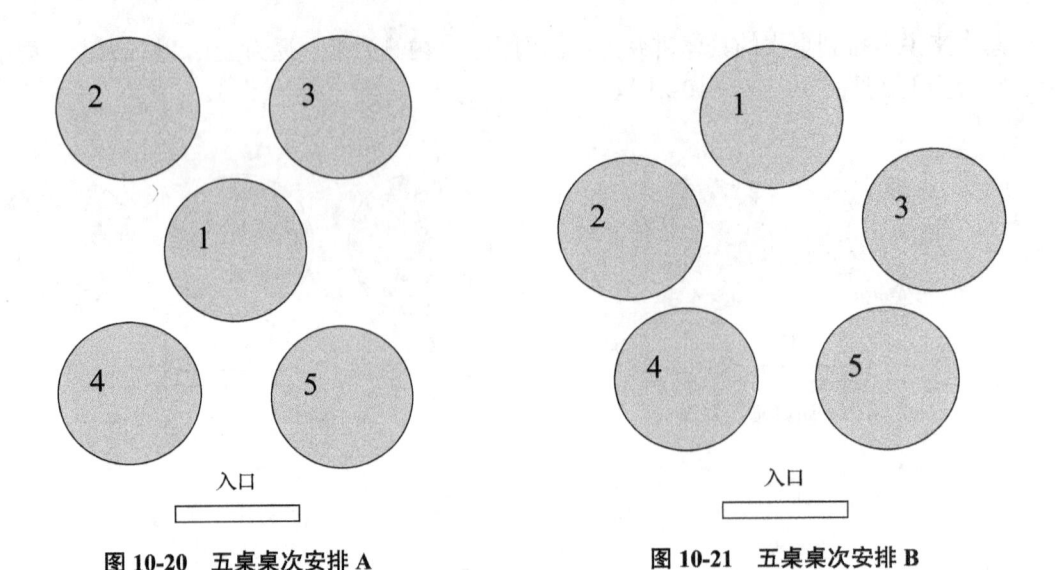

图 10-20　五桌桌次安排 A　　　　　图 10-21　五桌桌次安排 B

　　许多时候，这 4 条规则往往是交叉使用的。除此之外，在排列桌次的时候，还应注意，桌次高低的排列，以离主桌位置远近而定。即首先确定主桌，主桌通常正对门，离门最远，或是处于场地的中间；其他桌次的位置是，离主桌越近位置越高；位置相同，右高左低；竖排是上高下低。

（八）宴请座次安排

　　在宴会上，席次具体指同一张餐桌上席位的高低。正式宴会一般均排席位，也可只排部分人的席位，其他人只排桌次或自由入座。一般将参加宴会的人的姓名与职称写在名签上，摆在每人应坐的位置前。

　　对主要宾客一般的做法是，入席前先在客厅内休息、寒暄，然后由主人陪同入席。一般来宾或陪客，则应在宴会前了解一下自己的桌次和席次，免得宴会开始还没有找到自己的座位。

　　按国际上的习惯，同一桌上，席位高低以离主人远近而定。排席位的主要依据是礼宾次序。因此在排席位前，要按礼宾次序开列主、客双方的名单。

　　席位安排还要适当照顾各种实际情况。比如，身份大体相当、专业相同、语言相同，可以排在一起；意见分歧、关系紧张者应避免排在一起等。男女宾的安排，如果夫人出席，通常与宴会女主人排在一起。即男主宾坐在男主人右上方，其夫人坐在女主人右上方。如果宴会主人的夫人不出席，可请其他身份相当的女性做第二主人。

　　安排宴会座次，要根据国内外不同的习惯调整。

　　中餐宴会上席次安排的具体规则为：面门为上、以右为上、好事成双、各桌同向。上述 4 条规则，通常会交叉在一起使用，而很少单独使用（见图 10-22）。

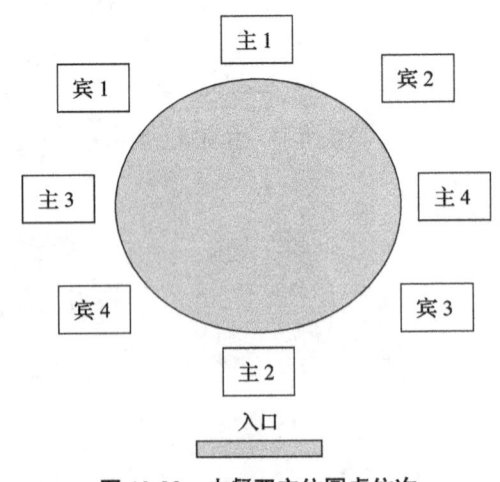

图 10-22　中餐双主位圆桌位次

西式餐桌座次的具体规则为：男女主人对坐两端或中间、男主宾坐女主人右侧、女主宾坐男主人右侧、男女宾客分坐对面、男女宾客尽量间隔坐（见图 10-23）。

（九）订菜

宴请的酒菜根据宴请形式和规格及规定的预算标准而定。选菜不以主人的爱好为准，主要考虑主宾的爱好与禁忌。一般备有精致的菜谱，分别放在第一主人及第二主人的下手，上菜的先后与菜谱相符。如果宴会上有个别人有特殊要求，也可以单独为其上菜。无论哪种宴请，事先都应列菜单，并征求主管负责人的同意。

在中餐宴席上，除冷盘和甜点外，还有鸡鸭鱼肉虾等数道热菜，最后是汤、冷食和水果。一般情况下，荤素搭配要合理，菜肴品种多样化，切记全是高档菜，费用过高；也不要全是家常菜，不够尊重；尽量采用酒店的特色菜，以精致、干净卫生、可口取胜，量力而行，控制费用。

西餐宴请的菜肴与中餐不同。一般菜肴道数不多。西餐一开始先喝汤，然后陆续上两三道菜，这些菜或是肉类与蔬菜搭配，或水产品（如鱼类）与蔬菜搭配，之后就是甜点、冷饮（如冰激凌）等。咖啡可离席饮用。

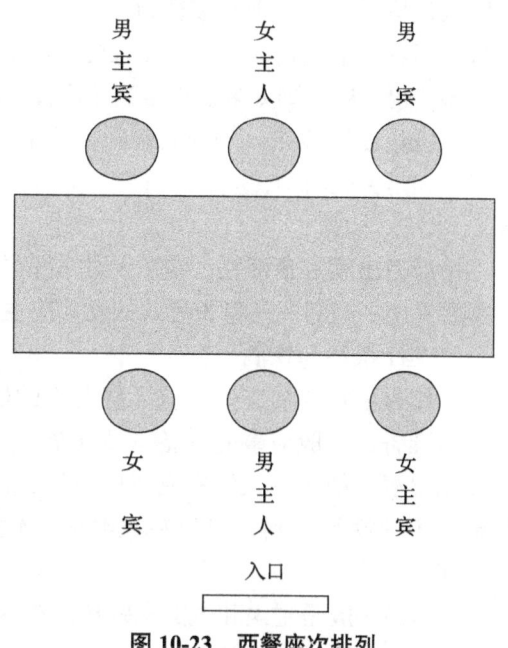

图 10-23 西餐座次排列

（十）宴请致辞

接风便宴致辞可临场即兴发挥，其他宴请致辞应针对不同情况专门准备，特别是在告别或答谢宴会致辞时，不应提及具体谈判内容及问题，应强调合作、渲染气氛。

（十一）宴请言谈

在席间不要大呼小叫，不要过多谈及商务方面的信息，以免引起不满或猜测。正确的做法是，在进餐的开始或席间，多谈论一些问候语、寒暄语、本地的风土人情等，以此增进彼此的了解和友谊。在宴会接近尾声时，逐渐把话题引向日程安排，或征求对方的意见，或由双方商定。

二、赴宴礼仪

（一）应邀

接到宴会的邀请，要根据邀请方的具体要求，尽早地、尽快地答复对方能否出席，以便主人安排。答复对方时可打电话，也可复函。对注有 R.S.V.P.（请答复）字样的请柬，无论出席与否均应迅速答复。对注有 Regrets only（不能出席请复）字样的请柬，则不能出席时才答复。经口头约定再发来的请柬，上面一般注有 To remind（备忘）字样，只起提醒作用，可不必答复。答复对方，可打电话或复以便函。

接到请柬后，应立即核实宴请的主人、时间、地点、对服饰的要求、是否邀请配偶等，以免失礼。接受邀请后不要随意改动。万一由于特殊情况不能出席，尤其是主宾，应及早向主人解释、道歉，必要时要亲自登门表示歉意。被上司邀请不要带他人参加，不要到处宣扬。

（二）出席时间

出席宴请，抵达时间早晚、逗留时间长短，在一定程度上反映出对主人的尊重与否。迟到或逗留时间短，则常被视为有意冷落他人或是失礼的表现。按时出席宴请是礼貌的表示。身份高者可略晚到达。一般客人可按规定时间提前2分钟，或延后2分钟内到达。不可提前太多，也不要迟到太多。出席鸡尾酒会的时间略灵活。

抵达宴请地点，先到衣帽间，脱下大衣和帽子，然后前往主人迎宾处，主动向主人问好。如是吉庆活动，应表示祝贺。如有带礼物，应在就餐前送给主人。

（三）入座

应邀出席宴请活动，应听从主人安排，即客随主便。要先弄清自己的桌次座次再入席，不要乱坐。如邻座是年长者或妇女，应主动为其拉开椅子，协助他们先坐下。

（四）敬酒与饮酒

作为主宾参加宴请，应了解对方的敬酒习惯，即为何人敬酒，何时敬酒等，以便做必要的准备，一般应事先准备一些祝福的话。祝酒词不要太长，也不要酒后开玩笑，要让主人先祝酒。如果主人没有祝酒的意思，而你却想带个头，那么要事先征得主人的允许。如果你不喝酒精饮料，可以在祝酒时小饮一口意思一下。一定注意"敬酒不劝酒"的基本原则。

敬酒一般是主人和主宾先碰杯，然后主人顺时针方向依次与其他客人碰杯，客人之间相互碰杯。人多时也可以同时举杯示意，不一定碰杯。祝酒时注意不必交叉碰杯。

在主人和主宾致辞、敬酒时，其他人应暂停进食，停止交谈并注意倾听，不要借机抽烟等；遇到主人和主宾来桌前敬酒时，应起立举杯；碰杯时，要目视对方致意，并说祝福的话语；身份低或年轻者与身份高及年长者碰杯时，应稍欠身点头，杯沿比对方杯沿略低表示尊敬；宴会上互相敬酒，表示友好，活跃气氛，但切忌喝酒过量，失言失态。

（五）进餐

应待主人招呼后，才开始进餐。进餐取菜时，自己食盘内不要盛得太多。如遇本人不能吃或不喜欢的菜，当服务员上菜或主人劝菜时，不要拒绝，可取少量放在盘内，并及时致谢。对不合口味的菜，切勿表现出不满意。主人为表示尊重和热情，可以向客人介绍菜品，但要注意遵循"让菜不夹菜"的原则。

进餐时要文雅，吃东西时不要发出声音，要闭嘴咀嚼。食物太热时，待稍凉后再吃，切勿用嘴吹。遇有鱼刺、骨头、硬壳等，不要直接外吐，应用筷子取出（吃西餐时，应吐在叉上），然后放在骨盘内，不要放在桌上。剔牙时，用手或餐巾遮口。用过的牙签等细小物品最后也都应放进餐盘内。

【小贴士10-3】

吃西餐的礼仪

（1）吃西餐时须注意刀叉的使用。就餐时"左叉右刀"，右手持刀，左手持叉，将盘子内的食物切成小块，然后用叉送入嘴内。欧洲人使用刀叉不换手，即从切割到送食均以左手持叉。美国人切割后把刀放下，换右手持叉送食入口。

（2）就餐时按刀叉顺序由外向内取用。每道菜吃完后，将刀叉并拢并排放在盘内，以示吃完。如未吃完，则摆成八字或交叉摆，刀口应向内。使用刀叉时尽量不发出大的响声。注意不要挥动着刀叉与别人谈话。

（3）喝汤时，用汤匙在汤盘里由内往外舀起送入嘴中，即将喝尽时，可将盘向外略托起。喝茶或咖啡时，用右手拿杯把，左手端盛杯的小碟。喝咖啡时，应用小茶匙搅拌方糖，而不是用来舀饮。一经饮过，不宜将匙放入杯中。

（六）交谈及其他席间礼仪

无论是做主人、陪客或宾客，都应与同桌人交谈，特别是左右邻座。邻座如不相识，可先自我介绍。

在社交场合，无论天气如何炎热，不能当众解扣脱衣。小型便宴，如主人请客人宽衣，男宾可脱下外衣搭在椅背上。

正式宴会中，吃饭过程是不吸烟的，一般应等饭后喝茶或咖啡的时候吸烟。

在筵席上，上鸡、龙虾、水果时，有时送上一个小水盂，水上漂有玫瑰花瓣或柠檬片，供洗手用。两手轮流沾湿手指轻洗，然后用餐巾或小毛巾擦干。

（七）离席礼仪

确实有事需要提前退席，应向主人说明后悄然离去，或事先打招呼，届时离去。一般吃完水果后，宴会即结束。此时，主人应向主宾示意，让其做好离席的准备，然后从座位上起立，这是让全体起立的信号。一般以女主人的行动为准，女主人邀请全体女宾退出宴会厅后，男宾可留下或到休息厅吸烟或饮酒。

宴会后，应礼貌地与主人握手道谢。通常是男宾先与男主人告别，女宾先与女主人告别，然后交叉，再与其他人告别。主人特别示意的纪念品可以带走。遇此，可说几句话赞美纪念品，但不必郑重示谢。有时在出席私人宴请活动之后，往往致以便函或名片示谢。

三、商务用餐需注意的细节问题

（一）餐姿

餐桌前的坐姿和仪态都很重要。身体与餐桌之间要保持适当距离。理想的坐姿是身体挺而不僵，仪态自然，既不呆板，也不轻浮。

（二）餐巾

进餐前用餐巾纸擦拭餐具是极不礼貌的行为。如发现不洁餐具，可要求服务员调换。

餐巾须等主人动手摊开使用时，客人才能将它摊开置于膝盖上。

餐巾的主要作用是防止油污、汤水滴到衣服上，其次是用来轻擦嘴边油污。不可用它擦脸、擦汗或除去口中食物。

用餐完毕时或离席时，将餐巾放于座前桌上左边，不可胡乱扭成一团。

（三）餐具

中餐宴请外国客人时，既要摆碗筷，也要放刀叉，以中餐西吃为宜。

切带骨或带壳食物时，叉子一定要把食物叉牢，刀要紧贴叉边下切，以免滑开。切菜时，不要用力过猛撞击盘子发出声响。不易叉的食品，可用刀将其轻轻推上叉。

除喝汤外，不用匙进食。汤用深盘或小碗盛放时，喝时用汤匙由内往外舀起送入嘴中，即将喝尽可将盘向外略托起。

不要在谈话过程中挥舞盛有食物的勺子或叉子。

手拿杯子时不要翘起手指；不要把勺子留在杯子里，不仅看上去不雅观，也可能导致意外。

握筷姿势应规范，进餐需要使用其他餐具时，应先将筷子放下，筷子应放在筷子架上，不可放在杯子或盘子上，否则容易碰掉。用餐过程中，已经举起筷子，但不知道该吃哪道菜，这时不可将筷子在各碟菜中来回移动或在空中游移。

宴会进行中，由于不慎发生异常情况时，如用力过猛使刀子撞击盘子发出声响、餐具摔落，或打翻酒水等，要沉着应付。可向邻座人说声"对不起"。掉落餐具可由招待员另上一副，若打翻的酒水等溅到邻座人身上，应表示歉意，并协助擦拭。如果对方是女性，只把干净餐巾或手帕递上即可，由她自己擦拭。

（四）其他细节礼仪

正餐中不易当众用牙签剔牙，可用餐巾掩嘴；同席客人尚在咀嚼食物时应避免向其问话或敬酒；席间如无主人示意抽烟，须先征得邻座同意，否则不宜抽烟；进餐时应尽量避免打喷嚏、长咳、打哈欠、擤鼻涕，无法抑制时用手帕掩口，并避免对人；请别人帮忙传递东西时，要说"请"和"谢谢"；加醋或酱油等调味品之前应先对饭菜略做品尝。

吃自助餐时应注意以下礼仪。进餐厅后，先看一圈，对菜点的摆布和服务设施有个了解，这样取菜时可做到心中有数。取用每种菜点时都不要贪多，对爱吃的东西更如此，宁可吃完后再取，也勿取满满一盘吃不完造成浪费。取菜时要有秩序，顺序排队，不要挤在一起取菜，周围人没有拿到第一份时，自己不要急于取第二份。人多时可礼貌地在一旁等一会儿。取菜点时要依菜点原来摆放的顺序取，不要在盘中翻来找去，这样既不美观，又不礼貌。热菜、冷食要分开放入自己盘中，切勿堆成一团。取到自己盘里的菜点，即使不爱吃，也绝不能再倒回去，可剩在盘中，放在边桌上，待服务员取走。尽量做到吃什么取什么，吃多少取多少，不够再取，避免浪费。如不小心取多菜点没吃完，可待服务员收盘时道声"对不起"。

▎任务实训

【任务背景】

我方谈判人员（依照在本组中的地位高低，依次为）：某广告公司董事长兼谈判组长张女士（代号a）、广告设计师陈某（代号b）、技术总监刘某（代号c）、财务专家李某（代号d）、法律顾问兼记录员王某（代号e）

对方谈判人员（依照在本组中的地位高低，依次为）：某风险投资公司战略策划部部长兼谈判组长赵先生（代号①）、担保业务部方部长（代号②）、风险控制部白部长（代号③）、财务部钱部长（代号④）、记录员孙某（代号⑤）

【任务问题】

如果谈判室布置如下图，请将谈判双方代表代号填入你认为正确的位置。

```
           ┌─────────────────────────┐
           │ (  )(  )(  )(  )(  )    │
           └─────────────────────────┘
    ┌──────────────────────────────────────┐
    │  谈        判        桌              │
    └──────────────────────────────────────┘
           ┌─────────────────────────┐
           │ (  )(  )(  )(  )(  )    │
           └─────────────────────────┘
```

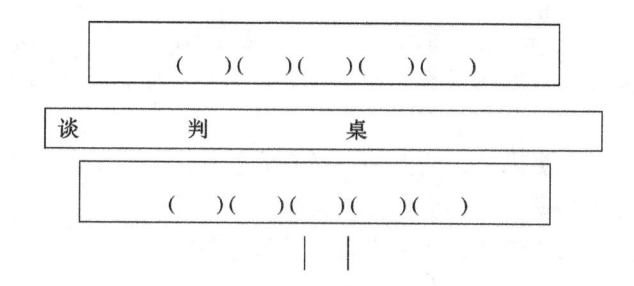

综合练习

一、单项选择题

1. 办公室礼仪中打招呼显得尤为重要和突出. 在职员对上司的称呼上, 应该注意（   ）
   A. 称其头衔   B. 称其姓名
   C. 昵称相称呼   D. 随便称呼什么都可以

2. 如果开车的是专业的司机, 请问以下哪个座位是最尊贵的（   ）

```
    ┌─────┐      ┌─────┐
    │ 司机│      │  A  │
    └─────┘      └─────┘
        ┌─────┐┌─────┐┌─────┐
        │  B  ││  C  ││  D  │
        └─────┘└─────┘└─────┘
```

3. 以下哪个不是交际交往中宜选的话题（   ）
   A. 格调高雅的话题   B. 哲学、历史话题
   C. 对方擅长的话题   D. 时尚流行的话题

4. 从事外事工作的人有一个特点, 就是说话比较（   ）
   A. 偏执   B. 中庸   C. 和善   D. 以上都正确

5. 在商务交往过程中, 务必要记住（   ）
   A. 摆正位置   B. 入乡随俗   C. 以对方为中心   D. 以上都不对

6. 出入无人控制的电梯时, 陪同人员应该（   ）
   A. 先进后出   B. 控制好开关钮   C. 以上都包括   D. 以上都不对

7. 西方人很重视礼物的包装, 并且必须在什么时候打开礼物（   ）
   A. 当面打开礼物   B. 客人走后打开礼物
   C. 随时都可以打开   D. 以上都不对

8. 从事服务行业的女性也不能留披肩发, 其头发最长不应长于（   ）
   A. 耳部   B. 颈部   C. 腰部   D. 肩部

9. 无论是男士还是女士, 出席重要场合, 身上哪两种物品的颜色应该一致（   ）
   A. 包与皮鞋   B. 皮鞋与皮带   C. 包与帽子   D. 以上都不对

10. 在商务交往中, 尤其应注意称呼应该（   ）
    A. 就低不就高   B. 就高不就低   C. 适中   D. 以上都不对

11. 带领宾客参观时, 作为引导者, 在进出电梯时（有专人控制）应做到（   ）。

A. 后进后出　　　　B. 先进后出　　　　C. 先进先出　　　　D. 后进先出

12. 家宴是十分重要和讲究的场合，有许多礼仪需要遵守，下面有关行为不符合规范礼仪的是（　　）。
    A. 注意穿衣时一定要讲究，注意一下仪容的整洁
    B. 学会赞美主人的家，这样会使主人高兴
    C. 既然是主人的热情邀请，到主人家可以任意参观
    D. 到主人家未经允许不可以任意参观

13. 男子与妇女握手时，应只轻轻握一下妇女的（　　）。
    A. 指尖　　　　B. 手掌　　　　C. 手指　　　　D. 手腕

14. 在正常情况下，做东者应当至少提前（　　）分钟抵达用餐地点。
    A. 2、3　　　　B. 5　　　　C. 7、8　　　　D. 10

15. 握手的全部时间应控制在（　　）秒钟以内。
    A. 1　　　　B. 3　　　　C. 5　　　　D. 7

16. 根据礼仪规范，在握手时，由（　　）首先伸出手来"发起"握手。
    A. 年幼者　　　　B. 晚辈　　　　C. 下级　　　　D. 尊者决定

17. 在介绍两人相识时，总的规矩是（　　）。
    A. 先卑后尊　　　　B. 先尊后卑　　　　C. 先女后男　　　　D. 先主后宾

18. 握手的标准方式，是行礼时行至距握手对象约（　　）米处。
    A. 1　　　　B. 0.5　　　　C. 1.5　　　　D. 2

二、多项选择题

1. 与人交往中，不恰当的举止有（　　）。
   A. 架起"二郎腿"　　　　B. 斜视对方
   C. 以食指点指对方　　　　D. 头部仰靠在椅背上

2. 一般迎宾仪式的主要内容是（　　）。
   A. 宾主双方热情见面　　　　B. 向来宾献花
   C. 宾主双方其他人员见面　　　　D. 主人陪同来宾与欢迎队伍见面

3. 选择迎宾人员时要注意（　　）。
   A. 数量加以限制　　　　B. 身份大致相仿
   C. 职责划分明确　　　　D. 性别、年龄搭配

4. 可用哪些方法确认来宾身份（　　）。
   A. 使用接站牌　　B. 悬挂欢迎横幅　　C. 佩戴身份胸卡　　D. 进行自我介绍

5. 为来宾选择房间时最重要注意的是（　　）。
   A. 区分类型　　B. 注意朝向　　C. 面积大小　　D. 考虑安全

6. 正式的邀约，有（　　）等具体形式。
   A. 当面邀约　　　　B. 请柬邀约　　　　C. 书信邀约
   D. 传真邀约　　　　E. 电话邀约　　　　F. 便条邀约

7. 进出电梯时应注意（　　）
   A. 注意安全　　　　　　　　　　B. 领导先进后出

C. 领导后进先出 D. 与熟人同乘要讲先来后到

8. 下火车时有哪几个细节不容忽视（　　）。
   A. 提前准备　　B. 关窗户　　C. 与人道别　　D. 排队下车

9. 握手时应注意（　　）。
   A. 神态、姿态　　B. 手位力度　　C. 时间　　D. 地点

10. 点头礼又称领首礼，适用的情况主要有（　　）。
    A. 路遇熟人　　　　　　　　B. 在会场剧院等不宜交谈之处
    C. 同一场合多次碰面　　　　D. 路上多人无法问候之时

11. 拜访时以不妨碍对方为原则，所以相约的时间要非常注意，（　　）是最恰当的时间。
    A. 上午八、九点　　B. 下午四、五点　　C. 中午十二点
    D. 晚上七、八点　　E. 下午一、二点

12. 欧美人认为，亲吻传达的情感要比握手强烈得多，但亲吻的方式要因人而异（　　）。
    A. 辈分高的人对辈分低的人，只吻额头或脸部
    B. 辈分高的人对辈分低的人，只吻下颌
    C. 辈分低的人对辈分高的人，只吻下颌
    D. 辈分低的人对辈分高的人，只能脸颊相贴
    E. 辈分相同的人只能脸颊相贴

13. 递送物品时，服务人员应该注意（　　）。
    A. 双手为宜　　B. 递于手中　　C. 主动上前　　D. 方便接拿

14. 挥手道别时应该注意（　　）。
    A. 集体站直　　B. 目视对方　　C. 手臂前伸
    D. 掌心朝外　　E. 左右挥动

15. 与他人握手时，目光注视对方，微笑致意，不可（　　）
    A. 心不在焉　　B. 左顾右盼　　C. 戴帽子　　D. 戴手套

三、判断题

1. 一位外国女士，看到落地钟非常漂亮，认为中国朋友一定会喜欢，就买了一台送给她的客户。
2. 进行正式宴会时，一定要在主人宣布开饭之后再动手吃饭。
3. 拒绝邀请只说声对不起而不交代理由是不礼貌的。
4. 餐巾主要防止弄脏衣服，兼做擦嘴及手上的油渍，可摊开后放在大腿上，也可挂在领口。
5. 作为大会的接待人员，当客人和主人初次见面时，应不分男女、不看长幼、无论职务高低，应先把主人介绍给客人，让客人优先了解情况。
6. 在任何情况下，都不允许拒绝与他人握手。
7. 按照常规，道别应该由来宾率先提出来。
8. 与他人交谈时，可将头部仰靠在椅背上。
9. 任何时候客人都不能坐在副驾驶座上。
10. 握手是一种沟通思想、交流感情、增进友谊的重要方式。与他人握手时，不可以心不在焉、左顾右盼。

四、简答题

1. 接待礼仪的基本原则是什么？确定礼宾次序的方法有哪些？
2. 介绍、握手、递送名片的先后顺序分别是怎样的？
3. 正确的握手方式应该注意哪些问题？
4. 名片有何作用？怎样索取名片？
5. 行进、上下楼梯、乘坐电梯、进出房门时的位次分别应如何安排？
6. 主谈室、密谈室、休息室的布置分别应注意什么？
7. 洽谈座次礼仪总规则是什么？
8. 谈判桌摆放及座次安排主要类型有哪些？
9. 宴请形式一般有哪些？
10. 宴请桌次和座次安排时分别应遵循怎样的原则？

模块十一　培养商务办公礼仪

学习任务

1. 理解并掌握打电话、接电话的礼仪；
2. 理解并掌握会议开始前的准备礼仪、会议进行中的服务礼仪；
3. 理解并掌握公文礼仪特点及办理、写作礼仪。

案例导入

小刘的公司应邀参加一个研讨会，该研讨会邀请了很多商界知名人士以及新闻界人士参加。老总特别安排小刘和他一道去参加，同时也让小刘见识见识大场面。小刘早上睡过了头，等他赶到，会议已经进行了二十分钟。他急急忙忙推开了会议室的门，"吱"的一声脆响，他一下子成了会场的焦点。刚坐下不到五分钟，肃静的会场上又响起了摇篮曲，是谁在播放音乐？原来是小刘的手机响了！这下子，小刘可成了全会场的明星……没过多久，小刘就"另谋高就"了。

不管是参加自己单位的会议还是其他单位的会议，都必须遵守会议礼仪。因为在这种高度聚焦的场合，稍有不慎，便会严重有损自己和单位的形象。

任务一　培养电话礼仪

在商务交往中，普通的接打电话，实际上是在为通话者所在的单位、为通话者本人绘制一幅令人印象深刻的电话形象。

电话形象即人们在通电话的整个过程中语言、声调、内容、表情、态度、时间感等的集合。它能够真实地反映个人素质、待人接物的态度以及通话者所在单位的整体水平。

与日常会话和书信联络相比，接打电话具有即时性、经常性、简捷性、双向性、礼仪性等较为突出的特点。即时性、经常性、简捷性、双向性都不难理解，礼仪性却需要加以解释。

电话的礼仪性特点，直接与电话形象密切相关，指不论是打电话还是接电话，都必须以礼待人，克己敬人。假如不注意通话过程中的礼貌，先敬于人，无形中会使自己的人际关系受到损害。

使用电话通信，有主动地拨打电话与被动接听电话之别。从礼仪方面来讲，拨打电话与接听电话时有各自不同的标准做法。

一、打电话礼仪

在打电话时，对一个人的电话形象影响最大的，是其语言与声调。从总体上来讲，语言应当简捷、明了、文明、礼貌。在通话时，声音应当清晰柔和，吐字应当准确，句子应当简短，语速应当适中，语气应当亲切、和谐、自然。

打电话时，嘴部与话筒之间应保持3厘米左右的距离。

应遵循"通话三分钟"原则。

打电话时，每个人开口所讲的第一句话，都事关自己给对方的第一印象，应当慎之又慎。

商务交往中打电话所用的规范"前言"要求用礼貌用语把双方的单位、职衔、姓名——道来。标准的"模式"是：您好！我是×××公司××部副经理×××，我要找×××分公司经理×××先生，或者副经理×××先生。

【小贴士11-1】

在可能的情况下，尽量选择对方合适的时间打电话。

在通话时，若电话中途中断，按礼节应由打电话者再拨一次。拨通以后，须稍做解释，以免对方生疑，以为是打电话者不高兴挂断的。

通话结束时，别忘了向对方道一声"再见"，或是"早安""晚安""谢谢""打扰您了"等。按照惯例，电话应由拨打电话者先挂断。挂断电话时，应双手轻放。

查清电话号码后再正确地拨号。万一弄错了，应向接电话者表示歉意，不能将电话一挂了事。拨号后，如只有铃响，没有接听，应耐心等待，待铃响过6次后再挂断。否则，如对方正巧不在电话旁，匆匆赶来接时，电话已挂断，是失礼的。

二、接听电话礼仪

在通电话的过程中，接听电话的一方显然是被动者，尽管如此，商界人士在接听电话时，亦须专心致志，彬彬有礼。

电话铃声一响，就应立即跑过去接电话，并且越快越好。在国外，接电话有"铃响不过三遍"一说。接听电话时必须保持足够耐心、热情，态度应当殷勤、谦恭。在办公室里接电话，尤其有客人在场时，最好是走近电话，双手拿起话筒，以站立的姿势，面含微笑地与对方友好通话。

凡事有分寸，接电话时，速度快、态度好、姿势雅，就是合乎礼仪的分寸。

结束通话时，应认真地道别。而且要恭候对方先放下电话，不宜"越位"抢先。

任务二　培养公文礼仪

公文是公务文书的简称，指机关、团体、企事业单位在处理公务或联系工作时形成的具有特定格式的书面文字材料的总称。单位的指示、决定、通知、请示、批复、报告、公函等均属公文范畴。公文是实现公务活动目标的有效手段，使用公文可以起到互通信息、联络感情的作用。公文在具体操作过程中渐渐形成的一些约定俗成的既定格式和规则就是公文礼仪。

一、公文礼仪的特点

与一般应用文相比，公文从内容到形式都有其显著的特点。公文礼仪的特点是由公文自身的性质和特点派生而来的。

1. 格式固定化

公文的格式包括标题、主送机关、正文、附件、发文机关、发文日期、报送单位、文件版头、公文编号、机密等级、紧急程度等。为了维护公文的严肃性，便于公文的处理，公文的种类、格式、行文规则、处理都必须严格遵守有关规定。公文不讲格式，随意乱造，从礼仪角度看，就是一种不尊重收文者的表现。

2. 行文关系化

公文的关系应以原有的行政关系、职能关系、隶属关系为依据，除特殊情况外，应一级一级依次行文，不应越级行文，以免破坏正常的行文关系。拟订涉及多部门的公文，发文单位要主动会同有关部门协商，在取得一致的意见后联合行文。平级或不相隶属的单位之间，只能使用平行文，不能使用下行文或上行文，以此体现相互间的尊重与平等。另外，抄、送、发的关系应明确。

二、公文礼仪的规则

公文在编制和处理的过程中是否能按公文礼仪规则行事，直接影响着工作效率的高低，同时也反映着对他人的尊敬与否。

概括地说，公文在编制和处理的过程中应遵循的基本礼仪规则有以下9项。

（1）各级国家行政机关的行文关系，应根据各自隶属关系和职权范围确定。

（2）政府各部门在自己的权限内，可以互相行文，可以同下一级人民政府的有关业务部门互相行文；也可以根据本级政府授权和有关规定，对下一级直接行文。

（3）向下级机关的重要行文，应抄报直接上级机关。

（4）凡部门之间未对有关问题协商一致时，一律不得各自向下行文。

（5）政府各部门可以联合行文。

（6）各级国家行政机关不得越级请示。因特殊情况，必须越级行文时，应抄报越过的机关。

（7）请示的公文，一般应一文一事。除领导直接交办的事项外，请示不要直接送领导者个人，也不要同时抄送同级和下级机关。

（8）受双重领导的机关上报公文，应根据内容写明主报机关和抄报机关，由主报机关负责答复请示的问题。上级机关向受双重领导的下级机关行文时，应同时抄送另一上级机关。

（9）经过批准在报刊发表的国家行政机关公文，应视为正式公文依照执行。如不另行文，应在报刊发表时注明。

三、公文办理礼仪

公文办理的基本礼仪要求涉及的内容很多，范围也较广，具体包括以下15项内容。

（1）公文办理一般包括登记、分办、批办、承办、催办、拟稿、审核、签发、缮印、用印、传递、归档、销毁等程序。

（2）凡需办理的公文，文书部门应根据内容和性质，送领导人批示或送交有关业务部门办理。对于紧急公文，文书部门应提出办理时限。

（3）凡涉及其他部门或地区的问题，主办机关应主动与有关部门或地区协商、会签。上报的公文，如有关方面意不一，要如实反映。

（4）已送领导人批示或交有关业务部门办理的公文，文书部门要负责检查催办，以防漏办和延误。

（5）公文写作中要符合国家政策，法律、人名、地名、数字、引文要准确属实。时间要用具体的年月日，数字书写一般用汉字，同一公文中的数字写法要前后一致，使用简称时必须先用全称，并加以说明。

（6）各级行政机关下发的公文，由机关领导人签发。重要的或涉及面广的，由正职或主持日常工作的副职领导人签发。有的公文，可由秘书长或办公室主任根据授权签发。

（7）各级领导人审批公文要认真负责，文件主批人要签署自己的意见、姓名和时间。

（8）拟写、签发公文时应使用黑色钢笔或毛笔。

（9）各级国家行政机关的办公室在将公文送领导人签发之前，应认真做好审核工作。审核重点：是否需要行文，公文内容、文字表述、文件使用、格式等是否符合有关规定。

（10）上级机关的发文，除绝密或注明不准翻印的以外，经下一级机关的秘书长或办公室主任批准，可以翻印、转发。翻印，要注明翻印的机关和时间。

（11）传递秘密公文时，必须采取相应的保密措施，确保文件安全。

（12）公文办完后，应根据文书立卷、归档的有关规定，及时将公文定稿、正文和有关材料整理立卷。

（13）公文立卷应根据其特征、相互联系和保存价值分类整理，保证齐全、完整、正确反映本机关的主要情况，便于保管、查找和利用。

（14）立好的案卷，应按照有关规定定期和档案部门移交。个人不得保存存档的公文。

（15）没有存档价值和存查必要的公文，经过鉴别和主管领导人批准，可定期销毁。销毁秘密公文，要进行登记，有专人监督，以保证不丢失、不漏销。

【小贴士 11-2】

接受邀请的回函

海天集团：

天马公司董事长文××先生非常荣幸地接受海天集团总裁王××先生的邀请，将于2009年8月8日下午18时准时出席本市金都大酒店举行的海天集团成立十周年庆祝酒会。谨祝周年志喜，并顺致敬意。

天马公司
二〇〇九年八月五日

拒绝接受邀请的回函

尊敬的王××先生：

非常抱歉，由于本人明晚将飞往北京洽谈生意，故无法接受您的邀请，于2009年8月8日下午18时出席本市金都大酒店举行的海天集团成立十周年庆祝酒会，恭请见谅。谨祝周年志喜，并顺致敬意。

文×× 敬上
二〇〇九年八月五日

四、公文写作礼仪

尽管公文的种类众多、形式各异，然而不论何种公文，在写作上均应符合一定的礼仪规范。即：实事求是，讲求实效；依法办事，保证质量；按部就班，有条不紊。

下面进一步对几种日常公务活动中常见公文的写作要求分别加以说明，以具体阐释公文写作过程中应遵循的一系列礼仪规范。

（一）简报

简报是一种对公务活动、工作情况做简要报道的公文，一般在组织、单位内部印发。具有向上级反映，向下属与平行单位通报情况、沟通信息、协调关系的作用。

简报的写作要求，一是简明扼要，二是快速及时，三是真实准确，四是符合格式。

简报根据其内容大体可分为会议简报、工作简报、情况简报3大类。会议简报主要通报会议议题、发言要点、会议决议及会场花絮等材料；工作简报是一种向外单位和内部员工、下属机构通报工作情况、交流工作经验的简报形式，具有较强的公共关系作用；情况简报是一种涉及面广、容量大，类似于动态消息的简报类型。

简报具有固定的格式，由报头、正文和报尾3部分组成。报头往往统一印制好待用。

报头。在简报第一页上方，约占全页三分之一的位置，由简报的名称、期号、编制单位和印发日期4部分组成。其中名称字体较大，可套红印制，可用"××简报"或"××动态"等形式。

正文。报头下有用一条较粗的横线隔开后接着就是简报的正文，正文是简报的主体，要求内容简洁，材料翔实。有的简报还要在正文之前加上目录或标题，标题要求能简要地概括正文的内容。如果是重要的正文，文前可加编者按。

报尾。正规的简报在末页正文下面用一条略细的横线隔开，注明这期简报的发送单位。这就是报尾，"报"指给上级单位，"发"指给下级单位，"送"指给平行或不相隶属的部门。

常见简报格式如下。

学校工作简报
第（　　）期

　　××学校编　　　　　　　　　　二〇××年×月×日

目录（或编者按）

标题

<u>正文</u>

报：××　××

送：××　××

（二）会议记录和会议纪要

会议记录指在会议进行的同时用书面文字的形式，把会议的基本情况、议题、决议等有关内容如实地记录下来，以备事后查考的材料。会议记录员一般由大会工作人员或秘书担任，也可由会议主持人临时负责。

会议记录一般由开头、正文、结尾3部分构成。

开头。应记录会议名称、开会时间、会议地点、出席人、列席人、会议主持人和记录人7项内容。其中出席人数较多时可写与会人数。

正文。主要包括会议主持人的讲话、会议报告或传达文件、与会者的发言、讨论的问题及会议决议等内容。一般简要记录只需重点摘要记录，详细记录要把整个会议的各项议程，自始至终地记录下来。

结尾。正文记录完毕后，要另起一行空两格写上"散会"，如中途休会时也应注明"休会"。正式的会议记录，最后要由主持人和记录人在正文的右下方签名，并写上签名的日期。

会议纪要的写作格式类似于会议记录，分标题、正文与结尾3部分。不过纪要的正文前面要用前言介绍会议的有关情况。会议纪要的写作有一个从记录的口头语向书面语转化的过程，要注意文件的条理化、理论化，突出中心和重点。

会议纪要指择要记述会议概况、议程和会议基本精神、决议内容等的一种公文。以会议记录为基础，经过综合整理、加工提炼而成的会议纪要，可以作为纪实性资料，也可以作为报送的报告性材料，还可以作为正式文件下发。

（三）公函

公函是上下级和平等机关或不相隶属的单位之间在洽商、联系工作、询问、答复问题以及委托和告知某一事项、情况时所使用的公文类型，内容涉及的都是较为重要的公务活动。

公函通常用于机关之间洽商和联系工作、询问问题；用于答复对方询问的问题；用于向上级部门请求批准某一事项；用于上级单位对下级处理问题时做指示、通知、补充、更正和介绍等。

公函的使用范围较广，凡是不便使用其他文种的公务活动，都可以用公函行文。公函的行文比较自由，篇幅简短，简便灵活。公函的写作格式与一般书信大致相同，但公函正文前有标题，结束语的写法也与一般书信的祝愿不同，一般宜用"请函复""请予以大力协助""为盼""特此函复""此复"等词。署名后须加盖公章以证明其效力。

【小贴士 11-3】

上海天威数码有限责任公司
关于"近期互联网传输技术发展"讲座的通知

公司各业务部门：

　　为了提高公司人员业务水平和公司可持续发展能力，把握行业发展趋势，我公司特邀请美国家福大型计算机教授爱博文先生就"近期互联网传输技术发展"问题举办讲座。现将有关事宜通知如下。

　　（1）会议地点：公司总部 201 会议室
　　（2）会议时间：2009 年 10 月 10 日下午 2∶00
　　（3）讲座内容：近期互联网传输技术的发展
　　（4）与会人员：各部门相关技术人员
　　（5）会议联系方式：电话 87158588，传真 88881299

上海天威数码有限责任公司

2009 年 9 月 28 日

总裁办（印章）

任务三　培养会议礼仪

一、会议准备礼仪

　　许多重要的会议，都是在政治上、思想上、组织上做了长时间准备才成功的。准备阶段的主要工作有以下几项。

　　（一）会议筹备组的建立

　　组织一个高效率的会议筹备组，选好一个干练、认真的筹备组负责人，是会议成功的先决条件。会议筹备组的负责人，应是本单位比较有影响力的人。如果允许，筹备组的负责人最好是会议主持人。会议筹备组应下设两个小组：秘书小组与会务小组，前者主要负责文字宣传准备，后者主要负责文字宣传以外的所有工作，包括会前的准备，会议开始的接待，会议中间的服务，会后的送行等。会议筹备组的主要负责人和两个小组的负责人要及时沟通信息，在总的日程安排下，做详细的准备工作及日程进度计划，以确保会议准备工作的完善。

　　（二）会务准备

　　会务准备工作由会务小组负责，会务准备的内容主要包括以下几项。

（1）拟好会议通知。必须确定开会的时间、地点及会议主题和会议参加者等内容。为了使会议参加者能安排好自己的工作，有的会议通知还应写明闭会时间。发会议通知要提前一定的时间，以便会议参加者有所准备。

（2）安排好会场。会场的大小要根据会议内容和参加者多少而定。会场的布置要和会议的内容相称。在一些大型会议的广场或门口还应张贴"欢迎"之类的告示。如果会场不易寻找，应在附近安设路标以做指引。会标应在主席台上方，一般红底白字或黑字，字要端庄大方。两侧或四周可布置一些有号召性的标语。座位的安排应根据会议的类型，选择半圆形座位排列或正方形、长方形、对称形、凹字形等座位排列。摆设方面，应根据会议类型确定，以烘托会议气氛。另外，音响、灯光要和会议气氛协调，开会前检查音响、灯光，以防出现问题。

（3）其他准备。根据会议的需要，决定会议是否需要组织参观、小型便宴等活动，并提前做好相应的准备。

（4）做会务预算。会议的预算一般包括场地租用费、会场布置费、印刷品费、文书用品费、交通费、电话费、茶点饮料费、礼品费等。

二、会议组织礼仪

（一）工作性会议礼仪

工作性会议是由不同方面的人聚集在一起，为达成同一目标、得到统一结论而召开的会议。工作性会议的礼仪主要有以下几个方面。

（1）通知应写明目的。工作性会议的通知应该写明会议的目的。如有必要，还应写明会上计划讨论的事项，以便会议参加者准备资料。

（2）会场应适于讨论。工作性会议主要是为讨论工作召开的，如果会场太大、座位安排太疏散，则不易集中人们的注意力。一般来说，工作性会议的会场座位安排宜采用"圆桌型"，使会议的主要参加者围圆桌而坐，有利于提高会议的效果。

（3）既服从多数又尊重少数。在工作性会议的进行过程中，有时需对少数人的意见给予尊重，这是因为有时少数人的意见可能是正确的。同时，正视不同意见存在也助于使决策更加周密。

会议程序一般为：宣布会议开始；核对人数；宣读报告；处理报告；处理提议；提出新任务。

（二）例会组织礼仪

例会指有固定时间、固定地点、固定人员参加的制度性会议。例会的内容主要是传递信息或讨论工作。例会的礼仪主要有以下几点。

（1）与会者应准时到会。如遇到特殊情况不能赴会，应请合适的人代为参加或事先请假，以免其他参会者等候。对例会的主持人来说，如有特殊情况需要取消或者推迟会议，更要事先通知有关人员，以免让很多人徒劳往返，浪费时间。

（2）座位安排应紧凑。通常会议室正中间要设圆桌或长桌，会议参会者应围桌而坐。坐得集中紧凑，便于会议参加者发言与倾听别人的发言。

（3）会议的时间不宜过长。例会的基本风格应该是"短小精炼"。会议主持者要尽可能避免出现冷场的情况。在讨论工作时，也应抓住实质性的问题。如果对某一问题争论不休，主持者应考虑另择时间专门开会解决。如果经常把例会开成"马拉松"式的长会，又要所有的人"作陪"，就不合例会的礼仪。

（三）报告会的组织与礼仪

报告会是邀请某领导干部、专家学者或其他有关人员做专题报告的会议。较常见的有形势报告会、学术报告会、劳模报告会或英模报告会等。做专题发言的通常是一人，有时也可以是多人。报告会的礼仪主要有以下几点。

（1）选好报告人。选择与会议主题相关的造诣较高、体会较深、影响较大的人做报告人。

（2）向报告人介绍情况。举办者应将参加报告会的听众情况简要向报告人介绍，并针对具体情况提出要求。这样便于报告人事先有针对性地做好准备工作，并对自己讲话的内容、范围、深浅程度有所把握。

（3）对报告人要以礼相待。对报告人的邀请、迎送、招待应周到、热情。报告人做报告时，会议主持人应在场作陪，并仔细倾听报告。如需要录音录像，必须事先征得报告人的同意。

（4）注意"对话"方式。有的报告会，听者可以向报告人提问题，双方可以进行对话。听者主动提出问题的，应将问题写在纸条上，由主持人转交给报告人，以利于报告人择机回答；如果报告人主动要求主持人和听者提问题，应注意维持会场秩序，切勿一哄而起。

（四）座谈会的组织与礼仪

座谈会是邀请有关人员参加交谈，讨论某个或某些问题，以达到沟通信息、联络感情的目的的会议形式。座谈会的礼仪主要有以下几点。

（1）及时通知并说明内容。通知应及时发送，注明会议时间、地点、座谈内容，并且写明举办座谈会的单位或部门名称。

（2）营造融洽、热烈的气氛。在座位安排上，会议主持者最好和参会者围圈而坐。开会时，主持者应事先讲明会议宗旨，以便参会者能有目的地积极思考如何发言。如果参会者与主持者互相不熟悉，主持者应先自我介绍，有必要时也可请参会者互相介绍，以融洽会议气氛。如果开始有些冷场，主持者可引导大家广开言路，然后逐步接近座谈主题。

（3）鼓励插话与争论。为了使会议气氛活跃、热烈，可以鼓励大家采取你一言我一语的插话和争论方式进行座谈。这样，才能使参会者知无不言、言无不尽，才能听到参会者发自肺腑的心声。

（五）讨论会的组织与礼仪

讨论会是就某一专门问题召集有关人员参加探讨的会议，目的在于沟通信息、互通情况、求同存异，从而加深对问题的认识。讨论会的礼仪主要有以下几点。

（1）适当控制会议规模。

（2）创造畅所欲言的环境。

（3）会议纪要应全面客观。

（六）学术研讨会礼仪

学术研讨会是交流学术思想，提高学术水平的重要手段，也是日益增多的会议类型。学术研讨会参加人员往往范围较大，人数较多。以中型、行业性、国内人员参加的研讨会为例，会议的全过程如下。

（1）会议的准备工作。成立筹备组，明确会务准备工作的分工。

（2）学术研讨会的关键环节。要注重课题的选择和报告人的水平。这方面的选择一定要慎重。对于出席会议的人员，也要提前一段时间发出通知。在大多数的情况下，请与会代表提前将论文提交会务组，以便选择作为大会宣读、会议交流或收入论文集的文章。

学术研讨会是否成功，另一个重要环节就是大会主席团的人选及会议执行主席的水平（对于小型会议，亦可称之为会议领导小组及会议主持人）。大会主席团的人选，不仅要求业务水平高，而且要有一定威望；执行主席还必须有相当的组织能力和演讲水平。

（3）参会人员的仪表。学术研讨会是比较严肃的会议，参加会议的人员必须衣着整洁、态度谦逊。

开幕式和闭幕式，除大会主持人、报告人以外，要将请来的主要来宾和大会主席团成员都请到主席台上面就座，其他时间则没有必要都坐在主席台上。主席台上座次的分布，原则上是重要人物坐中间，然后向两边依次排开，大会主持人一般坐在边上。听众席上，对于大型会议的重要来宾，一般安排在前两排，在座位前的桌子上摆上姓名标志牌，进入会场由服务人员引导至座位上。

（七）其他形式会务工作中的礼仪。

除了前文所谈的传统形式的会议之外，电话会议、领导人员应有关单位邀请参加的庆祝会、纪念会等社会活动的安排，在办公室会务工作中越来越占有较大比例。

（1）电话会议。由于其及时、迅速的特点，目前已被广泛应用。会务工作人员在电话会议召开时，需要做好以下各项工作。①事先发出会议通知，及时通知有关单位和人员，要求其按时到开通电话会议的场所听会。②提前与电话管理部门联系，确定开会具体时间，保证开会时的线路畅通。③主会场的组织工作和服务工作。要落实与会领导和有关负责人的名单，以及发言人讲话稿。④会前要检查各地分会场的到会情况并及时报告给会议主持人。⑤所使用的电话应加保密设备。

（2）社会活动。办公室应对这类活动进行合理、妥善的安排，以促进各项工作，同时应排除那些不必要的活动对领导人工作和精力的干扰。在这方面，应该掌握以下原则。①要主动协助领导把好审核关，对领导参加的各项社会活动有所把握，不参加不应该参加和不重要的活动。②对需要参加的各项社会活动，办公室应协助领导进行合理的安排，综合考虑工作及领导的精力等各方面的情况，切忌把各项社会活动过多地集中到某个人或某些人身上。③要认真做好领导已决定参加的社会活动的服务工作，包括落实具体时间、地点、准备讲话稿等。

三、会后工作礼仪

（1）整理会议记录。会后必须对现场记录进行整理，以更正现场记录中由于紧张造成的字迹不清、语言文字不规范等问题，保证会议记录的真实、清晰、准确、完整和规范，最后成为会议文件之一或编发会议报告的依据。

（2）安排参会人员离会。包括为参会人员结算钱款，回收需要回收的会议文件等。对外地参会者，还应提前登记并代购返程车（船、机）票。

（3）会议文件的立卷归档。会议文件必须在会议结束后归入卷内，其排列序一般是：会议通知、会议纪要、会议议题及有关文件。立卷时应将原稿放在前面，将修改稿依次排在后面。大型会议完整的会议案卷，应包括以下部分：会议正式文件，如决定、计划等；会议参阅文件；会议安排的发言稿；会议上的讲话记录；其他有关材料。

（4）会议新闻报道。重要会议往往要邀请记者到会。办公室或会务处应及时向新闻记者提出宣传会议精神的要求和建议。根据各种会议的不同情况，会议可发布新闻消息，或进行典型报道。新闻报道稿通常由会议工作人员与新闻记者共同编写，以及时、准确地反映会议精神。新闻稿件在发布前应送领导人审核，以免出现差错。

（5）会务工作总结。这是会务工作的最后一项工作，一般由会议领导人员召集会务人员来进行。有时还要写出会务工作的总结报告。

任务四　培养办公礼仪

一、环境礼仪

不在公共办公区吸烟、扎堆聊天、大声喧哗；节约水电；禁止在办公家具和公共设施上乱写、乱画、乱贴；保持卫生间清洁；在指定区域内停放车辆。

饮水时，如不是接待来宾，应使用个人的水杯，减少一次性水杯的浪费。不得擅自带外来人员进入办公区，会谈和接待安排在洽谈区域。最后离开办公区的人员应关电灯、门窗及室内总闸。

个人办公区要保持办公桌清洁，非办公用品不外露，桌面码放整齐。当有事离开自己的办公座位时，应将座椅推回办公桌下。

下班离开办公室前，工作人员应该关闭所用机器的电源，将台面的物品归位，锁好贵重物品和重要文件。

二、语言礼仪

在办公室说话要注意哪些事项呢？①要学会发出自己的声音。领导赏识有头脑有主见的员工。不管你在公司的职位如何，都应该发出自己的声音，应该敢于说出自己的想法。②不要当众炫耀自己。再有能力，在职场中也应该小心谨慎，要记住"强中自有强中手"。③不要在办公室当众诉说心事。虽然这样的交谈能够很快拉近人与人之间的距离，使关系很快变得友善、亲切，但心理学家调查研究后发现，事实上只有1%的人能够严守秘密。所以，如果你的生活出现个人危机，如失恋、婚变等，最好还是不要在办公室随便找人倾诉；如果你的工作出现危机，如工作不顺利，对领导、同事有意见有看法，更不应该在办公室里向人报怨。④同事之间最起码的礼貌不可或缺。语言是礼貌的重要一环，在很熟的同事之间，既不可以太客气，也不可以太随便。礼太多，会使对方不敢接近；过于随便，会让人感觉没有教养，有失庄重。

三、同事相处礼仪

（1）真诚合作。同事之间属于互帮互助的关系，俗话说"一个好汉三个帮"，只有真诚合作才能共同进步。

（2）同甘共苦。同事的困难，通常首先会选择亲朋帮助，但作为同事，应主动讯问，尽力帮忙，这样，会增进双方之间的感情，使关系更加融洽。

（3）公平竞争。同事之间竞争是正常的，有助于业务成长，但是切记要公平竞争，不能在背后耍心眼，做损人不利己的事情。

（4）宽以待人。工作中一时的失误在所难免，如果出现失误，应主动向对方道歉，征得对方的谅解；如果与同事产生误会应主动说明，不可小肚鸡肠，耿耿于怀。

【小贴士 11-4】

员工沟通

员工沟通是个大学问，通过公司人员的谈话情况，就可以了解这家公司的企业文化如何。

一名优秀的主管要能察纳雅言，不使下属说话紧张，让其畅所欲言。通常在谈话前，主管可以先请对方入座，消除对方的紧张和疑虑；在谈话期间，多用"我"字开头，少用指责的"你"字说明。尊重下属的心情，多听少说，让对方能够充分表述自己的意见。此外，领导者本身应当身体力行，认真做事，心存公正，自为表率，这样才能令人敬服。

作为下属，应该以工作来表现自己，说话要不卑不亢，不要逢迎作态。

四、开关门的礼仪

一般情况下，进出办公大楼或办公室，都应用手轻推、轻拉、轻关大门，态度谦和讲究顺序。进他人的房间一定要先敲门，敲门时一般用食指指节有节奏地敲两三下即可。如果与同级、同辈者进入，要互相谦让一下。走在前边的人打开门后要为后面的人拉着门，最后进入者应主动关门。

五、用餐礼仪

在办公室吃饭，时间不要太长。

开口的饮料罐，长时间摆在桌上有损办公室雅观，也应尽快扔掉。如果不想马上扔掉，或者想等会儿再喝，应把它放在不被人注意的地方。

嘴里含有食物时，不要贸然讲话。他人嘴含食物时，最好等他咽下再对他讲话。由于大家围坐一堂，难免有人讲笑话，要防止大笑喷饭的情形。

会弄得乱溅以及食用时声音很响的食物，会影响他人，最好不吃，吃时应尽量注意。

有强烈味道的食品，尽量不要带到办公室。

食物掉在地上，要马上捡起扔掉。餐后将桌面和地板打扫一下，是必须做的事情。

不要用手擦拭油腻的嘴，应该用餐巾纸擦拭。

及时将餐具洗干净，用完餐把一次性餐具立刻扔掉，不要长时间摆在桌子或茶几上。如有突然事情耽搁，也记得礼貌地请同事代劳。

【小贴士 11-5】

办公室里的十大细节礼仪

（1）将手机的声音调低或振动，以免影响他人。
（2）打电话时尽量放低声音，如果是私人电话，尽量减少通话时间。
（3）不翻动其他同事桌上的文件资料，甚至电脑、传真机上与自己无关的任何资料。
（4）有任何资料需要移交给他人，一定要贴上便签，写清时间、内容，签名并且不忘谢谢。
（5）将自己办公桌整理得干干净净，不可将废纸乱丢一地。
（6）男士不在办公室吸烟，以免污染环境。
（7）女士不在办公室里化妆、涂指甲，不穿过分性感的衣服。
（8）在办公室里见到同事或是来访者不忘微笑。
（9）不在办公室里制造流言蜚语或传播小道消息。
（10）尽量不在办公室里与同事发生财务纠纷。

任务五　培养网络礼仪

网络礼仪指网络中人们交往的方式。正如在现实生活中，人们"入乡随俗"一样，只要进入网络，就应该按网络的"方式"行事，与人友好相处，这是起码的要求。网络礼仪既是保证网上人们正常交往和相互理解的重要手段，也是判别网友是否文明礼貌的行为标准。

网络礼仪包括招呼礼仪，即网上如何问候与称呼；交流礼仪，即网上如何礼尚往来；表达礼仪，即网上如何表达态度、情感与幽默。这些礼仪在网上约定俗成，而且不断发展。

一、基本规则

网络礼仪的实质是使网络活动有组织、讲文明。

（1）记住别人的存在。互联网给来自五湖四海的人有了一个聚集的地方，这是高科技的优点，但也使人们面对电脑荧屏时忘记礼仪。要"记住人的存在"，当面不会说的话在网上也不要说。

（2）网上网下行为一致。现实生活中绝大多数人都遵纪守法，在网上也应如此，不要以为在网上就可以降低道德标准。

（3）入乡随俗。同样是网站，不同的论坛有不同的规则。在一个论坛可以做的事情在另一个论坛可能就不能做。

（4）尊重别人的时间和带宽。在提问题以前，先自己花些时间去搜索和研究。很有可能同样的问题以前已经有人问过多次，现成的答案触手可及。不要以自我为中心，别人为你寻找答案需要消耗时间和资源。

（5）给自己留个网上好形象。因为网络的匿名性质，别人无法从你的外观来判断，因此你的一言一语便成为别人对你印象的唯一判断，网上发言要礼貌慎重。

（6）分享你的知识。

（7）平心静气地争论。

（8）尊重他人的隐私。

（9）不要滥用权力。

（10）宽容。

二、电子邮件礼仪

1. 撰写和发送

在电子邮件的"主题"或"标题"一栏，一定要写清楚信件的主题或标题，多几个字没关系，以免对方认为是恶意邮件在没被打开之前就删除了。

在撰写内容时，应遵照普通信件或公文的格式和规则。邮件正文要简洁，方便收件人阅读。用语要礼貌，以示对收件人的尊重。

如果你在发信时添加了"附件"，一定要在信件里加以说明，以免对方注意不到。

2. 接收和回复

应当定期打开收件箱查看邮件，以免遗漏或耽误重要邮件的接收和回复。一般应在收到邮件的当天予以回复。如果涉及较难处理的问题，要先告诉对方已收到邮件，处理后会及时正式回复。

3. 保存和删除

对有价值的邮件，必须保存，或者复制保留。对和公务无关的垃圾邮件，或者已无实际价值的公务邮件，要及时删除。

三、信息的查阅

查阅信息的时候应当遵守以下规则。

（1）目标明确。直奔"主题"。

（2）用语规范。在网上与人交流时，应当语言规范，不得滥用网络用语。

（3）自我保护。不要随便在网上留下单位电话、个人联系方式、个人消息。

综合练习

一、单项选择题

1. 打电话时谁先挂电话，交际礼仪给了一个规范的做法（　　）。
   A. 对方先挂　　　　　　　　　B. 自己先挂
   C. 地位高者先挂电话　　　　　D. 以上都不对

2. 在办公室中，员工用温和商量的语气请假，这体现了现代商务礼仪中的（　　）。
   A. 认清主客场原则　　　　　　B. 尊重他人原则
   C. 真诚原则　　　　　　　　　D. 适度原则

3. 刚涉入工作场合时，往往会遇到这样那样的求助。有些对你来说是举手之劳，但有些对你来说却很棘手，面对很棘手的事情时，你应该（　　）。
　　A. 学会说不，有些时候要得学会拒绝别人对你的不合理要求
　　B. 不管是否是自己力所能及都要勇于承担
　　C. 看对方与自己的亲切程度，如果关系不错就尽力帮忙
　　D. 以上方法都不对

4. 在公司业务处理上，往往会遇到棘手的问题，此时你应该（　　）。
　　A. 直接找最高负责人争取一步解决
　　B. 找该业务的相关负责人，在他那里寻求帮助
　　C. 首先去见你的顶头上司，在他那里寻求有效帮助
　　D. 以上方法都可以

5. 当别人需要额外帮助时，作为同事的你，最好（　　）。
　　A. 虽然不是分内的事，但也要积极地主动地帮忙
　　B. 一直等到别人发出求救信号之后再去帮忙
　　C. 不是分内之事，可以置之不理

6. 若你正在参加一个商务会议，这时你的笔不小心掉到桌子下面了，你应该（　　）。
　　A. 不要打扰别人，自己弯身去拣　　B. 跟身边的人打声招呼，再弯身去拣
　　C. 无特别要求，可随意处理

7. 面对别人的不幸时，自己的言行更要注意礼仪，下面相关做法欠妥的是（　　）。
　　A. 认真倾听当事人的诉说，应表示同情并尽自己全力帮忙
　　B. 适当地安慰对方，心灵上的抚慰是更大的帮助
　　C. 一定要以自己的同类处境对比来减轻对方的痛苦

8. 面对生活中的礼仪难题和应对策略处理恰当的是（　　）。
　　A. 任何人的批评都要认真对待，多多感谢对方
　　B. 听到别人对他人评头论足时躲开为妙
　　C. 在试用期内，对别人应该越热情越好

9. 与同事相处时应该注意（　　）。
　　A. 女性在单位里尽量少说话为妙，免得招人讨厌
　　B. 当遇到困难和不幸时应多找同事诉说，让他们安慰自己，分担自己的不幸
　　C. 当同事与自己的意见相左时，应该将人与事分开，不要因为意见不同而伤害个人感情

10. 接电话时，拿起话筒的最佳时机应是铃声响过（　　）之后。
　　A. 一声　　　　　B. 两声　　　　　C. 四声　　　　　D. 五声

11. 通话者的（　　）、态度和使用的言语被人们称作"电话三要素"。
　　A. 内容　　　　　B. 情感　　　　　C. 声音　　　　　D. 服饰

12. 打电话时所使用的语言，应当礼貌谦恭。应尽快地用三言两语把要说的事情说完。应遵循（　　）原则。
　　A. 通话三分钟　　B. 通话四分钟　　C. 通话五分钟　　D. 通话六分钟

13. 打电话时，嘴部与话筒之间应保持（　　）厘米左右的距离。
　　A. 1　　　　　　B. 2　　　　　　C. 3　　　　　　D. 4

14. 公文礼仪的特点是由公文自身的性质和特点派生而来的。以下（　　）是其特点。
   A. 格式固定化　　B. 行文自由化　　C. 辞章逻辑化　　D. 格式自由化
15. 以下（　　）违背了例会的礼仪。
   A. 与会者应准时到会　　　　　　B. 座位安排应紧凑
   C. 会议的时间不宜过长　　　　　D. 会议主题固定

二、多项选择题

1. 接电话时，（　　）就是合乎礼仪的分寸。
   A. 速度快　　B. 态度好　　C. 姿势雅　　D. 语气柔
2. 职工在对待上级时，应当遵守的原则有（　　）。
   A. 服从命令　　B. 维护威信　　C. 以礼相敬　　D. 平等相待
3. 出席会议时要准时入场，仔细听讲（　　）。
   A. 认真记录　　B. 进出有序　　C. 交头接耳　　D. 接听手机
4. 接听电话时必须保持足够耐心、热情。注意控制（　　），语言亲切、简练、礼貌、和气。
   A. 语气　　B. 语态　　C. 语速　　D. 语调
5. 公文写作中要符合国家政策、法律，（　　）要准确属实。
   A. 人名　　B. 地名　　C. 数字　　D. 引文
6. 各级国家行政机关的办公室在将公文送领导人签发之前，应认真做好审核工作。审核重点是（　　）、格式等是否符合有关规定。
   A. 是否需要行文　　B. 公文内容　　C. 文字表述　　D. 文件使用
7. 简报的写作要求（　　）。
   A. 简明扼要　　B. 快速及时　　C. 真实准确　　D. 符合格式
8. 会议记录的正文主要包括（　　）等内容。
   A. 会议主持人的讲话　　　　　　B. 会议报告或传达
   C. 与会者的发言　　　　　　　　D. 讨论的问题及会议决议
9. 公函的使用范围较广，凡是不便使用其他文种的公务活动，都可以用公函行文。它的行文（　　）。
   A. 比较自由　　B. 篇幅简短　　C. 简便灵活　　D. 标准规范
10. 会议程序一般为（　　）。
    A. 宣布会议开始；核对人数　　　B. 宣读报告
    C. 处理报告；处理提议　　　　　D. 提出新任务
11. 例会指有（　　）参加的制度性会议。
    A. 固定时间　　B. 固定主题　　C. 固定地点　　D. 固定人员
12. 报告会的礼仪，主要有（　　）。
    A. 选好报告人　　　　　　　　　B. 向报告人介绍情况
    C. 对报告人要以礼相待　　　　　D. 注意"对话"方式
13. 工作人员在办公室说话要注意（　　）。
    A. 学会发出自己的声音　　　　　B. 不要当众炫耀自己
    C. 不要在办公室诉说心事　　　　D. 同事之间最起码的礼貌不可或缺

14. 同事相处礼仪有（　　）。
    A. 真诚合作　　　　B. 同甘共苦　　　C. 公平竞争　　　　D. 宽以待人
15. 网络礼仪的实质是使网络活动有组织、讲文明。基本规则有（　　）
    A. 网上网下行为一致　　　　　　　B. 尊重别人的时间和带宽
    C. 给自己网上留个好印象　　　　　D. 平心静气地争论
    E. 尊重他人的隐私

三、判断题

1. 男女之间通电话结束之时，通常由男士先挂断电话。
2. 求职电话什么时候打都可以。
3. 在出席会议时不可以当场吸烟。
4. 向下级机关的重要行文，应抄报直接上级机关。
5. 传递秘密公文时，必须采取相应的保密措施，确保文件安全。
6. 会标应在主席台上方，一般红底黄字，字要端庄大方。
7. 会议的预算一般包括：场地租用费、会场布置费、印刷品费、文书用品费、交通费、电话费、茶点饮料费、礼品费等。
8. 座谈会的礼仪，主要有以下几点：及时通知并说明内容；创造出融洽、热烈的气氛；鼓励插话与争论；注意"对话"方式。
9. 会议文件必须在会议结束后归入卷内，其排列序一般是：会议通知、会议纪要、会议议题及有关文件。
10. 工作人员上班期间：保持卫生间清洁；在指定区域内停放车辆。
11. 工作人员下班离开办公室前，使用人应该关闭所用机器的电源，将台面的物品归位，锁好贵重物品和重要文件。
12. 在办公室吃饭，时间不要太长。
13. 不翻动其他同事桌上的文件资料，甚至电脑、传真机上与自己无关的任何资料。
14. 网络管理员比其他用户有更多权利，他们可以随便使用这些权利。
15. 在撰写电子邮件时，应遵照普通信件或公文格式和规则。
16. 应当定期打开收件箱查看邮件，以免遗漏或耽误重要邮件的阅读和回复。
17. 不要以单位或部门名义在网上任意发表个人对时事的见解，尤其不能泄露商业机密、国家机密。
18. 不要随便在网上留下单位电话、个人联系方式、个人消息，以免被骚扰。
19. 必须正确使用网络技术，既不能当"黑客"，同时又必须防范"黑客"。
20. 对于利用网络进行犯罪的事实，我们可以置之不理。

四、简答题

1. 打电话时，应注意的礼仪规范是什么？
2. 会议前的准备礼仪是什么？
3. 公文礼仪特点有哪些？

参考文献

［1］杨群祥，郑承志. 商务谈判［M］. 2版. 大连：东北财经大学出版社，2005.
［2］李津. 销售商务礼仪［M］. 北京：同心出版社，2004.
［3］王石彤. 中国企业家礼仪大全［M］. 呼和浩特：内蒙古人民出版社，2002.
［4］杨亦. 商务礼仪［M］. 北京：蓝天出版社，2003.
［5］胡晓涓. 商务礼仪［M］. 北京：中国人民大学出版社，2005.
［6］方其，冯国防. 商务谈判理论、技巧、案例［M］. 北京：中国人民大学出版社，2004.
［7］全球一流商学院EMBA课程精华丛书编委会. 商务人员的沟通［M］. 北京：北京工业大学出版社，2003.
［8］赵素洁. 商务谈判［M］. 北京：冶金工业出版社，2008.
［9］周庆. 商务谈判实训教程［M］. 武汉：华中科技大学出版社，2007.
［10］陈福义，覃业银. 礼仪实训教程［M］. 北京：中国旅游出版社，2008.
［11］林友华. 社交礼仪［M］. 2版. 北京：高等教育出版社，2007.
［12］凌秀梅，朱正国. 现代公关礼仪规范教程［M］. 北京：中国传媒大学出版社，2007.
［13］国英. 公共关系与现代礼仪案例［M］. 北京：机械工业出版社，2004.
［14］蔡践. 礼仪大全［M］. 北京：当代世界出版社，2007.
［15］轩辕楚. 生活中必须要懂的礼仪全书［M］. 北京：中国戏剧出版社，2007.
［16］鄢向荣，贾红文. 旅游服务礼仪［M］. 北京：清华大学出版社，北京交通大学出版社，2006.
［17］杨丽萍. 公共关系理论与技巧［M］. 北京：高等教育出版社，2005.
［18］缪启军，詹秀娟. 公共关系实务［M］. 上海：立信会计出版社，2008.
［19］程德林. 公共关系实务［M］. 北京：首都经济贸易大学出版社，2008.
［20］董明. 公共关系实务［M］. 杭州：浙江大学出版社，2007.
［21］陶应虎. 公共关系原理与实务［M］. 北京：清华大学出版社，2006.